제자 I

학생용

DISCIPLE
BECOMING DISCIPLES THROUGH BIBLE STUDY

by Richard Byrd Wilke
   Julia Kitchens Wilke

Study Manual, copyright © 1987 by Graded Press
Second Edition, copyright © 1993 by Abingdon Press
All rights reserved

Translation rights © 2009 kmc Press, Seoul, Korea
This edition is published by arrangement with Abingdon Press.

제자 I
성경 연구를 통한 제자 되기

학생용

초판 1쇄 2009년 9월 25일
   7쇄 2019년 2월 15일

Richard B. Wilke, Julia K. Wilke 지음
유석종, 원달준 옮김

발 행 인 | 전명구
편 집 인 | 한만철

펴 낸 곳 | 도서출판kmc
등록번호 | 제2-1607호
등록일자 | 1993년 9월 4일

03186 서울시 종로구 세종대로 149 감리회관 16층
(재)기독교대한감리회 도서출판kmc

대표전화 | 02-399-2008, 02-399-4365(팩스)
홈페이지 | http://www.kmcmall.co.kr

디자인 · 인쇄 | 리더스 커뮤니케이션

값 15,000원

ISBN 978-89-8430-436-9 04230
      978-89-8430-435-2 (전 4권)

제자 I

성경 연구를 통한 제자 되기

DISCIPLE: BECOMING DISCIPLES THROUGH BIBLE STUDY

Study Manual

kmc

구약
성경 연구

신약
성경 연구

일러두기

이렇게 공부합니다	이 책은 총 34과(구약 17과, 신약 17과)로 구성되었습니다. 매주 정해진 성경 본문을 중심으로 스스로 연구하고(매일 30~45분), 이를 바탕으로 한 주에 한 번 그룹 전체가 모여 서로의 이해와 생각을 나누고 더 깊은 의미를 깨닫게 합니다.(약 2시간)
성경은	한글판 개역개정 성경을 기본으로 사용합니다. 이해를 돕기 위해 관주나 주석이 있는 성경이나 현대어를 사용한 공동번역, 표준새번역을 참고하여도 좋습니다.
교재는 이렇게 구성하였습니다	교재 전체가 같은 형태로 구성되었습니다. 각 과의 제목과 요절, 주제는 그 주에 공부해야 할 내용과 방향을 보여 줍니다. 이것들을 염두에 두면 성경 전체의 흐름을 기억하는 데에도 도움이 될 것입니다.

● 우리의 모습
우리에게 공통적으로 있는 경험과 문제들을 제시하여, 이러한 문제를 가지고 성경을 읽고 하나님의 말씀을 듣게 합니다.

● 내려놓기
매일 성경을 읽기 전, 마음과 생각을 정리하고, 주님의 인도와 도움을 구하는 부분입니다. 매주 제시된 시편 말씀들이 길잡이가 될 것입니다. 또한 그 주의 기도 제목들을 적어 구체적으로 기도합니다.

● 귀 기울이기
매일 읽을 성경 본문들을 제시합니다. 본문의 주요 개념과 인물, 사건, 지리 · 역사적 정보, 특별한 단어의 의미, 새로운 깨달음, 그룹 토의에서 제기하고 싶은 질문들을 교재에 기록하여 둡니다.

● 성경의 가르침
성경을 통해 이해의 폭을 넓히는 부분입니다. 제시된 그림이나 지도, 해설 등을 눈여겨보는 것이 좋습니다.

● 제자의 모습
예수님을 따르고 닮아가는 제자의 특징을 보여 주며, 이에 맞추어 자신의 신앙생활을 반성하고 다시 세우게 도와줍니다. 충분한 시간을 할애하여 이 부분을 공부하면 자신뿐만 아니라 그룹 전체에게 토론과 성찰의 좋은 자료가 될 것입니다.

● 더 알아보기
개인적으로 더 읽고 연구하면 도움이 될 자료들을 제시합니다. 또한 전체 모임에서 발표하거나 함께 의논할 주제들을 알려 줍니다. 생각의 폭을 넓히고, 새로운 지식과 깨달음을 얻을 수 있는 부분입니다.

구약 성경 연구

01

이 과의 주제

권위

성경 말씀 The Biblical Word

모든 성경은 하나님의 감동으로 된 것으로 교훈과 책망과 바르게 함과
의로 교육하기에 유익하니 이는 하나님의 사람으로 온전하게 하며
모든 선한 일을 행할 능력을 갖추게 하려 함이라 (디모데후서 3:16~17)

⬆ 우리의 모습

우리 안에는 절대자를 갈망하는 마음이 끊임없이 일어나고 있습니다. 나를 향한 하나님
의 계획은 무엇일까? 나에게 하나님은 지금 어떤 말씀을 하실까? 하나님의 말씀인 성경은
내게 어떤 힘을 불어넣을까?

✝ 내려놓기

성경 공부를 하기 전에 먼저 하나님께 기도를 드립니다. 아래의 시편 말씀이 좋은 길잡이
가 될 것입니다.

> 주의 인자하심대로 주의 종에게 행하사 내게 주의 율례들을 가르치소서 나는 주의
> 종이오니 나를 깨닫게 하사 주의 증거들을 알게 하소서 (시편 119:124~125)

이번 주 기도 제목을 구체적으로 적어 기도합시다.

🔊 귀 기울이기

이 책은 하나님의 말씀을 깨닫고 실천하는 예수 그리스도의 제자들을 길러 내는 것이
목적입니다. 이 과정을 진행하는 동안 우리는 매일 성경을 읽게 됩니다. 가능하면 날마다
일정한 시간을 정해 읽고, 주요 내용을 다음 쪽에 있는 빈칸에 기록해 보십시오. 교재에 제
시된 순서대로 말씀을 읽는 것이 좋은데, '성경의 가르침'과 '제자의 모습' 부분은 보통 여
섯째 날, 즉 그 주에 읽어야 할 성경 말씀을 모두 읽은 후에 공부합니다.

D1 성경에 대한 느낌을 적어 봅시다.

성경이 하나님의 영감을 받은 여러 사람들이 기록한 여러 권의 책이 모인 것임을 기억하며 손에 들어 보십시오. 각 책의 이름을 읽으며 어떤 느낌을 주는지 생각해 봅시다. 성경 전체를 훑어보며 소제목들을 주의 깊게 살펴보십시오. 또한 성경책에 있는 보조 자료들, 예를 들어 각 책에 대한 소개와 요약, 각주와 지도, 도표, 부록 등을 찾아보며 관심이 가는 부분을 읽어 보는 것도 좋습니다.

D2 시편 84편, 호세아 11장, 출애굽기 15:1~18(시)

성경의 다양한 문학 형태를 음미해 보십시오. 아직은 각 본문의 내용을 이해하려고 하지 않아도 됩니다. 그저 다양한 형식을 접하며, 서로 다른 자료를 읽는 방법을 배우는 것입니다. 오늘은 시문학을 소리 내어 읽어 봅시다.

D3 열왕기상 19장, 역대상 22장, 사도행전 9장(역사)

가능하면 다른 번역본들도 찾아 읽어 봅시다.

D4 출애굽기 20장, 신명기 5~6장(율법서)
미가 4장(예언서)

신명기 6:4~9은 '쉐마' 라고 하는데, 이는 '들으라' 는 뜻입니다.

D5 빌레몬서(서신)
누가복음 15장(복음서)

D6 교재 내용 '성경의 가르침' 과 '제자의 모습'

🔵 성경의 가르침

우리가 '성경'이라고 번역하는 영어 단어 'Bible'은 본래 '책(book)'이라는 뜻입니다. 그러나 성경은 특별한 책입니다. 여느 다른 책들과는 분명히 다릅니다. 성경은 한 권의 책이 아니라, 천 년이 넘는 기간에 걸쳐 기록된 66권의 책이 하나로 묶인 것입니다. 하지만 이 책에 대한 해석과 분석, 평가는 그보다 훨씬 오랜 시간 동안 계속되었습니다. 모닥불 가에서 이야기들이 전해졌으며, 노래와 시는 예배 의식에서 수없이 되풀이되었습니다. 역사들은 반복해서 기록되었고, 영감으로 받은 율법은 법제화되고 해석되었습니다. 예언들은 선포되고, 기록되고, 성취되었습니다. 정의와 평화의 왕국에 대한 비전은 백성의 의식 속에 끊임없이 이어졌습니다.

성경은 히브리 사람들에 대해 말합니다. 그들은 하나님의 뜻을 세상에 알리는 도구로 부름 받고, 주전 2천 년경 아브라함과 사라가 "내가 지시하는 땅으로 가라."는 하나님의 부르심을 들은 때부터 항상 하나님의 백성이 되려고 노력한 특별한 사람들이었습니다. 하나님은 이 부름 받은 백성에게 말씀하셨고, 또 그들의 온갖 경험들을 통해 자신의 뜻을 알리셨습니다. 그리고 많은 세월이 지난 후 예수님의 생애와 죽음과 부활을 통해 자신을 완전히 계시하셨고, 그 이후에는 교회라는 새 언약의 백성을 통해 진리의 숨은 비밀을 계속 나타내 주셨습니다.

하나님의 영감을 받아 기록된 성경에는 인간적인 면과 신적인 면이 모두 존재합니다. 성경에서 폭력, 강간, 배반, 간음, 질병, 죽음 등을 읽으면서 우리는 성경이 얼마나 인간적인지에 놀라게 됩니다. 그리고 다른 한 편으로 회개와 믿음, 정의와 자비의 율법, 헌신과 자기희생, 용서와 언약의 하나님의 끝없는 사랑을 보며 그 성스러움에 감격하기도 합니다.

성경은 이렇게 인간적이고 신적인 경험인 동시에 여전히 진행 중인 저술입니다. 입에서 입으로 전해지던 전통이 마침내 글로 쓰인 후 편집과 재편집, 필사(筆寫)와 재필사가 계속되었습니다. 이 모든 과정은 하나님의 인도하심의 증거입니다. 더욱이 정경화(正經化) 과정은 하나님의 영감으로 이루어졌습니다.

우리가 성경을 하나님의 영감으로 쓰인 책이라고 할 때, 이는 성경이 특별한 상황에 특별한 사람들에 의해 기록되었음을 인정하는 것입니다. 성경은 하나님과 연결되어 있고, 이 때문에 성경은 하나님과 성경을 읽는 사람을 만나게 하는 힘이 있습니다. 성경의 권위는 바로 이 능력에 있습니다. 우리가 성경을 읽고 하나님이 우리에게 말씀하실 때, 우리는 성경을 하나님의 말씀으로 듣게 됩니다.

성경은 어떻게 형성되었는가?

경전(Canon)은 '표준'이라는 뜻으로, 여기서는 권위가 부여된 종교적 문서들을 통틀어 일컫는 것입니다.

히브리 경전은 본래 토라(Torah, 율법서)에 국한되었는데, 이는 구약성경의 처음 다섯 권(오경)입니다. 토라는 유대교의 경전일 뿐만 아니라 유대인들의 기본법이었습니다. 주전 6~4세기에 마지막으로 정리되었고, 이것이 히브리 민족과 모든 기독교인의 경전이 되었습니다.

주후 1세기 말경 유대인들은 토라와 함께, 그보다는 권위가 덜했던 책들을 경전으로 받아들였는데, 여기에는 여호수아부터 열왕기하(룻기는 제외)까지와 예언서들이 포함되었습니다. 그 외의 다른 책들은 성문서(聖文書)라는 이름으로 불렀습니다. 그리고 마침내 주후 90년경에 토라와 예언서와 성문서가 히브리 경전으로 확정되었습니다.

후에 기독교인들에게 구약성경으로 알려지게 된 히브리 성경은 본래 히브리어로 기록되었으나 주전 3세기경에 헬라어로 번역되었는데, 이것을 70인역 또는 '셉투아진트(Septuagint)'라고 부릅니다. 초대 기독교인들이 사용한 성경이 바로 이것입니다. 70인역은 히브리 성경과 언어뿐만 아니라 책의 순서가 달랐고, 본래의 성경에는 없던 외경을 포함했다는 데에서 차이가 있습니다.

주후 2세기에 비로소 기독교인들은 그들이 쓴 문서들을 특별히 구분해 예배 시간에 읽음으로써 구약성경과 똑같은 권위를 인정하였습니다. 신약성경의 정경화는 단계적으로 진행되었는데, 현재 우리가 가지고 있는 신약성경과 동일한 최초의 목록은 주후 367년 알렉산드리아의 아다나시우스에 의해 만들어진 것입니다.

히브리 성경에는 외경이 포함되어 있지 않았습니다. 종교개혁 당시 마틴 루터는 외경을 포함한 70인역이 아닌 히브리 성경을 채택한 반면, 가톨릭은 1545~1563년에 열린 트렌트 회의에서 70인역을 재확인함으로써 에스더 1, 2서와 므낫세의 기도를 제외하고는 외경을 다시 인정했습니다.

영어로 경전을 캐논이라고 하는데, 이는 셈족어 '갈대'에서 유래되었다. 원래 자(尺)로 사용할 수 있는 곧은 갈대를 의미한 것이 후에 기준, 표준, 척도 등의 뜻으로 굳어진 것이다. 특히 종교적으로는 신앙과 실천의 표준을 캐논이라고 하였다.

성경은 어떻게 읽어야 하는가?

말씀을 기억하고, 해석하고, 기록하고, 편집하고, 필사한 사람들을 하나님의 영이 인도했듯이 하나님은 오늘날 성경을 읽는 사람들을 인도하십니다.

우리의 목적은 수학을 배우듯이 성경을 배우는 것이 아닙니다. 또한 탐정소설이나 소설을 읽듯이 성경을 읽어서도 안 됩니다. 우리가 우주적이며 영원한 진리를 이해할 수 있게 도우시는 성령의 목소리에 귀를 기울여야 합니다. 우리 개개인에게 예기치 못한 순간에 주시는 그 통찰력을 기다려야 합니다. 언약을 음미하고, 우리 생활에서 진리가 되는 이야기들에 감격하며, 우리 삶을 바꿀 수 있는 율법이나 규칙들을 접하며 고민해야 합니다.

우리의 영적 이해력이 성장할 때, 우리는 전혀 새로운 진리를 볼 수 있습니다. 또한 질병과 죄, 시험과 비극을 경험할 때, 이전에는 전혀 헤아릴 수 없었던 교훈을 깨닫게 됩니다.

때때로 자신이 사도행전에 등장하는 에티오피아 내시가 된 것 같은 기분을 느낄 때가 있을 것입니다. 병거를 타고 선지자 이사야의 글을 소리 내어 읽고 있던 그에게 사도 빌립이 물었습니다. "네가 읽고 있는 것이 깨달아지느냐?" 이 때 그 내시는 절망적인 음성으로 "지도해 주는 사람이 없으니 어찌 깨달을 수 있느냐?"라고 대답했습니다.(행 8:30~31)

우리는 성경 탐구라는 매혹적인 여행길에 올랐습니다. 이 길을 가는 동안 많은 것들이 우리를 도울 것입니다. 이 교재의 학습 계획, 인도자와 동료들, 그 외의 다양한 자료들에서 도움을 받을 것입니다. 그러나 그 무엇보다 든든한 지원자는 바로 성령입니다. 그분이 우리의 여정을 끝까지 이끌고 인도하실 것입니다. 예수님은 말씀하셨습니다. "보혜사 …… 성령 그가 너희에게 모든 것을 가르치고 내가 너희에게 말한 모든 것을 생각나게 하리라."(요 14:26)

성경에는 어떤 형식의 글들이 있는가?

성경은 한마디로 '저술'입니다. 그런데 여기에는 시, 법, 역사적 진술, 의식문, 노래, 예언, 지혜문학, 짧은 이야기, 비유, 주의 교훈, 편지, 설교, 묵시문학 등 우리가 생각할 수 있는 모든 형식의 글들이 담겨 있습니다.

그러므로 읽는 방법도 달라야 합니다. 시편과 같은 시들은 소리 내어 읽는 것이 좋습니다. 그리고 히브리 시(詩)는 종종 대구법(Parallelism, 어조가 비슷한 문구를 나란히 벌여 문장에 변화를 주는 표현 방법)을 사용하여 어떤 생각을 표현한다는 사실을 염두에 두어야 합니다. 그것을 잘 보여 주는 예가 시편 84편 3절입니다. "참새도 제 집을 얻고 제비도 새끼 둘 보금 자리를 얻었나이다." 이야기들과 역사적 진술들은 별 어려움 없이 금방 읽을 수 있습니다. 반면 율법서 같은 경우는 작은 부분까지도 세밀하게 꼼꼼히 읽어야 합니다. 예언서를 읽을 때는 그 예언 속에 깔려 있는 메시지를 들으려 애써야 하며, 잠언이나 중요 구절들은 될 수 있으면 외우는 것이 좋습니다. 복음서는 예수 그리스도에 대한 신앙의 강력한 표현이기 때문에 그것을 읽을 때는 주님을 영접하든지 아니면 거부하는 결단을 수반해야 합니다.

성경을 왜 공부해야 하는가?

성경을 공부할 때 어떤 마음가짐이 필요할까요? 나 자신의 모든 것, 생각과 행위, 경험과 고민 등을 남김없이 내어놓는 것이 중요합니다. 이 모든 것이 성경을 통해 다루어질 수 있습니다. 인간의 모든 감정이 그 안에 있기 때문입니다.

그럼 성경은 우리에게 무엇을 가져다줄까요? 하나님의 권능의 손길과 인도입니다. 성경의 친인간적 성격은 우리를 성경에 쉽게 다가서게 하고, 성경의 신성은 우리를 구원에 이르게 합니다.

우리가 성령의 감동을 받고 성경과 친숙해지면 하나님의 말씀이 갈급해지고 그 말씀에 목이 마르게 될 것입니다. 처음에는 무거운 짐처럼 생각되었던 것이 만족과 기쁨으로 바뀔 것입니다. 시편 기자는 하나님의 말씀이 "꿀과 송이꿀보다 더 달도다(시 19:10)."라고 고백했습니다.

이러한 사실을 가장 명백히 설명해 주는 것은 아마도 성경 자체일 것입니다. 이 과의 요절인 디모데후서 3장 16~17절을 다시 읽어 보십시오. 요한의 선언은 이보다 더욱 강력합니다. 요한복음 20장 31절을 읽고 아래에 써 봅시다.

(요 20:31)

....

....

📖 제자의 모습

그리스도의 제자는 성경의 능력과 권위 아래 스스로 무릎을 꿇습니다. '제자의 모습'은 하나님의 말씀이 어떻게 우리를 그리스도의 제자로 만들고 있는지 스스로에게 질문하는 부분입니다.

바로 지금 대답해 보십시오. "나는 무엇 때문에 이 훈련 과정에 참여하고 있는가? 왜 나는 열심히, 마음을 다해, 진지하게 성경을 공부하려 하는가?"

....

....

성경을 지금과 같이 장으로 나누어 놓은 사람은 영국 성공회 신부이며 1207년에 캔터베리의 대주교로 축성(祝聖)된 랭톤(Stephen Langton, 1150?~1228)으로 알려져 있습니다. 그리고 신약성경을 절로 나눈 사람은 로버트 스테파너스(Robert Stephanus)로, 1551년에 그가 출간한 헬라어 신약성경에서였습니다. 영어 번역판 중 신약성경을 최초로 절로 구분한 것은 윗팅톤(Whittington) 판이며(제네바, 1557), 영어 성경 전체(신구약)가 절로 구분된 것은 1560년에 발행된 제네바 번역판이 처음입니다.

🔍 더 알아보기

■ 성경 구절을 쉽고 빨리 찾기 위해 구약성경 각 책의 이름을 외우는 것이 큰 도움이 됩니다. 시간을 내서 성경 여기저기를 살펴보고, 교회나 도서관 등 필요한 책을 빌릴 수 있는 곳을 알아 둡시다.

히브리 경전	기독교 구약성경	신약성경
토라(율법서) 　　　창세기 　　　출애굽기 　　　레위기 　　　민수기 　　　신명기	율법서 　　　창세기 　　　출애굽기 　　　레위기 　　　민수기 　　　신명기	복음서 　　　마태복음 　　　마가복음 　　　누가복음 　　　요한복음
예언서 　전기예언서 　　　여호수아 　　　사사기 　　　사무엘상하 　　　열왕기상하	역사서 　　　여호수아 　　　사사기 　　　룻기 　　　사무엘상하 　　　열왕기상하 　　　역대상하 　　　에스라 　　　느헤미야 　　　*토비트* 　　　*유딧* 　　　에스더 　　　*마카비전후*	사도행전 교회에 보낸 서신 　　　로마서 　　　고린도전서 　　　고린도후서 　　　갈라디아서 　　　에베소서 　　　빌립보서 　　　골로새서 　　　데살로니가전서 　　　데살로니가후서
후기예언서 　　　이사야 　　　예레미야 　　　에스겔		
소선지서 　　　호세아 　　　요엘 　　　아모스 　　　오바댜 　　　요나 　　　미가 　　　나훔 　　　하박국 　　　스바냐 　　　학개 　　　스가랴 　　　말라기	지혜서 　　　욥기 　　　시편 　　　잠언 　　　전도서 　　　아가 　　　*지혜서* 　　　*집회서*	개인에게 보낸 서신 　　　디모데전서 　　　디모데후서 　　　디도서 　　　빌레몬서 히브리서 일반서신 　　　야고보서 　　　베드로전서 　　　베드로후서 　　　요한1서 　　　요한2서 　　　요한3서 　　　유다서
성문서 　지혜서 　　　시편 　　　잠언 　　　욥기	예언서 　　　이사야 　　　예레미야 　　　애가 　　　*바룩* 　　　에스겔 　　　다니엘 　　　호세아 　　　요엘 　　　아모스 　　　오바댜 　　　요나 　　　미가 　　　나훔 　　　하박국 　　　스바냐 　　　학개 　　　스가랴 　　　말라기	요한계시록
다섯 개의 단편 　　　아가 　　　룻기 　　　애가 　　　전도서 　　　에스더 다니엘 에스라-느헤미야 역대상하		*이탤릭체는 개신교 성경에는 없는 책들이다. 흔히 말하는 외경으로, 로마 가톨릭 성경에는 포함된다.

02

이 과의 주제

경이

창조주 하나님 The Creating God

하나님이 자기 형상 곧 하나님의 형상대로 사람을 창조하시되
남자와 여자를 창조하시고 (창세기 1:27)

⬆ 우리의 모습

누구든 한 번쯤은 이런 의문들을 품어 보았을 것입니다. '나'라는 존재는 어떻게 생겨난 것일까? 이 세상은 언제 어떻게 시작되었을까? 만약 창조자가 있다면 그는 어떤 존재일까? 나는 왜 창조되었을까? 지질학자들은 수억만 년 된 돌들을 찾아내고, 천문학자들은 지구에서 수백만 광년 떨어진 별들에 대해 이야기합니다. 우주는 이토록 광대하며, 그 안에서 나는 한낱 작은 티끌에 불과합니다.

✝ 내려놓기

성경 공부를 하기 전에 먼저 하나님께 기도를 드립니다. 아래의 시편 말씀이 좋은 길잡이가 될 것입니다.

> 주의 손이 나를 만들고 세우셨사오니 내가 깨달아 주의 계명들을 배우게 하소서
> (시편 119:73)

이번 주 기도 제목을 적어 구체적으로 기도합시다.

🎧 귀 기울이기

특별히 창세기 1~2장과 시편들을 소리 내어 읽어 봅시다. 이번 주는 주님을 기억하고 찬양하며, 날마다 성경을 공부하고 기도하는 습관을 들이는 데 초점을 맞추어 봅시다. 교재에 제시된 찬송가를 부르며 그 가사들도 잘 음미해 봅시다.

D1
창세기 1:1~2:3(창조)
찬송 64장(구 13장) "기뻐하며 경배하세"

D2
창세기 2:4~25(두 번째 창조 이야기)
시편 8편(창조주 찬양)
찬송 593장(구 312장) "아름다운 하늘과"

D3
시편 19:1~6; 33편(하나님의 영광과 위대함)
찬송 69장(구 33장) "온 천하 만물 우러러"

D4
욥기 38~39장(하나님의 신비와 장엄함)
욥기 40:15~41:34(하나님의 능력)
찬송 478장(구 78장) "참 아름다워라"

D5
시편 104; 150편(찬양)
요한복음 1:1~5(말씀)
찬송 79장(구 40장) "주 하나님 지으신 모든 세계"

D6
교재 내용 '성경의 가르침' 과 '제자의 모습'
찬송 31장(구 46장) "찬양하라 복되신 구세주 예수"

📖 성경의 가르침

"태초에 하나님이 천지를 창조하시니라."(창 1:1)

이 구절에 쓰인 '창조하다'라는 히브리어는 인간의 행위가 아니라 하나님의 행위를 말합니다. 이 동사에는 두 가지 의미가 있는데, 첫째는 하나님이 자유로이 뜻하신 대로 혼돈에서 질서를 창조하신다는 것이고, 둘째는 하나님이 이 창조를 조정하고 설계하신다는 것입니다.

'천지'는 전에도 있었고, 지금도 있으며, 앞으로도 있을 모든 것, 곧 측량할 수 없는 우주 전체를 의미합니다.

"땅이 혼돈하고 공허하며 흑암이 깊음 위에 있고(창 1:2상)"는 형체가 없는 어둠, 우주적 공허를 가리키는데, 때로는 '혼돈의 바다'라고 표현되었습니다. 옛 사람들은 모든 창조가 질퍽한 혼돈의 어둠, 즉 '깊음'에서 출발했다고 믿었습니다. 시편 24편 1~2절이 그 좋은 예입니다("땅과 거기에 충만한 것과 세계와 그 가운데 사는 자들은 다 여호와의 것이로다. 여호와께서 그 터를 바다 위에 세우심이여 강들 위에 건설하셨도다."). 하나님의 영이 이 공허함 위에 운행하셨다고 성경은 말합니다.

히브리 사람들은 창조주가 단순히 여러 신들 중 하나라고 믿지 않았습니다. 또한 선의 신과 악의 신 사이에 생긴 충돌로 창조가 시작되었다고도 생각하지 않았습니다. 그들은 오직 한 분이신 우주의 주, 그들을 언약의 백성으로 만드셨고, 노예생활에서 구출하신 바로 그분이 만물의 창시자요 설계자라고 확신했습니다.

하나님은 어떤 분인가?

그런데 하나님은 이 모든 것을 말씀으로 하셨습니다. 우주 만물은 하나님의 말씀으로 창조된 것입니다(창 1:3). 유대교인과 기독교인들은 범신론자가 아닙니다. 즉 우리는 하나님과 우주가 하나라고 믿지 않습니다. 또한 물방울이 대양(大洋)의 부분인 것처럼 인간이 거대한 우주적 영의 한 부분이라고도 여기지 않습니다. 하나님과 피조물은 엄연히 구분되어 있습니다. 하나님은 말씀하셨고, 그 명령이 피조물이 되었습니다. 이처럼 하나님은 피조물을 초월해 계시지만, 동시에 만물을 그 품에 품으십니다. 항상 피조물 가까이에 계시며 그들과 교류하십니다.

후에 예수 그리스도가 오셨을 때, 기독교인들은 말씀이 예수님 안에서 육신이 된 것으로 이해했습니다. '말씀'이 예수 그리스도와 동일어가 된 것입니다. 요한이 "태초에 말씀이 계시니라. 이 말씀이 하나님과 함께 계셨으니 이 말씀은 곧 하나님이시니라. …… 만물이 그로 말미암아 지은 바 되었으니"라고 기록했을 때에도 그의 마음에는 창세기 1장 3절이 있었던 것입니다.

"말씀이 육신이 되어 우리 가운데 거하시매(요 1:14)." 하나님의 말씀으로 우주는 존재가 되었고, 후에 그 말씀이 육신을 입어 우리 가운데서 거니셨습니다.

또한 사도 바울은 하나님이 만물을 창조하실 때 하셨던 '말씀'이 십자가에서 하신 '말씀'과 동일하다는 사실을 사람들이 알기를 원했습니다. "만물이 그에게서 창조되되 하늘과 땅에서 보이는 것들과 보이지 않는 것들과 …… 만물이 다 그로 말미암고 그를 위하여 창조되었고 …… 그의 십자가의 피로 화평을 이루사 …… 그로 말미암아 자기와 화목하게 되기를 기뻐하심이라(골 1:16~20)." 이렇게 기독교인들은 창조 이야기의 본뜻을 이해할 수 있게 되었습니다.

경이

태초부터 사람들은 창조의 신비에 대해 깊이 고민했습니다. 나는 왜 여기에 존재하는가? 우주는 어디에서 왔는가? 어린아이들은 이렇게 묻습니다. "하나님은 누가 만드셨어요?"

기린과 코끼리는 보기만 해도 즐겁습니다. 은하수나 높고 웅장한 산을 보면 감탄하게 됩니다. 갓난아기를 보고 있으면 경이로움을 느낍니다. 그래서 우리는 시편 기자처럼 묻게 됩니다.

"사람이 무엇이기에 주께서 그를 생각하시며 인자가 무엇이기에 주께서 그를 돌보시나이까?"(시 8:4)

하나님이 욥에게 말씀하시는 것(욥 38~41장)을 듣고 있노라면 우리는 경탄할 수밖에 없습니다. 이 말씀은 창조의 질서와 장엄함, 신비를 우리 눈앞에 펼쳐 놓으며, 창조주의 영광과 선함과 능력을 찬양합니다.

이 과의 목표, 즉 창조의 위대한 드라마를 깨닫기 위해 우리는 욥기에서 핵심 부분을 찾아낼 것입니다. 다음 과에서 더 자세히 공부하겠지만, 욥기의 중심 주제는 믿음과 고난의 문제입니다. 특히 앞에서 언급한 네 장에는 하나님의 목적과 법칙을 묻는 욥의 질문에 대한 하나님의 응답이 담겨 있습니다. 그러나 지금 우리가 주목해야 할 점은 이와는 다른 것입니다.

- 하나님의 창조의 기적은 인간의 이해를 초월한다.
- 인간의 생각과 하나님의 생각에는 매우 큰 차이가 있다.
- 우리의 능력과 하나님의 능력은 비교될 수 없다.
- 인간의 가치관과 하나님의 가치관은 별개의 세계다.
- 무엇보다 창조주는 피조물을 아끼고 사랑한다.

이러한 하나님 앞에 우리는 어떤 응답을 할 수 있을까요? 그저 경의를 표하고 찬양하는 것밖에는 없습니다.

성경은 하나님의 존재를 증명하려고 하지 않습니다. 오히려 소리 높여 그분의 창조 능력을 찬양합니다. 그리고 그에 대한 인간의 응답을 강조함으로써 핵심 문제에 해답을 줍니다.

성경은 어떤 깜짝 놀랄 과학적 이론에 대한 설명서도, 아담과 하와를 인터뷰한 신문 기사도 아닙니다. 가슴 떨리는 창조를 그리고, 사랑과 은혜의 하나님을 묘사한 책이 바로 성경입니다.

창조

'창세기'로 번역된 'Genesis'는 '시작' 또는 '기원'이라는 뜻의 헬라어입니다. 창세기에는 두 개의 창조 기사가 기록되어 있는데, 첫 번째 기사(창 1:1~2:3)는 하나님에 대한 찬양의 시로, 여기에는 언약 백성에게 이어져 내려온 신앙이 담겨 있습니다.

두 번째 기사(2:4~25)는 첫 번째 기사보다 더 오래된 것입니다. 이 이야기는 별들이 총총하게 빛나는 밤하늘 밑에 모닥불을 피워 놓고 둘러앉아 들려주던 것으로, 글로 쓰이기 이전에 한 세대에서 다음 세대로 입에서 입으로 전승되었습니다.

창조에 관한 시편들은 고대 이스라엘 백성이 오랫동안 예배 때 사용하던 노래들로서 우리에게도 매우 익숙한데, 아름다움과 질서, 경이를 노래한 찬양입니다.

이번 주에는 창조 이야기들을 소리 내어 읽어 보십시오. 정교한 시와 마음을 끄는 이야기, 장엄한 시편을 읽는 동안에 소리를 들을 수 있고 운율을 느낄 수 있을 것입니다. 그러면서 눈을 통해서는 물론 귀를 통해서도 그 말씀들이 담고 있는 의미가 분명하게 전해질 것입니다.

오랫동안 창세기와 함께 살아온 유대인들은 기독교인들이 창조시(詩)를 문자 그대로 믿으려 하는 것을 보고 대단히 놀랍니다. '첫째 날'이나 '둘째 날'을 24시간이라는 시간적 틀에 맞추어 이해하려 한다든지, 메소포타미아 지역에서 아담의 뼈를 찾아내려고 하는 것은 핵심을 놓치고 엉뚱한 곳으로 비껴가는 일입니다. 더욱이 하루를 한 세대로 해석한다든지 지질 연대와 비교하는 것은 신앙 고백을 과학적 문서로 바꾸어 놓는 격이 되는 것입니다.

'칠 일'이라는 상징은 하나의 신앙 고백입니다. 이것은 점진적인 창조와 세밀한 질서를 암시합니다. '첫째 날, 둘째 날 …'을 이해할 때, 우리는 시편 말씀을 기억할 필요가 있습니다.

"주의 목전에는 천 년이 지나간 어제 같으며 밤의 한 순간 같을 뿐임이니이다."
(시 90:4)

또한 한 걸음 더 나아가 칠 일은 하나님이 우주에 질서를 부여하셨듯이 우리 삶도 계획하고 주관하신다는 사실을 상기시키는 상징들이기도 합니다.

어떤 이들은 성경과 과학 사이에서 길을 찾지 못해 어려움에 직면하기도 합니다. 그래서 성경이 사실이 아니라고 한다든지, 아니면 마치 하나님은 산이 어떻게 생겨나고 아기가 어떻게 태어나는지 이해하지 못하는 것처럼 자신들의 신앙에서 과학적 문제를 아예 분리해 버립니다. 그런데 이런 식이라면 어떻게 그 수많은 과학자들이 신앙인이 되었는지 놀랍지 않습니까? 왜냐하면 그들은 자신들이 알지 못하는 것이 얼마나 많은지, 또한 신앙이 아니고는 대답할 수 없는 문제들이 얼마나 많은지 알기 때문입니다. 그들은 창조 이야기가 지질학이나 생물학이 아니라 신앙 고백이라는 사실을 이해합니다. 또한 하나님이 천지 창조 과정에서 역사하셨으며, 지금도 창조하시고 질서를 부여하시기 위해 끊임없이 활동하신다는 사실을 압니다.

"하나님은 누가 만들었어요?" 아이들이 이렇게 묻는다면 뭐라고 답해 주겠습니까? "하나님을 만든 존재는 없단다. 모든 것을 시작하신 분이며, 너와 나, 그리고 모든 것을 만드신 분, 바로 그분이 하나님이란다." 지혜로운 부모의 대답은 이런 내용일 것입니다. 신학자들의 대답이라고 해서 이보다 나을 수는 없습니다. 그들은 성경을 인용하여 하나님은 혼돈에서 질서와 의미와 목적을 창조하셨다고 말합니다. 하나님의 창조는 이렇게 시작되었습니다. "하나님이 이르시되 빛이 있으라."(창 1:3)

그러면 우리는 이 창조세계에 대해 어떤 생각을 해야 할까요? 후렴처럼 반복되는 성경 구절이 우리에게 힌트를 줍니다. "하나님이 보시기에 좋았더라."(창 1:4, 10, 12, 18, 21, 25)

영지주의자와 같은 몇몇 종교인들은 물질세계는 악하다고 가르쳤습니다. 영이나 혼은 좋고, 감정이나 육체는 나쁘다고 생각했습니다. 그러나 유대교와 기독교의 이해는 그렇지 않습니다. 하나님이 만드신 모든 것, 곧 무릎관절이나 생식기, 날치와 원숭이, 중력의 법칙과 계절의 변화 등 모든 것이 선한 것이었습니다.

창조 이야기에 나타난 하나님의 능력을 보십시오. "하나님이 두 큰 광명체를 만드사(1:16)" 해가 낮을, 달이 밤을 주관하게 하셨습니다. 또한 성경에는 "또 별들을 만드시고"라는 간단한 구절로 기록되어 있지만 하늘의 수많은 은하들도 바로 하나님이 만드신 것입니다. 창조주 하나님이 얼마나 위대합니까?

어떤 신자가 랍비에게 물었습니다. "왜 하나님은 우리에게 이처럼 웅대한 창조시를 주셨습니까?" 랍비는 대답했습니다. "안식일에 쉬는 것을 우리에게 가르치시기 위해서입니다." 안식일에 왜 쉬어야 합니까? 바로 하나님이 안식일을 지키셨기 때문입니다. 그로 인해 안식일은 성일(聖日)이 되었습니다. 일하던 손을 멈추고 안식일을 지킬 때, 우리는 자신이 하나님의 피조물이며, 쉴 때조차 하나님이 돌보아 주신다는 사실을 기억하게 됩니다. 사랑의 하나님은 우리가 하나님을 신뢰하고, 편안한 마음으로 즐기며 누리기를 원하십니다. 우리가 7일 중 하루를 쉬면서 하나님의 섭리에 감격하며 감사한다면, 예수님이 하신 말씀을 이해하게 될 것입니다. "또 너희가 어찌 의복을 위하여 염려하느냐. 들의 백합화가 어떻게 자라는가 생각하여 보라. 수고도 아니하고 길쌈도 아니하느니라. 그러나 내가 너희에게 말하노니 솔로몬의 모든 영광으로도 입은 것이 이 꽃 하나만 같지 못하였느니라(마 6:28~29)." 날마다 긴장 속에서 허덕이는 우리에게 이 얼마나 큰 위로가 되는 말씀입니까!

이 오래된 신앙의 시는 우리가 하나님께 속해 있다는 것뿐만 아니라 우리가 "하나님의 형상대로(창 1:27)" 창조되었다는 사실을 말해 줍니다. 이것이 의미하는 바가 무엇이라고 생각합니까?

....

....

청지기

"하나님이 이르시되 우리의 형상을 따라 우리의 모양대로 우리가 사람을 만들고 그들로 바다의 물고기와 하늘의 새와 가축과 온 땅과 땅에 기는 모든 것을 다스리게 하시고."(창 1:26)

창세기에서 남녀 인간은 창조의 동참자인 동시에 하나님의 청지기입니다. 우리의 성(性)도 하나님이 창조하신 것이요, 하나님이 좋다고 하시며 복 주신 것입니다. 그래서 우리는 "생육하고 번성하여 땅에 충만(창 1:28)"하게 되었습니다. 가끔 교회 안에 이단이 나타나 인간의 성을 죄 되고 더럽고 악한 것으로 만들어 버리고는 하지만, 그것은 인간의 성도 하나님의 창조물이라는 사실을 망각한 데서 오는 큰 잘못입니다("사람을 창조하시되 남자와 여자를 창조하시고(1:27)"). 사람이 자기중심적이 되면 다른 모든 것과 마찬가지로 성 문제에도 영향을 미치게 됩니다. 그러나 하나님은 자신의 모든 창조물이 선하다고 선언하셨습니다.

우리는 전 우주의 청지기입니다. 성경에 기록된 창조세계는 환경 파괴와 오염 전의 세계이지만, 그것을 읽는 우리의 이해는 바로 거기에 있어야 합니다.

공기를 깨끗하게 유지해야 합니다. 물의 오염을 막아야 합니다. 흙을 지키고, 산을 우거지게 하고, 동물들을 보호해야 합니다. 우리에게는 자연계의 균형을 유지시켜야 하는 책임이 있습니다.

이제 두 개의 창조 이야기 중 더 오래된 것을 살펴봅시다(창 2:4~25). 이 이야기에 나오는 창조 순서는 다른 이야기의 그것과 다릅니다. 그러나 믿음의 이야기라는 점에서는 차이가 없습니다. 극적인 상징들에 유의하며 읽어 봅시다.

하나님이 인간을 흙으로 만드셨다는 것은 무엇을 의미한다고 생각합니까?(창 2:7)

....

"생기를 그 코에 불어넣으시니 사람이 생령이 되니라."는 구절이 의미하는 것은 무엇이라고 생각합니까?(창 2:7)

....

창세기 2장 23절을 번역하면서 몇몇 번역본들은 '사람'이라고 한 반면, 다른 것들은 '아담'이라는 단어를 사용했습니다. 그 이유가 무엇일까요? 성경 사전에서 '아담(Adam)'을 찾아봅시다.

....

'에덴동산'은 나에게 무엇을 상징합니까?

....

"선악을 알게 하는 나무(창 2:9)"라는 상징이 왜 중요할까요?

....

만약 우리가 "왜 하나님은 우리에게 남자와 여자의 이야기를 주셨습니까?(창 2:18~25)"라고 랍비에게 묻는다면 그는 이렇게 대답할 것입니다. "그 이유는 바로 결혼이 창조에서 비롯되었음을 보여 주시기 위함입니다. 결혼은 하나님의 계획이요, 한 몸을 이루는 것이니 이를 깨뜨릴 수는 없습니다." 예수님은 이렇게 말씀하셨습니다. "하나님이 짝지어 주신 것을 사람이 나누지 못할지니라."(마 19:6)

▣ 제자의 모습

우리는 하나님의 피조물입니다. 그리스도의 제자는 자신이 하나님께 속한 존재임을 압니다. 그리고 자신에 대한 모든 권리가 하나님께 있음을 분명히 깨닫습니다.

내가 하나님께 속해 있음을 삶에서 어떻게 드러냅니까?

창조의 위대함 앞에서 하나님을 찬양할 수밖에 없다고 느낀 적이 있습니까? 그때를 묘사하여 보십시오.

하나님이 우리를 위해 이 세상을 창조하셨다는 사실은 그분 성품의 어떤 점을 말해 주는 것일까요?

창조 이야기들은 우리에게 이 땅, 곧 식물과 동물, 새와 물고기, 공기와 물을 돌볼 책임을 분명하게 부여합니다. 시편 8편 6~9절을 다시 한 번 읽어 보십시오. 하나님의 청지기로서 책임을 수행하기 위해 지금 무엇을 하고 있습니까?

휴일을 어떻게 보내는지 적어 보십시오. 우리를 창조하고 살아가게 하시는 위대한 사랑의 하나님에 대한 신뢰를 어떤 식으로 나타냅니까? 어떻게 하면 안식일을 좀 더 창조적으로 보낼 수 있을까요?

◉ 더 알아보기

- 요한복음 1장 1~5절에 있는 '말씀'이라는 단어에 대해 연구해 보십시오. 이 말씀과 하나님의 창조 행위는 어떠한 관계가 있습니까?
- 집 밖을 산책하면서 하늘과 나무와 물을 주의 깊게 살펴보십시오. 그것들이 말해 주려고 하는 것을 듣고 느껴 보십시오. 전에 보지 못했던 것을 보기 위해 노력해 보십시오. 때때로 "하나님, 감사합니다."라고 말해 보십시오.

03

인간의 반역 The Rebel People

무릇 나는 내 죄과를 아오니 내 죄가 항상 내 앞에 있나이다 내가 주께만 범죄하여
주의 목전에 악을 행하였사오니 주께서 말씀하실 때에 의로우시다 하고
주께서 심판하실 때에 순전하시다 하리이다 (시편 51:3~4)

↻ 우리의 모습

인간에게는 선택의 기회가 있습니다. 자기가 원하는 것, 바라는 것을 스스로 선택할 수
있습니다. 그래서 우리는 종종 자신을 혼자로도 충분한 존재로 생각합니다. 자기를 중심에
두고 살아갑니다. 누구에게든, 어떤 것에든 제한받는 것이 싫어 스스로 모든 것을 통제하려
는 시도를 하며 창조주에게 대항합니다. 그러나 여전히 이 세상과 자신 안에 무언가 혼란이
있음을 느낄 뿐만 아니라 그 이유가 무엇인지조차 깨닫지 못합니다.

ⓘ 내려놓기

성경 공부를 하기 전에 먼저 하나님께 기도를 드립니다. 아래의 시편 말씀이 좋은 길잡
이가 될 것입니다.

> 주의 이름을 사랑하는 자들에게 베푸시던 대로 내게 돌이키사 내게 은혜를 베푸소서
> (시편 119:132)

이번 주 기도 제목을 구체적으로 적어 기도합시다.

♫ 귀 기울이기

인간의 죄에 관한 성경 구절들을 주의 깊게 읽어 보십시오. 그리고 자신이 창세기 이야
기에 나오는 인물 중 하나가 된 것처럼 상상해 보십시오. 에덴동산이나 노아의 방주에 있는
자신을, 바벨탑을 쌓는 사람들 틈에 끼어 돕고 있는 자신을 상상해 보십시오. 또한 사회 전
체의 죄악을 생각하면서 애통해했던 예레미야와 다윗 왕의 죄를 날카롭게 지적했던 나단
선지자를 잘 살펴보십시오. 시편 51편은 우리 자신의 고백이 될 수도 있습니다.

D1 창세기 3~4장(타락, 가인과 아벨)

D2 창세기 6:5~9:29(노아와 홍수)

D3 창세기 11:1~9(바벨탑)

D4 예레미야 8:18~9:11(유다와 예루살렘을 위한 애곡)

D5 사무엘하 11:1~12:7(다윗의 죄와 나단의 힐책)
시편 51편(참회의 기도)

D6 교재 내용 '성경의 가르침'과 '제자의 모습'

📖 성경의 가르침

처음으로 누군가에게 반항하고 자기 생각을 고집한 때가 언제였는지 기억합니까? 아마 아주 어렸을 때라 기억하기 힘들 것입니다. 인류 역사에서도 마찬가지입니다. 고대 히브리인들이 죄의 시작, 곧 이 세상에 어떻게 해서 죄가 들어왔는지를 물으면 그 무리의 연장자는 첫 남자와 첫 여자와 뱀의 이야기를 들려주었습니다. 그러면 이야기를 들은 사람은 거기서 자기 자신과 인류에 관한 어떤 것을 깨닫고는 고개를 끄덕이게 되었습니다. 또한 바벨탑 이야기와 모든 사람이 어떻게 자기 이름을 드러내기를 원했는지에 대해 들으며, 왜 인간이 무언가를 함께 해 나가지 못하는지를 이해하게 되었습니다.

성경에는 인간의 죄가 처음부터 끝까지 드러나 있습니다. 우리는 이 주제를 자유, 관계, 시험, 반항, 소외, 사악, 은혜 등의 개념과 관련시켜 공부할 것입니다. 죄는 단순히 이야깃거리가 아닙니다. 죄는 인간의 상황입니다.

자유

하나님은 인간에게 생각하는 힘과 판단하고 결정하는 힘을 주시기 위해 자신의 숨을 불어넣으셨습니다. 이러한 의지, 또는 하나님의 자유가 주어졌기에 인간은 바위나 식물, 다른 동물과 구별됩니다. 또한 그것 때문에 우리는 무언가를 스스로 선택할 수 있습니다. 내부나 외부의 어떤 힘에 의해 움직이는 존재가 아니라는 것입니다. 하나님은 우리가 그의 꼭두각시가 아니라 그의 자녀가 되기를 원하십니다.

하나님이 "선악을 알게 하는 나무의 열매는 먹지 말라(창 2:17)."고 하셨을 때, 이는 아담과 하와에게 주어진 선택의 자유에 호소하신 것입니다. 그리고 그들은 그 선택에 책임을 져야 했습니다.

그들과 마찬가지로 우리에게도 선택의 자유가 있습니다. 그리고 그들과 같이 하나님 앞에서 그 선택에 책임을 져야 합니다. 나 자신을 살펴봅시다. 어떤 방법으로, 그리고 무엇 때문에 하나님께 책임을 지고 있습니까?

관계

죄는 하나님과의 관계를 떠나서는 성립되지 않습니다. 하나님이 존재하시지 않는다면 죄라는 것도 있을 수 없는 것입니다. 우리는 사회 풍습을 범하거나 자연 질서를 어길 수 있습니다. 그런데 여기서 우리가 말하는 죄는 이것과는 다릅니다. 그 누군가를 모욕하는 것입니다. 죄는 창조주와의 관계를 어그러뜨리고, 다른 사람들과의 관계도 변화시킵니다. 또한 우리의 속사람을 흐트러뜨려 수치심과 죄책감을 갖게 만듭니다. 그 때문에 하나님의 명령을 어긴 아담과 하와는 숲에 들어가 숨었습니다. 그들은 하나님과 그들 사이에 있었던 사랑과 신뢰의 흠 없는 관계를 깨뜨렸습니다.

시험

흔히 사람들은 "사탄이 나를 이렇게 하게 만들었다."고 말합니다. 그런데 이러한 태도는 책임 회피입니다. 악의 세력은 여전히 우리를 뒤흔듭니다. 그리고 우리는 '귓속에 속삭이는' 그 소리에 귀를 기울입니다. 교활한 뱀은 우리를 유혹하는 악의 세력을 상징합니다. 예수님도 시험을 받으셨습니다(마 4:1~11). 그러니 우리 중 어느 누가 여기서 자유로울 수 있겠습니까?

뱀(악의 세력)은 어떤 말을 속삭이며 나를 유혹합니까?

....

....

반항

외적으로 나타나는 잘못된 행위보다 더 심각한 것은 인간 내면에 자리 잡은 반항적 성향입니다. 아담을 시작으로 인간은 하나님이 정해 주신 테두리를 벗어나기 위해 발버둥 쳤고, 자신의 뜻대로 살려고 했으며, 옳은 것이 무엇인지 알면서도 그것을 외면했습니다. 이렇게 이기적인 삶을 추구하는 인간은 하나님에게서 독립하기 위해 갖은 애를 씁니다. 우리는 제약받는 것을 좋아하지 않습니다. 일종의 자만심이 우리를 휩쓸어 버립니다. 옛 헬라 사람들은 이것을 휘브리스(hubris), 즉 신들을 성나게 하고 급기야 파멸로 인도하는 오만이라고 불렀습니다. 바벨탑 이야기는 스스로 만족하려 하는 우리의 욕망을 보여 줍니다. 바울은 "이는 그들이 하나님의 진리를 거짓 것으로 바꾸어 피조물(즉 그들 자신)을 조물주보다 더 경배하고 섬김이라(롬 1:25)."고 했습니다.

반항은 불순종(또는 범죄)과 자기중심성을 포함합니다. 우리는 어떤 것을 자기 식대로 하기 원할 때, 하나님에게서 돌아섭니다. 중세기에 7대 악으로 꼽혔던 교만, 욕심, 욕정, 분노, 폭식, 시기, 나태를 죄의 근원이라고 합니다. 여기서 죄가 비롯되기 때문입니다. 그러나 그 배후에는 의도적이고 불순종적이며 자기중심적인 반항이 있습니다. 그리고 누구도 이 성향에서 예외일 수 없습니다.

"의인은 없나니 하나도 없으며 깨닫는 자도 없고 하나님을 찾는 자도 없고."(롬 3:10~11; 시 14:3, 53:3 참조)

바벨탑은 보통 지구라트(ziggurat)처럼 묘사된다. 지구라트는 피라미드 형태의 계단식 신전탑으로, 바벨론과 앗수르 사람들이 만들었다.

소외

아담과 하와는 하나님을 신뢰하고 사랑하며, 복된 생활을 누렸습니다. 이 땅은 그들의 천국이었습니다. 그들은 어린아이처럼 악이라는 것이 있는 것조차 몰랐습니다. 하나님께 불순종했을 때 비로소 악행, 수치, 죄책, 소외라는 것을 알게 된 것입니다. 그래서 그들은 나뭇잎으로 몸을 가리고 숲으로 들어가 숨었습니다.

다윗은 나단 선지자가 그의 심령에 진리의 빛을 비추어 주기 전까지는 자신이 저지른 불륜과 살인을 백성에게, 심지어 자기 양심에까지 숨기려고 했습니다.

마음에 분노와 죄책감과 소외감이 있을 때, 나는 어떤 징후를 보입니까? 죄를 감추기 위해 무엇을 합니까?

합리화도 일종의 도피 행위입니다. 아담은 "하나님이 주셔서 나와 함께 있게 하신 여자 그가 그 나무 열매를 내게 주므로 내가 먹었나이다(창 3:12)."라고 말했습니다. 그리고 하와는 "뱀이 나를 꾀므로 내가 먹었나이다(창 3:13)."라고 변명했습니다.

나 자신을 합리화하고, 남에게 책임을 전가시킨 일이 있습니까?

사악

인간의 반항심에서 온갖 사악함이 일어납니다. 이와 관련하여 우리는 이스라엘 백성이 만들었던 금송아지(모세가 하나님께 십계명을 받으러 시내 산에 올라갔을 때), 인종 차별, 탈세(脫稅), 마약 밀매, 아동 학대, 외설물, 험담, 가십 등에 관해 이야기할 수 있습니다. 결국 자기중심성이라는 끈적거리는 우물에서 우리 개개인은 물론 공동의 더러운 죄의 물이 흘러나오게 된다는 것입니다. 가인이 아벨을 죽인 사건은 부모의 불순종에 뒤이어 일어났습니다. 라멕이 기고만장해 큰소리쳤을 때, 상황은 더욱 악화되었습니다.

"나의 상처로 말미암아 내가 사람을 죽였고 나의 상함으로 말미암아 소년을 죽였도다."(창 4:23)

병이 만연하고, 온 인류가 그 병에 감염되었습니다.

은혜

그러면 이처럼 악이 만연하고 죄가 가득 찰 때, 왜 하나님이 우리를 멸하지 않으시는지 궁금해집니다. 성경은 하나님이 세상을 전멸하고 싶은 충동을 느끼셨다고 말합니다(창 6:5~7). 그러나 하나님은 항상 살 길을 열어 주십니다. 노아와 그의 가족을 통해 인간에게 재출발할 수 있는 기회를 주신 것입니다.

특별히 창세기 3장과 4장에 나타난 하나님의 은혜의 손길을 눈여겨보십시오. 그분의 은혜는 인간의 반항까지도 온전히 감싸 안습니다. 하나님은 아담과 하와를 완전히 버리시지 않았습니다. 그들에게 다가가시고 어찌 된 일인지 물으셨지, 그들을 멸하시지 않았습니다. 그들이 받은 징벌은 일종의 은혜였습니다. 남자는 땀 흘려 일을 해야 양식을 얻을 수 있게 되었습니다. 하지만 일이란 인간에게 주어진 큰 복 중 하나입니다. 한편 여자는 고통 속에서 아기를 낳게 되었습니다. 그러나 자녀는 출산의 고통 정도는 금방 잊게 할 만큼 귀하고 귀한 존재입니다.

하나님은 그 열매를 따먹으면 죽을 것이라고 하셨는데 결국 죽지 않았으니 거짓말을 하신 것일까요? 죽지 않을 것이라고 한 뱀이 오히려 진실을 말한 것이 아닐까요? 결론을 말하자면, 하나님도 뱀도 모두 참을 말했습니다. 하나님에게 생명은 성취와 기쁨과 영원한 사랑의 관계를 뜻했습니다. 반면 뱀에게 생명은 먹고 자고 육체적으로 건강하게 살아 있는 모습을 의미했습니다. 아담과 하와가 하나님의 명령을 거역했을 때, 아름다운 것이 죽었습니다. 순결함이 파괴되었습니다. 하나님과 인간의 관계가 깨졌습니다. 하나님의 순수한 사랑과 서로의 사랑이 더러워졌으며, 죄책감과 영적 분리가 그 속으로 파고들었습니다. 화염검을 든 천사가 순수한 에덴동산을 지키게 되었습니다. 다시는 그 곳으로 돌아갈 수 없게 된 것입니다.

그러나 하나님은 그의 백성을 포기하지 않으셨습니다. 자비로우신 하나님은 아담과 하와를 에덴동산에서 내쫓으실 때에도 일부러 시간을 내어 가죽옷을 만들어 입혀 주셨습니다(창 3:21). 하나님의 이와 같은 은혜는 가인에게 주신 표(창 4:15)를 통해서도 깨달을 수 있습니다. 가인의 표는 흔히 생각하듯이 그를 박해하기 위함이 아니라 오히려 보호하기 위한 것이었습니다. 이처럼 하나님의 은혜는 성경 전체에 충만히 스며들어 있습니다. 하나님의 자비는 그의 백성이 심지어 죄악 가운데 있을 때에도 언제나 함께합니다. 그리고 그 은혜는 예수 그리스도의 십자가에서 절정을 이루었습니다.

제자의 모습

제자는 자신의 반항심을 인정하고, 죄에 대한 책임을 받아들이며, 자신을 하나님의 권위 아래 내맡기며 회개합니다.

우리는 모두 자신의 죄악상을 감추고 싶어 합니다. 심지어 나 자신에게도 숨기려 합니다. 나의 죄 된 모습을 적나라하게 볼 수 있게 만든 사람이나 사건을 떠올려 보십시오.

....

....

우리 모두에게는 하나님을 무시하고 스스로 자신의 삶을 좌우하려는 경향이 있습니다. 이런 우리가 어떻게 하면 나 자신을 하나님의 권위 아래 내맡길 수 있을까요? 시편 51편을 다시 읽으며 해답을 찾아봅시다.

....

....

찬송가 '하나님의 크신 사랑(15장, 구 55장)'에 "마귀 유혹 받는 것을 속히 끊게 하소서."라는 가사가 있는데, 이것은 무엇을 의미할까요?

....

....

우리는 이 세상 모든 악의 일부분입니다. 게다가 우리 안에는 스스로를 파멸시킬 수 있는 가능성까지도 잠재해 있습니다. 이런 상황에서 우리가 살아남을 수 있는 길, 우리에게 남은 기회는 무엇일지 생각해 봅시다.

....

....

....

더 알아보기

■ 살아오면서 바벨탑을 경험해 본 적이 있습니까? 아담과 하와와 같은 경험을 해 본 적이 있습니까? 그 때를 돌아보며 글로 써 보십시오.

04

부름 받은 백성 The Called People

내가 너로 큰 민족을 이루고 네게 복을 주어 네 이름을 창대하게 하리니
너는 복이 될지라 …… 땅의 모든 족속이 너로 말미암아 복을 얻을 것이라
(창세기 12:2~3)

⊙ 우리의 모습

삶은 인간에게 언제나 버겁고 어렵기만 합니다. 그래서 우리는 늘 당황하고, 갈피를 잡지 못하며, 위축되어 있습니다. 삶을 이해하기 위한 방법을 찾고자 하지만 무엇을 어떻게 시작해야 할지조차 모릅니다. 그 때문에 우리 자신의 한계를 뛰어넘을 수 있게 이끌어 줄 어떤 부름을 기대하게 됩니다.

⊙ 내려놓기

성경 공부를 하기 전에 먼저 하나님께 기도를 드립니다. 아래의 시편 말씀이 좋은 길잡이가 될 것입니다.

> 여호와 나의 하나님이여 주께서 행하신 기적이 많고 우리를 향하신 주의 생각도 많아 누구도 주와 견줄 수가 없나이다 내가 널리 알려 말하고자 하나 너무 많아 그 수를 셀 수도 없나이다 (시편 40:5)

이번 주 기도 제목을 구체적으로 적어 기도합시다.

⊙ 귀 기울이기

이번 주에는 성경에 등장하는 이스라엘의 위대한 조상들을 만나게 됩니다. 아브라함과 사라, 이삭과 리브가, 야곱과 라헬과 레아, 이스라엘 열두 지파의 조상인 야곱의 열두 아들, 애굽의 총리대신이 되어 가족 모두를 살린 요셉. 세부적인 이야기에 집착하지 말고 빨리 읽어내려 가면서 역사의 흐름을 이해하고, 특별한 사명을 위해 부름 받은 백성에 대해 알아봅시다.

D1 창세기 12~13장; 14:17~17:27
(아브람을 부르심, 하나님과의 언약)

D2 창세기 18~23장(이삭의 출생, 아브라함의 시험)

D3 창세기 24~27장(이삭과 리브가)

D4 창세기 28~33장; 35장(야곱, 라헬, 레아, 열두 아들)

D5 창세기 37장; 39~41장(애굽에서의 요셉)
창세기 42~45장(애굽으로 간 요셉의 형들)
창세기 47~50장(애굽으로 이주하는 야곱)

D6 교재 내용 '성경의 가르침'과 '제자의 모습'

📖 성경의 가르침

주전 2천 년 근동의 상황을 보면, 애굽 사람들은 태양과 바로 왕을 신으로 숭배했고, 가나안 사람들은 높은 산에서 종교적인 의식에 입각한 매춘 행위로 풍요와 다산을 기원하며 일기와 관계된 신들을 섬겼습니다. 또한 그 당시 높은 문명을 누렸던 아모리 족속을 포함한 메소포타미아 사람들은 여러 종류의 신들을 숭배했습니다.

이러한 세계로 하나님은 자신의 백성을 부르셨습니다. 이것은 만물의 창조자이시며 오직 한 분이신 참 하나님을 드러내고, 하나님의 거룩하심에 부합되며 인류에게 도움이 되는 삶의 방식을 보여 주시기 위함이었습니다.

창세기 12장 1~3절을 주의 깊게 읽어 보십시오. 하나님은 그를 신뢰하는 사람들, 오래되어 익숙해진 환경(신들, 문화, 땅)을 떠나 지구상의 모든 민족에게 복이 되기 위해 순종하는 마음으로 새로운 곳을 향해 앞으로 나아가는 사람들을 원하십니다. 이 부르심의 약속을 성취하기 위해 하나님은 아브람과 사래를 위대한 민족으로 번성케 하실 것입니다.

언약(Covenant)

언약은 우리가 흔히 말하는 계약이 아닙니다. 계약은 두 사람 또는 집단이 서로의 의견을 조율하여 만들어낸 합의입니다. 반면 언약은 하나님과 그의 백성을 하나로 이어 주는 약속을 말하는 것으로, 이 언약 관계를 주도하고 규정하시는 분은 오직 하나님입니다. 백성은 다른 조건이나 계획을 제시할 수 없고, 단지 하나님의 뜻을 받아들이느냐 거절하느냐 하는 선택권만 있습니다. 그리고 신뢰하고 순종할 때 하나님의 복이 임합니다.

이러한 순종의 태도는 "이에 아브람이 여호와의 말씀을 따라갔고(창 12:4)."라는 구절에서 찾아볼 수 있는데, 이스라엘의 역사는 바로 여기에서 시작됩니다. 이렇게 볼 때 유대인들이 그를 '우리 아버지 아브라함'이라 부르는 것이 전혀 이상할 것이 없습니다. 또한 회교도들은 아브라함을 '하나님의 친구'라고 하고, 기독교인들은 '믿음의 조상'으로 존경합니다.

아브람과 사래는 문명의 발상지였던 티그리스 · 유프라테스 강을 떠났습니다. (후에 그들의 이름은 각각 아브라함과 사라로 바뀝니다. 창세기 17:5, 15~16 참조) 초기 메소포타미아 사람들은 문자를 발명하고, 도시를 만들며, 정부를 수립하고, 월신(月神)과 풍요의 생식의식 종교를 조직화했습니다. 그런데 아브람과 사래는 이 정든 고향, 문명의 도시를 떠나 유목민이 되어 가나안의 거친 협곡을 떠돌아다니도록 부름을 받은 것입니다.

하나님은 호기심으로 가득 찬 자가 아니라 순종하는 자에게 그의 뜻을 보이십니다. 믿음은 입증하지 않고 믿는 것이 아니라, 의심하지 않고 순종하는 것입니다.

그러나 인간의 눈으로 볼 때, 하나님이 아브람을 택하신 것은 얼마나 어리석은 선택이었습니까! 아브람이 하란을 떠날 때, 그의 나이는 이미 75세였습니다(창 12:4). 하나님은 그를 통해 큰 민족을 이루겠다고 하셨지만, 그러기에는 너무 늙은 것입니다. 그의 아내 사래도 아기를 낳을 나이가 훨씬 지났을 뿐만 아니라, 심지어 낳을 수조차 없는 몸이었습니다. 그러니 아들을 낳으리라는 말씀을 듣고서 사래가 웃은 것은 어찌 보면 당연한 일이었습니다(창 18:12). 그러나 우리는 여기서 쓸모없어 보이는 사람들을 택하여 위대한 일을 이루시는 하나님을 보게 됩니다. 하나님은 혀가 굳은 모세를 택해 율법을 선포하게 하시고, 기생 라합을 통해 가나안 땅의 문이 열리

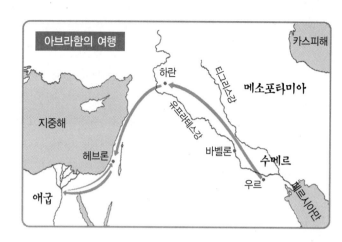

게 하셨으며, 목동인 다윗을 들어 왕으로 세우시고, 유대인 목수였던 예수님을 인류의 구세주가 되게 하셨습니다. 성경은 말합니다. "하나님께서 세상의 미련한 것들을 택하사 지혜 있는 자들을 부끄럽게 하려 하시고."(고전 1:27)

세상의 기준으로 볼 때는 다소 부족한 것같이 보이지만 하나님이 들어 쓰심으로 큰일을 이룬 사람들을 잠시 생각해 봅시다. 그리고 그들의 이름을 여기에 적어 봅시다.

....

....

나에게 하나님이 크게 쓰실 만한 약점이 있다면 무엇입니까?

....

....

지극히 높으신 하나님의 제사장 멜기세덱은 떡과 포도주를 가지고 하늘에서 내려온 것처럼 보입니다(창 14:18). 초대 기독교인들이 그를 하나님의 위대한 대제사장 예수님의 선구자로 보았던 것은 놀라운 일이 아닙니다.(히 6:19~7:3)

멜기세덱은 레위 제사장직이 생기기 수세기 전에 등장했습니다. 아브람은 떡과 포도주의 십분의 일을 그에게 주었습니다.(창 14:18~20)

십일조는 언약 백성에게 중요한 부분이 되었습니다. 구약뿐만 아니라 신약성경도 십일조를 참된 예배의 표준으로 강조합니다. 십일조에 관해 말라기 선지자가 언급한 것을 읽어 보십시오(말 3:6~12). 헌신과 희생, 의(義)와 인(仁)과 신(信)을 강조한 예수님도 십일조를 긍정하셨습니다(마 23:23). 십일조는 첫 열매, 조화로운 헌신(십분의 일), 정기적인 봉헌, 기쁜 예배에 강조점을 둡니다. 십일조는 하나님 백성의 표현이요, 제자의 증거입니다.

언약의 증표

할례는 언약 백성의 증표였습니다(창 17:9~14). 아브라함 시대 이후 유대인 남자는 모두 언약 백성에 속해 있다는 증표로 할례를 받았다는 사실을 알지 못하고는 성경의 역사를 이해할 수 없습니다. 후기의 종교 지도자들은 육체적인 할례만으로는 부족함을 알고 마음의 할례를 행하라고 부르짖기도 하고, 또 마음에 할례를 베푸시는 하나님을 기대하라고 외쳤습니다(신 10:16, 30:6). 반면 바울은 예수님의 영으로 채워진 심령은 그리스도를 따르는 자가 되기 위해 육체적인 할례가 필요치 않다고 주장했습니다(갈 5:6, 6:15). 그러나 유대인들에게는 할례가 하나님의 백성, 즉 아브라함과 이삭과 야곱에게 속해 있다는 증거입니다.

하나님과 그의 백성 사이에 맺어진 이 언약이 깨질 위기에 처할 때마다 하나님은 강하게 역사하셨습니다. 하나님이 어떻게 역사하셨는지 살펴봅시다.

아브라함의 시험

아브라함의 믿음을 시험하기 원하셨던 하나님은 약속의 아들이요, 아브라함의 미래였던 이삭을 제물로 바치라고 하셨습니다. (가나안 신들을 섬기는 사람들은 자신의 첫 아들을 제물로 바치곤 했습니다.) 그러나 하나님은 이삭이 죽는 것을 바라신 것이 아니었습니다. 그래서 수양을 미리 제물로 준비해 놓고 아브라함을 멈추게 하셨습니다. 이로써 하나님은 사람을 제물로 원치 않으신다는 것이 온 세상에 증명되었습니다(레 18:21 참조). 더욱 중요한 것은 아브라함이 자신의 미래와 삶의 의미를 하나님에게 전적으로 맡겼다는 사실입니다. 이것이 바로 참된 예배입니다. 아브라함은 하나님의 시험에 합격했습니다. 자신의 충성심을 여실히 증명한 것입니다.

나의 미래와 삶의 의미를 하나님께 전적으로 맡기기 위해 무엇을 하겠습니까?

....

....

이삭의 재확인

만약 이삭이 메소포타미아로 돌아갔거나 가나안 여인과 결혼했다면 모든 것은 허사가 되었을 것입니다. 그러므로 이삭의 결혼이 이루어지기까지의 과정은 언약이 유지되기 위해 꼭 필요한 것이었습니다(창 24장). 이 모든 일에서 하나님이 어떻게 역사하셨는지 잘 살펴보십시오.

그 후 이삭은 아버지의 신앙과 전통을 이어나갔습니다. 이를 잘 보여 주는 상징적 구절이 있습니다. "이삭이 그 곳을 떠나 그랄 골짜기에 장막을 치고 거기 거류하며 그 아버지 아브라함 때에 팠던 우물들을 다시 팠으니(창 26:17~18)." 그 후에 그는 또 '맹세의 우물'로 불린 자신의 우물을 파서 하나님의 부르심에 대한 개인적 헌신과 결단을 보여 주었습니다.(창 26:25, 32~33)

카스피해

메소포타미아

티그리스강

유프라테스강

바벨론

우르

페르시아만

아브라함의 고향

나의 신앙적 헌신은 어떤 면에서 어떠한 방법으로 전통을 계승하고 유지합니까?

에서와 야곱

야곱은 간교하고 속임수에 능한 사람이었습니다. 그런데 그는 하나님의 언약에 큰 관심이 있었습니다. 야곱이라는 이름의 뜻은 '발꿈치를 잡은 자'입니다. 하나님의 언약은 본래 그의 쌍둥이 형 에서를 통해 유지되고 이어져야 했습니다. 그러나 그는 이것보다는 사냥과 고기잡이와 먹는 데에 관심이 많았습니다. 이 때 하나님이 내리신 결정은 인간의 눈으로 보면 전혀 가능성이 없어 보입니다. 하나님은 사기꾼 같은 야곱을 들어 역사하셨습니다.

야곱이 형을 피해 도망치고 있을 때, 하나님은 꿈에서 그를 만나셨습니다. 천사들이 사다리를 오르내리는 것을 본 야곱은 그 곳에 돌단을 쌓고 '벧엘(하나님의 집)'이라 이름을 붙였습니다. 그리고 십일조를 약속함으로써 아브라함과 이삭의 하나님과 만난 사실을 확증했습니다.(창 28:22)

그러나 그의 간교함은 약속의 땅으로 돌아올 때까지 변하지 않았습니다. 창세기 32장 22절~33장 20절에는 역사상 가장 위대한 씨름과 가장 아름다운 화해의 장면이 나옵니다. 야곱은 밤이 새도록 하나님의 천사와 씨름을 하고 그에게 복을 받으면서 '이스라엘(하나님과 씨름을 한 자'라는 뜻)'이라는 새 이름을 받고 새 사람으로 변화되었습니다.

야곱이 몸을 일곱 번 굽히며 에서에게 나아갔을 때, 그리고 에서가 달려가 동생을 안고 입을 맞추었을 때, 두 형제는 비로소 화해를 이루었습니다(창 33:4). 그리고 아버지 이삭의 죽음은 두 형제의 화해를 더욱 굳게 하였습니다. "이삭이 나이가 많고 늙어 기운이 다하매 죽어 자기 열조에게로 돌아가니 그의 아들 에서와 야곱이 그를 장사하였더라."(창 35:29)

가족과의 관계를 하나하나 잘 되짚어 봅시다. 나는 고향 집으로 돌아가기 위해 하나님과 씨름을 해야 할 필요가 없습니까?

요셉

네 명의 어머니에게서 태어난 야곱의 열두 아들 사이에 시기와 질투가 있었던 것은 어찌 보면 당연한 일입니다. 야곱이 늙어 얻은 요셉은 특별히 그의 사랑을 독차지했고, 그것은 다른 형제들의 미움을 사는 이유가 되었습니다. 그러나 요셉은 많은 세월이 흐른 후, 즉 형들의 손에 깊은 구덩이에 내던져지고, 보디발의 옥에 간히고, 꿈을 해몽하고, 풍년과 흉년이 지나간 훨씬 뒤에 자신의 일생을 돌이켜보며 하나님의 섭리를 깨닫게 되었습니다. 그는 용서와 화해를 표현하며 형들 앞에서 이렇게 외쳤습니다. "당신들은 나를 해하려 하였으나 하나님은 그것을 선으로 바꾸사 오늘과 같이 많은 백성의 생명을 구원하게 하시려 하셨나니(창 50:20)." 이 얼마나 멋진 고백이며, 확신에 찬 깨달음입니까!

나의 삶을 찬찬히 돌아봅시다. 하나님의 섭리와 인도를 가슴 깊이 느끼며 깨닫게 된 일이 있었습니까?

....

하나님이 악을 선으로 만드신 전화위복의 경험이 있습니까?

....

이렇게 언약의 공동체는 하나님의 부름을 받고, 단련되며, 시험을 받고, 보호받았습니다. 이로써 의심 많고 간교하며 교만한 불완전한 백성은 하나님이 만물의 하나님이심을 깨닫게 되었습니다. 하나님께 순종하고, 어린아이들의 생명의 존엄성을 인정하며, 형제간에 화해를 이루고, 음식을 서로 나누며, 어른들을 존경하고, 하나님을 신뢰할 수 있게 되었습니다. 이제 새로운 빛이 온 세계를 비추기 시작합니다. 그리고 우리는 생의 의미가 무엇인지, 순례자로서 어디를 향해 나아가야 하는지, 우리가 속할 수 있는 믿음의 백성이 누구인지 깨닫게 됩니다. 또한 무엇을 하며 누구를 신뢰해야 할지 알게 됩니다.

⑩ 제자의 모습

제자는 믿음의 언약 공동체의 일원이 되라는 하나님의 부르심에 응답하고, 하나님과 맺은 언약에 헌신할 것을 십일조로 표현합니다.

우리가 하나님의 믿음의 공동체의 일원임을 무엇으로 보여 줄 수 있습니까?

....

....

순종하고 신뢰하는 마음으로 헌신하고 있습니까? 그 증거는 무엇입니까?

....

....

십일조를 합니까? 십일조는 다른 사람을 도우라는 하나님의 부르심에 응답하는 한 가지 방법입니다. 나는 어떤 마음으로 십일조를 합니까?

....

만약 지금 십일조를 하고 있지 않다면, 이 성경 연구 기간 중에 자신을 믿음의 언약 공동체의 일원으로 더 견고하게 하기 위해 십일조를 바칠 마음이 있습니까?

....

오늘의 기독교는 개인적이고 독립적인 것들을 매우 강조합니다. 이러한 상황에서 무엇이 우리가 부름 받은 하나님의 백성에 속해 있음을 느낄 수 있게 도와줍니까?

....

....

> **+** '언약'이라는 주제는 성경 전체에 스며들어 있습니다. 창세기에는 일반적으로 하나님이 인간에게 언약을 주시는 식으로 나타납니다. 하나님이 필요조건들을 말씀하시고, 인간이 그에 응하기를 기대하십니다. 이러한 언약은 언약 맺은 사실을 보증하기 위해 종종 증거라든지 어떤 표가 함께 주어집니다. 또한 '영원한 언약'이라는 구절이 계속 반복됩니다.
> ▶ 노아(모든 창조물): 창 9:8~17
> ▶ 아브라함: 창 12:2~3; 15:5, 17~21; 17:3~13, 21

🔲 더 알아보기

■ 여러 가지 언약을 좀 더 상세히 이해하기 위해 성경 사전에서 '언약'이라는 단어를 찾아보십시오.

■ 아브라함의 조카 롯의 이야기는 흥미롭습니다(창 13장). 분란이 일어나 아브라함이 선택을 제안했을 때, 롯은 소돔과 고모라가 있는 평지를 택했습니다. 이 도시들에 대해 알아보십시오.

■ 매장지는 중요합니다. 성경 사전에서 헤브론을 찾아 그 곳에 누가 매장되었는지 살펴보십시오. 라헬은 어디에 매장되었습니까?

■ 애굽의 지리는 역사에 큰 영향을 주었습니다. 나일 강에 대해 간단하게 서술하고, 나일 강이 애굽 사람들과 애굽 땅에 어떤 의미였는지 알아보십시오.

05

이 과의 주제

구원

부르짖음을 들으시는 하나님
God Hears the Cry

여호와께서 이르시되 내가 애굽에 있는 내 백성의 고통을 분명히 보고
그들이 그들의 감독자로 말미암아 부르짖음을 듣고 그 근심을 알고
내가 내려가서 그들을 애굽인의 손에서 건져내고 (출애굽기 3:7~8)

➊ 우리의 모습

굴욕과 착취를 당하고, 종노릇하는 인간은 구원을 위해 부르짖습니다. 구원자를 고대합니다. 그들의 탄식이 하늘을 울립니다. "누가 우리를 돌보아 줄꼬?"

➋ 내려놓기

성경 공부를 하기 전에 먼저 하나님께 기도를 드립니다. 아래의 시편 말씀이 좋은 길잡이가 될 것입니다.

> 여호와여 나의 말에 귀를 기울이사 나의 심정을 헤아려 주소서 나의 왕 나의 하나님이여 내가 부르짖는 소리를 들으소서 내가 주께 기도하나이다 여호와여 아침에 주께서 나의 소리를 들으시리니 아침에 내가 주께 기도하고 바라리이다
> (시편 5:1~3)

이번 주 기도 제목을 구체적으로 적어 기도합시다.

➌ 귀 기울이기

이번 주에는 출애굽기 1~18장과 시편 105편을 읽게 됩니다. 이 부분을 읽을 때 염두에 두어야 할 것은 '부활 이후의 안경'을 끼고 신약을 읽어야 하듯이, 구약 전체는 '출애굽 이후의 안경'을 통해 바라보아야 한다는 사실입니다. 이스라엘 백성은 출애굽 경험을 통해 그들 자신이 누구이며, 하나님이 어떤 분이며, 그분이 역사 속에서 어떻게 활동하셨는지를 구체적으로 이해하게 되었습니다. 그리스도의 부활이 기독교인들의 삶과 믿음에 영향을 미치고 또 그들을 잡아 주었듯이, 출애굽의 경험이 히브리인들의 삶과 믿음을 형성해 주었습니다.

D1 출애굽기 1~4장(히브리인들의 고난, 모세를 부르심)

D2 출애굽기 5~7장(바로와 대결하는 모세, 재앙의 시작)

D3 출애굽기 8~11장(계속되는 재앙)

D4 출애굽기 12~14장(유월절, 장자의 죽음, 출애굽)

D5 출애굽기 15~18장(모세의 노래, 광야 체험)
시편 105편(이스라엘과 맺은 언약을 신실하게 지
키시는 하나님께 감사)

D6 교재 내용 '성경의 가르침' 과 '제자의 모습'

📖 성경의 가르침

요셉이 곡식을 모아 애굽 왕 바로와 그의 백성을 흉년의 위기에서 구해 준 지 430년이 지났습니다. 요셉을 통해 애굽으로 이민 온 이스라엘 사람들은 애굽의 북동쪽 나일 강가 고센이라고 불리는 옥토에 자리를 잡고 날로 번성해 갔습니다. 모세의 시대에 이르자 야곱의 열두 아들들의 자손은 하나님이 아브라함에게 약속하셨듯이 "하늘의 별과 같고 바닷가의 모래와 같게(창 22:17)" 창대해졌습니다.

그런데 이스라엘 사람들에 대한 애굽의 정책이 변하기 시작했습니다. "요셉을 알지 못하는 새 왕이 일어나 애굽을 다스리더니(출 1:8)." 그들은 이스라엘 백성을 애굽 국경에 살면서 애굽의 신들을 섬기지 않는 이방민족으로 여겼습니다. 그리고 그 수가 많아지자 자신들을 위협하는 세력으로 간주하였습니다.

애굽 19번째 왕조의 강력한 중앙 집권은 강대한 군사력을 확보했고, 거대한 건축물들을 만들었습니다. 세티 1세와 람세스 2세는 어마어마하게 큰 묘들을 만들고, 하늘을 찌를 듯한 동상이 있는 신전들을 세웠습니다. 나일 강 삼각주에는 비돔과 라암셋 성을 쌓아 물자를 보관했습니다. 이스라엘 백성과 애굽 농민들은 이 공사에 동원되어 중노동을 해야만 했습니다. 왕은 점차 긴축경제 정책을 썼고, 인구가 많아지자 그들을 두려워하며 학대하기 시작했습니다.

과대망상증에 걸린 왕은 결국 히브리 가정에서 태어난 아들들을 모두 죽이기로 결심했습니다. 처음에는 산파들에게 히브리 여인이 아들을 낳으면 모두 죽이라고 명령했습니다. 그러나 그들의 지혜로 뜻을 이루지 못하게 되자 왕은 사내아이는 모두 나일 강에 던져 죽이라고 명령했습니다. 거리는 갓난아기를 잃고 몸부림치는 여인들의 울음소리로 가득 찼고, 히브리인들은 짐승처럼 취급되며 점차 자유를 박탈당하였습니다. 이러한 상황에 처한 히브리인들은 완전히 무력해지고 말았습니다. 아브라함에게 주신 하나님의 약속은 멀고 먼 옛날이야기인 것만 같았습니다.

이 때 그 억압에 저항한 한 여인이 있었으니, 바로 모세의 어머니 요게벳이었습니다. 그는 석 달을 숨겨 기르던 아들을 역청과 나무진으로 구멍을 막은 갈대 상자에 담아 나일 강 갈대 사이에 두었습니다. 얼마 후 바로의 딸이 발견하고는 그를 양자로 삼았습니다. 그리고 모세의 누이 미리암의 지혜로 그의 어머니는 유모가 되어 그의 성장을 가까이에서 지켜볼 수 있게 되었습니다.(출 2:1~10)

'모세' 라는 이름에는 두 가지 의미가 있습니다. 애굽어로는 '어린아이' 또는 '아들' 이라는 뜻으로, 공주의 아들이 되었다는 의미입니다. 그러나 이스라엘 사람들에게는 '아들' 이라는 말이 하나님의 백성을 의미합니다. "이스라엘의 어렸을 때에 내가 사랑하여 내 아들을 애굽에서 불러냈거늘(호 11:1)." 또한 히브리어로 모세라는 이름의 뜻은 '물에서 건져내다.' 입니다. 물에서 건짐을 받은 모세가 후에 이스라엘 백성을 인도해 물에서 건져낸 것입니다.

모세는 어머니의 무릎에서 히브리인의 신앙을 배웠고, 이스라엘의 자장가를 들으면서 자랐습니다. 또한 애굽 궁정의 법도에 따라 훈련되며, 세계 최고의 학문을

케페르쉬 왕관을 쓴 람세스 2세(이탈리아 토리노 박물관 소장). 많은 사람들은 그가 출애굽 당시 애굽을 지배하던 바로였으리라 추측한다.

배웠습니다. 그러나 하나님이 모세에게 "네 손에 있는 것이 무엇이냐?"고 물으셨을 때, 모세는 자신을 상징하는 지팡이만을 보았습니다. 그의 눈에 자신은 애굽인으로 자란 히브리 노예요, 살인을 저지르고 도망친 도망자요, 광야에서 양을 치며 사는 말더듬이에 불과했습니다. 그러나 하나님은 다른 모세를 보셨습니다. 친어머니의 젖을 먹으면서 아브라함과 사라, 이삭과 리브가, 야곱과 라헬의 이야기를 흠뻑 들으며 자랐을 뿐 아니라 피라미드의 수학과 천문학으로 사고방식이 다져진 지성과 감성을 겸비한 인정 많은 한 사람을 보신 것입니다.

하나님의 눈은 분명 정확했습니다. 모세는 학대받는 히브리 민족을 보고 동족애를 느끼고, 애굽인에게 매를 맞는 동족 때문에 분노할 수 있는 사람이었습니다(출 2:11~12). 또한 히브리인들끼리 서로 싸우는 것에 분개하며(출 2:13), 이드로의 딸들을 괴롭히는 목자들을 쫓아버리기도 하였습니다.(출 2:17)

모세가 신비로운 종교적 체험을 했을 때, 호렙 산의 불붙은 떨기나무 앞에서 신을 벗고 지팡이를 던졌을 때, 그는 하나님의 말씀을 들을 준비가 되었습니다.

처음에 모세는 하나님의 부르심을 거절했습니다. 너무나 큰일이라 자기로는 절대 불가능하다고 생각했습니다. 요컨대 그는 이렇게 말한 것입니다. "이 일을 이루소서. 그러나 나를 통해서는 마옵소서."

"나는 스스로 있는 자니라."(I am who I am, 출 3:14)

모세는 그를 부르는 자가 누구인지 알기 원했습니다. 얍복 강가에서 하나님과 씨름했던 야곱과 같이 그분을 알기 원했습니다. 대개 상대방의 이름을 아는 것은 그 사람을 자기 손아귀에 넣는 것이라고 생각했습니다. 그래서 이방의 많은 신들은 그들의 이름을 밝히지 않았습니다. 그러나 하나님은 신비 속에 감추어 자신을 계시하셨습니다. 하나님의 이름은 나타났고 동시에 감추어졌습니다. 하나님의 이름을 안 모세는 경외심으로 그의 권위 아래 무릎을 꿇었습니다. 하나님이 직접 가르쳐 주신 그 이름은 '스스로 있는 자' 입니다. 하나님은 모세에게 '스스로 있는 자' 가 나를 보냈노라고 백성에게 말하라고 하셨습니다. 나일 강의 다산의 신도, 가나안 높은 산 위에 사는 풍요의 신도, 애굽의 태양신도, 메소포타미아의 월신(月神)도 아니라 이스라엘의 하나님이 보냈다고 하라고 명하셨습니다. "나는 별과 바다를 창조하고, 남자와 여자를 만들어 생기를 불어넣었으며, 너의 어미에게 영감을 주어 너를 갈대 상자에 넣게 하고, 자비로운 여인을 시켜 너를 물에서 건져내게 하였다. 나는 너의 조상의 하나님, 곧 아브라함의 하나님, 이삭의 하나님, 야곱의 하나님이다." 이렇게 하나님은 모세에게 역사를 상기시키시고, 지금 그에게 말씀하시는 분이 누구인지 분명히 일깨워 주셨습니다. "나, 스스로 있는 자가 너를 보내는 것이다."

대항하는 바로

모세는 바로 앞에 서서 이스라엘 백성이 광야로 나가 하나님께 제사드릴 수 있게 사흘 길을 허락해 달라고 청하였습니다. 그러나 바로는 그들이 돌아오지 않을 것이라고 생각하여 모세의 요청을 즉각 거절하였습니다.(출 5:1~2)

모세와 아론은 바로에 맞서 여러 가지 기사를 보였으나 바로의 술객들도 똑같은 기사들을 행했습니다. 이제 하나님의 종들과 바로의 술객 사이의 진정한 대결이 시작되었습니다. 신앙과 불신앙의 대결이요, 자유와 속박의 싸움이었습니다. 결국 열 가지 재앙이 땅을 덮쳤습니다. 재앙으로 일어난 일들은 물론 이전에도 경험한 적이 있었던 것들입니다. 하지만 하나님의 재앙은 혹독했고, 신속했으며, 모세를 통해 예고되었다는 점에서 차이가 있습니다. 피로 변한 나일 강, 개구리, 이, 파리, 가축의 죽음, 악성 종기, 우박, 메뚜기, 흑암, 장자 사망. 바로는 마지막 열 번째 재앙이 이르기까지 백성을 보내지 않겠다고 했습니다. 그의 마음이 완악하게 되었기 때문입니다.

하나님은 바로가 모세의 말을 듣지 않을 것임을 미리 알려 주셨습니다. 그리고 자신이 그의 마음을 완악하게 하셨다고 했습니다(출 4:21). 이게 무슨 뜻일까요? 이는 하나님의 뜻을 거역하는 것이 사람의 마음을 굳게 한다는 말씀입니다. 하나님은 우리에게 그의 말씀을 거역할 수 있는 자유를 허락하셨지만, 그런 선택은 결과적으로 하나님을 향한 마음이 닫히는 출발점이 됩니다. 바로의 마음은 굳어졌습니다.

수백 년 후 이사야 선지자는 이와 똑같은 마음 상태를 이스라엘 백성에게서 보았습니다.

"이 백성의 마음을 둔하게 하며 그들의 귀가 막히고 그들의 눈이 감기게 하라 염려하건대 그들이 눈으로 보고 귀로 듣고 마음으로 깨닫고 다시 돌아와 고침을 받을까 하노라."(사 6:10)

예수님도 이사야서의 이 구절을 인용하시면서 그 당시 사람들의 마음이 이와 같다고 하셨습니다(마 13:13~15; 막 8:17~18). 반항하는 마음은 하나님의 말씀을 대할 때 방어 태세를 취하게 하여 더욱 반항하게 만듭니다.

처음 몇 가지 재앙은 애굽 사람들에게 큰 영향을 미치지 않았습니다. 애굽의 요술사들도 지팡이로 뱀이 되게 하고, 강물을 피로 변하게 하고, 개구리들을 육지로 불러들일 수 있었기 때문입니다. 그러나 티끌로 이가 되게 했을 때, 그들은 당황하지 않을 수 없었습니다. 그래서 "이는 하나님의 권능이니이다(출 8:19)."라고 바로에게 고하였습니다. 그러나 바로는 여전히 이스라엘 백성을 보내 주지 않았습니다.

성경에 나타난 모세의 이야기를 읽을 때, 그것이 서로 다른 여러 자료들이 종합되어 이루어졌음을 기억해야 합니다. 그래서 특정한 사건에 대한 언급뿐만 아니라 심지어 사람의 이름이나 하나님의 명칭조차도 어느 자료에서 왔는지에 따라 다른 것을 볼 수 있습니다. 예를 들면 르우엘은 이드로와 같은 사람이요, 호렙 산과 시내 산은 같은 곳입니다. 또한 하나님을 지칭할 때도 다른 이름을 사용했는데, 한 그룹의 자료는 엘로힘(God)이라고 했고, 다른 자료들은 야웨(Lord)라고 하였습니다. 하지만 이 둘은 같은 하나님을 가리키는 것입니다.

우리는 흔히 유월절(Passover)이 바다를 건넜다는 뜻이라고 알고 있는데, 이는 잘못된 것입니다. 그보다는 죽음의 재앙이 '넘어 지나가다.' 또는 이스라엘을 '용서하여 살려 주다.' 라는 의미입니다(출 12:11~14). 즉 이스라엘 백성이 하나님의 명령에 따라 양의 피를 문설주에 발라 장자 사망의 재앙이 그들의 집을 넘어갔음을 뜻하는 것입니다.(예수님이 유월절의 어린 양으로 상징되는 것을 기억하십시오!)

유대인들은 지금도 유월절 음식을 먹는데, 누룩을 넣지 않은 무교병은 빵을 부풀려 구워 먹을 시간이 없을 만큼 그들이 급히 애굽을 떠났음을 기억하고, 구운 양고기는 양의 피를 통해 장자의 생명이 보존되었음을 상기하며, 짠물에 쓴 나물을 적셔 먹는 것은 쓰라렸던 노예 생활과 그 때의 눈물을 잊지 않기 위함입니다.

자유의 대가(代價)

자유를 얻으려면 그만한 값을 치러야 합니다. 많은 사람들이 자유와 정의를 원합니다. 그러나 그것을 얻기 위해서는 희생이 따라야 한다는 사실을 알지 못합니다. 그러나 위대한 지도자들은 희생을 각오합니다.

자기 자신을 희생해 가면서 다른 이들을 자유로 인도한 사람들의 이름을 적어 보십시오.

───────────────

사람들은 속박에서 벗어나 자유로워질 때 항상 기뻐하는 것만은 아닙니다. 모세는 이스라엘 백성 때문에 많은 어려움을 겪었습니다. 그들은 때로는 두려워했고, 때로는 노했으며, 때로는 그들의 꿈을 저버리려고 했습니다. 모세와 아론이 바로 앞에 서서 여호와 하나님께 제사를 드리기 위해 사흘간의 여행을 허락해 달라고 요청했을 때, 그는 벽돌 굽는 이스라엘 사람들에게 짚을 주지 말라고 명했습니다. 이스라엘 자손의 기록원들은 모세와 아론이 그들의 노예생활을 더 고통스럽게 만들었다고 불평했습니다.(출 5:15~21)

사람들이 권력에 짓눌려 정의를 부르짖으면서 자신들의 지도자를 비난했던 때를 기억해 보십시오.

───────────────

이스라엘 사람들은 두려워했고, 모세를 원망했고, 여러 차례 꿈을 포기하고 애굽으로 돌아가기를 원했습니다. 뒤에서는 적이 쫓아오고, 앞에는 홍해가 가로막혀 있고, 내일을 기약할 수 없는 공포와 불안 속에서 그들의 불평은 끊이지 않았습니다. 그들은 모세에게 "애굽에 매장지가 없어서 당신이 우리를 이끌어 내어 이 광야에서 죽게 하느냐?"라며 울분을 토했습니다(출 14:11). 이 때 모세는 "두려워하지 말고 가만히 서서 여호와께서 오늘 너희를 위하여 행하시는 구원을 보라(출 14:13)."고 하며 다시 한 번 하나님에 대한 확신을 드러냈습니다.

먹을 것이 없어 불평을 했을 때, 하나님은 그들에게 메추라기와 만나를 주셨습니다(출 16:13~15). 메추라기들은 지금도 지중해를 건너 이동하다가 지쳐 사막에 떨어지기도 합니다. 만나는 '이것이 무엇이냐?' 라는 뜻으로, 아람어로는 '선물'을 의미합니다. 만나는 깟(고수풀)씨같이 작고 희며 꿀을 섞은 과자같이 달다고 했습니다(민 11:7~9). 그들은 아침 일찍 내린 만나를 거두어 갈아 빵을 만들어 먹었습니다. 날마다 그 날 먹을 양만 거두었지만, 엿새째 날에는 안식일에 먹을 것까지 더 거두었습니다(출 16:22~26). 우리는 출애굽기의 저자가 안식일의 중요성을 재차 강조하고 있음에 주목하여야 합니다.

출애굽기의 메시지는 하나님은 듣고(hear), 보고(see), 알고(know), 기억하고(remember), 행동하신다(act)는 것이다. 이 주제는 신명기 6:21~25, 26:5~10; 여호수아 24:2~14; 호세아 11:1~4에서 되풀이됩니다.

출애굽 사건에서 나타난 하나님의 역사는 영원하고 우주적인 의미가 있습니다.

사회의 제도가 인간을 억압할 때, 하나님은 피압박자의 울부짖음을 듣고 그에 대응하십니다. 아브라함과, 그리고 그의 자손들과 맺으신 하나님의 언약은 지금도 유효합니다. 하나님은 그 언약에 끝까지 충실하실 것입니다. 출애굽을 통해 하나님은 구원의 약속을 성취하십니다. 그 약속은 '애굽에 있는 자', 즉 억압받는 노예 상태에 있는 모든 사람에게 주어진 것입니다.

◙ 제자의 모습

출애굽 이야기 전체에 깔려 있는 강력하고 확신에 찬 메시지는 하나님이 그의 언약에 충실하시다는 것입니다. 하나님의 언약은 흔들리지 않습니다!

하나님은 노예 상태에 있는 사람들의 울부짖음을 들으시고, 그들을 자유의 세계로 부르십니다. 충실한 제자는 구원의 메시지를 전하라는 하나님의 부르심을 듣고 이에 순종합니다.

애굽의 기록과 역사서에는 이스라엘 백성에 관한 기록이 단 한 줄도 없습니다. 그러나 출애굽은 이스라엘 역사에서 가장 중심을 이루는 사건이요, 유대교 신앙의 구석구석에 깔려 있는 사상입니다. 이 현상을 어떻게 설명할 수 있습니까?

....

오늘날 정치적인 면에서나 경제적인 면에서 억압받는 사람들을 생각해 보십시오. 하나님이 이들을 구원하시기 위해 어떤 방법을 쓰실까요?

....

이스라엘 백성은 억압적인 사회 구조에 짓눌려 있었습니다. 그런데 그런 사람들은 오늘날에도 존재합니다. 이런 사회 구조가 어떻게 생겨나게 되었을까요? 어떻게 이런 것들을 바꿀 수 있을까요?

....

개인적으로나 민족적으로 노예 상태에 있었던 이들에게는 이스라엘의 출애굽과 같은 자신만의 해방의 이야기가 있습니다. 나에게도 그런 이야기가 있습니까?

....

나의 해방 체험과 이스라엘 사람들의 출애굽이 어떻게 다릅니까?

....

내가 다른 사람에게 지나치게 큰 영향력을 행사한다고 느껴 본 적이 있습니까? 아니면 그와는 반대로 내가 다른 사람에 의해 휘둘린다고 생각한 적이 있습니까? 그 상황을 글로 써 봅시다.

....

....

출애굽의 중심은 하나님이 모세를 부르신 사건입니다. 하나님이 나에게 말씀하시거나 나를 부르신다고 느낀 때가 있습니까? 그 상황을 기록해 봅시다.

....

....

하나님이 힘든 과업을 주셨을 때, 그에 응답하기를 주저한 적이 있습니까? 주저하게 된 이유를 설명해 봅시다.

....

....

유대인들의 유월절 의식(Seder, 유월절 축제를 기념하기 위해 니산 월 15일과 16일에 유대인 가정에서 지키는 종교적 식사)을 위한 문헌인 하가다(Haggadah)에 이런 내용이 있습니다. "나는 유대인입니다. 고난당하는 인간이 있는 모든 곳에서 유대인은 눈물을 흘리기 때문입니다. 나는 유대인입니다. 절망에 허덕이는 인간의 울부짖음이 들려올 때마다 유대인은 희망을 가지기 때문입니다."

기독교인들은 아브라함의 자손에 '접붙임' 된 사람들이요(롬 11:17~19), 우리의 뿌리는 이스라엘 민족에게 든든히 박혀 있습니다. 그러므로 출애굽은 우리 자신의 역사이기도 합니다.

고난 받는 자와 함께 울고, 절망한 자와 더불어 희망을 이야기하는 기독교인이 되는 것은 무엇을 의미한다고 생각합니까?

....

....

◉ 더 알아보기

■ 세티 1세와 람세스 2세 때 시행되었던 애굽의 건축 사업에 관해 알아보십시오.

06

율법을 주신 하나님 God Sends the Law

이스라엘아 오늘 내가 너희의 귀에 말하는 규례와 법도를 듣고
그것을 배우며 지켜 행하라 (신명기 5:1)

↑ 우리의 모습

인간은 혼돈 속에서 살 수 없습니다. 어떤 구조를 원합니다. 울타리 안에서 우리는 안정감을 느낍니다. 어딘가에 소속되어 있다는 그 느낌을 위해 우리는 규칙과 규정을 필요로 합니다.

✝ 내려놓기

성경 공부를 하기 전에 먼저 하나님께 기도를 드립니다. 아래의 시편 말씀이 좋은 길잡이가 될 것입니다.

> 여호와여 주의 율례들의 도를 내게 가르치소서 내가 끝까지 지키리이다 나로 하여금 깨닫게 하여 주소서 내가 주의 법을 준행하며 전심으로 지키리이다 나로 하여금 주의 계명들의 길로 행하게 하소서 내가 이를 즐거워함이니이다
> (시편 119:33~35)

이번 주 기도 제목을 구체적으로 적어 기도합시다.

⟳ 귀 기울이기

이번 주에 우리는 율법서를 공부합니다. 다른 부분과는 달리 읽는 데 많은 어려움을 느낄 뿐만 아니라 속도도 나지 않을 것입니다. 어떤 부분은 법전을 읽듯이 한 자 한 자 세심히 읽어야 할 곳도 있습니다. 성경 공부를 진행해 가면서 알게 되겠지만, 여기서 공부하는 법들은 나중에 성경의 다른 책들에서 자주 인용되었습니다.

D1　출애굽기 19~20장(시내 광야에서의 이스라엘)
　　　신명기 4:44~5:33(율법의 요약)

D2　출애굽기 21:1~23:19(노예, 손해배상, 안식일, 절기에 관한 율법)
　　　출애굽기 31:18~32:35(금송아지)

D3　레위기 11장(정결한 짐승과 부정한 짐승)
　　　레위기 17:10~19:37(성 관계, 사랑의 율법)

D4　민수기 6장(나실인의 서약)
　　　민수기 13:1~14:38(가나안에 정탐꾼 파견)
　　　신명기 5~9장(하나님의 요구)
　　　신명기 13장(우상 숭배에 대한 경고)

D5　민수기 18장(제사장과 레위인의 책임)
　　　신명기 14:22~15:23(십일조, 안식년)
　　　신명기 21~22장(무죄한 자의 피 흘린 죄, 정절에 관한 법)
　　　신명기 25장(정직한 저울추와 되)
　　　신명기 34장(모세의 죽음)

D6　교재 내용 '성경의 가르침'과 '제자의 모습'

🔖 성경의 가르침

법은 삶에 큰 도움이 됩니다. 법 없는 사회는 혼돈과 위험에 직면하게 됩니다. 법은 강자(強者)가 약자(弱者)를 착취하지 못하게 합니다. 법은 사회집단의 상호작용을 원활하게 해 줍니다. 법은 우리가 누구인지를 알게 도와줍니다. 또한 우리가 어디에 속해 있는지를 재확인시켜 줍니다. 율법은 언약 백성을 하나로 묶어 주고, 사회정의에 대한 책임을 느끼게 하며, 이 세상에 도덕을 분명하게 제시해 줍니다.

모세는 율법의 전수자로 불립니다. 전통적으로 성경의 첫 다섯 권인 토라(율법) 또는 오경(五經)을 모세의 작품으로 여깁니다. 토라는 유대 종교의 심장과 같습니다. 모세가 율법을 받은 것은 이스라엘 백성이 광야를 지나고 있을 때였습니다. 이제 막 노예생활에서 벗어나 자유를 얻고 광야를 헤매고 있는 무리를 언약 공동체로 만드는 것은 결코 쉬운 일이 아니었습니다. 토라는 오랫동안 구두로 전해져 내려오면서 수정되고 추가되어, 결국 주전 400년경이 되어서야 현재 우리 눈앞에 있는 율법서로 확정되었습니다. 광야에서의 거친 방랑생활을 반영하는 전승과 후기 안정된 농경생활을 반영하는 전승이 성전 예배 전승과 혼합된 것입니다.

유대인들에게 최고의 영적 훈련은 토라 연구였습니다.

"오직 여호와의 율법을 즐거워하여 그의 율법을 주야로 묵상하는도다."(시 1:2)

오늘날에도 유대교에서는 회당 예배를 드릴 때 토라 두루마리를 언약궤에서 꺼내면 예배자들이 자리에서 일어납니다. 그리고 그것을 가지고 움직이면 가까이에 있는 사람들은 토라를 담은 수놓은 주머니에 입을 맞춥니다.

율법은 히브리인들을 특수한 백성으로 만들었습니다. 이것이 바로 율법의 목적이었습니다. 히브리인의 음식에 관한 율법이 정한 동물을 부정한 동물에서 구분했듯이 히브리 백성은 '성별'된 백성이었습니다. "나는 너희의 하나님이 되려고 너희를 애굽 땅에서 인도하여 낸 여호와라. 내가 거룩하니 너희도 거룩할지어다."(레 11:45)

히브리 민족은 서서히 하나님의 언약 백성으로서 그 모습을 갖추게 되었습니다. 할례는 하나님이 아브라함과 맺은 언약의 표시였고, 언약 공동체에 속해 있다는 증거였습니다. 그들은 하나님이 천지를 창조하실 때 구분하여 복을 주신 안식일을 거룩하고 즐겁게 쉬는 날로 충실히 지켰습니다. 또한 출애굽의 구원의 경험은 신앙 공동체를 형성하게 되었습니다. 하나님은 그들을 신앙 공동체로, 하나님에게 속한 백성으로 묶어 주는 율법을 모세에게 주셨습니다.

율법은 종교법과 시민법으로 따로 구분할 수 없었습니다. 개인의 삶과 사회 모든 분야를 규제하는 법이 이 율법의 지배를 받았습니다. 이제 율법의 여러 종류들을 살펴봅시다.

사회복지법

자녀들이 지켜야 할 법을 부모가 정해 놓으면, 자녀들은 "왜?"라고 묻습니다. 히브리 율법을 공부하면서 우리가 가져야 할 태도도 '왜?'라는 관심입니다.

"너는 이방 나그네를 압제하지 말며 그들을 학대하지 말라." 왜? "너희도 애굽 땅에서 나그네였음이라."(출 22:21)

"너는 과부나 고아를 해롭게 하지 말라(출 22:22)." 왜? "그들이 내게 부르짖으면 내가 반드시 그 부르짖음을 들으리라."(출 22:23)

"네가 만일 너와 함께 한 내 백성 중에서 가난한 자에게 돈을 꾸어 주면 너는 그에게 채권자같이 하지 말며 이자를 받지 말 것이며, 네가 만일 이웃의 옷을 전당 잡거든 해가 지기 전에 그에게 돌려보내라. 그것이 유일한 옷이라. 그것이 그의 알몸을 가릴 옷인즉 그가 무엇을 입고 자겠느냐?(출 22:25~27)" 그 이유에 주목하십시오. 하나님이 말씀하시는 이유는 단순한 사회정의를 초월합니다. "그가 내게 부르짖으면 내가 들으리니 나는 자비로운 자임이니라."(출 22:27)

왜 그들에게 자비를 베풀어야 할까요? 그 이유는 우리도 한때 가난했고, 종노릇했으며, 과부와 고아였고, 이방에서 나그네와 방랑자로 살았으며, 고난에 겨워 울부짖은 적이 있기 때문입니다. 잊지 마십시오. 우리가 부르짖었을 때 들으셨던 바로 그 하나님이 그들의 부르짖음도 듣고 계십니다. 그리고 말씀하십니다. "나는 자비로운 자임이니라."

히브리인들이 농부가 되었을 때, 가난한 자들은 추수하는 사람 뒤를 따라가며 흘린 것들을 거둘 수 있게 허락되었습니다. 룻기에 나오는 룻과 보아스의 아름다운 이야기는 밭에 떨어진 보리 이삭을 주울 수 있게 허락받은 가난한 외국인 과부에 관한 기록입니다. 추수 후에 남은 무화과와 올리브는 과부와 고아들을 위한 것이었습니다. 이러한 법은 가난한 자들에게는 생명을 이어갈 수 있게 하는 귀중한 가능성이었습니다. "너희가 너희의 땅에서 곡식을 거둘 때에 너는 밭모퉁이까지 다 거두지 말고 네 떨어진 이삭도 줍지 말며 네 포도원의 열매를 다 따지 말며 네 포도원에 떨어진 열매도 줍지 말고 가난한 사람과 거류민을 위하여 버려두라. 나는 너희의 하나님 여호와이니라."(레 19:9~10)

살기 힘들고 미개한 시대에 이러한 자비의 정신이 율법에 보장되어 있다는 것이 놀랍지 않습니까? 아브라함과 언약의 백성은 진정 복의 근원이 되도록 복을 받았습니다. 오늘날 우리 사회에서 가난한 자와 나그네 된 자와 과부와 고아들을 돕기 위한 자비의 제도에는 어떤 것들이 있습니까?

음식에 관한 율법

레위기 11장에 기록된 음식에 관한 율법은 크게 육지에 사는 짐승(2~8절), 물고기(9~12절), 새(13~19절), 곤충(20~23절), 기타 음식에 관한 법(24~25)으로 구분할 수 있는데, 찬찬히 다시 한 번 읽으면서 정결한 것과 부정한 것의 구분을 주시하여 살펴보십시오. 그것과 함께 특히 짐승의 새끼를 그 어미의 젖으로 삶는 것이 철저히 금지되었습니다(출 23:19; 34:26). 이 법은 지금도 철저히 지켜지는데, '코셔(Kosher, 유대인의 율법에 준해 만든 음식)' 식당에서는 고기와 우유 제품을 한냄비에 넣어 요리하지 않으며 같은 접시에 담지도 않습니다. 피를 마시는 것도 금지 사항이었습니다. 그래서 오늘날도 고기를 요리할 때 피를 세심하게 잘 빼고, 그 위에 소금을 뿌려 30분 동안 놓아둡니다. 또한 코셔 고기는 엉덩이 힘줄을 모두 제거한 채 사용하는데, 그것은 하나님이 야곱의 엉덩이를 쳐 그를 절룩거리게 만든 것을 기억하기 위함입니다.

왜 이렇게 음식에 관한 규제를 만들었을까요? 사람들은 그것이 병에 대한 지식이 생기기 훨씬 전인 원시문화에서 건강 유지를 위한 조치였다고 생각합니다. 오염된 동물을 먹지 못하게 한 것은 의심할 여지없이 건강을 위한 것입니다. 모세와 제사장들이 영감으로 받은 지혜가 건강과 안녕을 유지하기 위한 음식법에 영향을 미쳤던 것이 분명합니다.

그러나 성서적인 관점에서 볼 때, 건강 문제는 이차적인 관심이었습니다. 음식 정결법의 초점은 건강이 아니라 복종이었습니다. 그들은 특정한 규례 아래에서 하나님의 백성으로서 다른 민족과 구별되어야만 했습니다. 즉 이러한 규례들은 거룩의 율법이었습니다.(레 11:45)

이처럼 엄격한 음식법 때문에 비유대인들과 함께 음식을 먹는 일이 퍽 어렵게 되었습니다. 이방인과 음식을 함께 먹는 것은 언약을 어긴 것이요, 거룩한 믿음을 저버린 것이었습니다. 그래서 그들은 죄인으로 취급받았습니다.

지난날의 음식법을 공부하는 것이 지금의 기독교인들에게 불필요한 것처럼 보일지도 모릅니다. 그러나 그것은 우리가 신약성경, 특히 이방인과 유대인 사이의 식사 문제로 제기된 논쟁들을 이해하는 데 큰 도움을 줍니다.

정의의 율법

성서 시대 초기에는 정의가 변덕스럽고, 보복적인 성격이 있으며, 임의적인 것이 많았습니다. 지도자들은 손가락 움직임만으로 사람을 사형에 처할 수 있었습니다. 가족이나 종족 사이의 보복은 받은 것의 배로 돌려주는 게 일반적이었습니다. 그러나 모세의 율법은 공정하고 균등할 것을 요구했습니다. 증인들이 필요했으며, 거짓 증거를 하는 경우에는 큰 벌을 받았습니다. 재판관들은 무엇보다 공정하게 일을 처리하는 것이 필수였습니다. 권력을 쥔 사람들도 그들 위에 있는 율법의 지시를 받아야 했습니다. 아무도 율법 위에 설 수 없다는 것이 성경의 원칙입니다.

후에 다윗 왕과 아합 왕의 이야기를 읽게 되겠지만, 거기서도 그들이 율법 위에 있는 것처럼 착각했을 때 선지자들은 그들을 다시 율법에 복종하게 만들었습니다.

"눈은 눈으로, 이는 이로 갚을지니라(출 21:24; 레 24:20)."는 구절은 문자적으로만 보면 사실 좀 지나친 법처럼 들립니다. 하지만 이것은 이 율법의 참 의미를 모르기 때문입니다. 이 법의 본래 의도는 눈을 잃었다고 상대방의 생명을 빼앗거나, 이빨을 하나 부러뜨렸다고 상대방을 살해하는 일을 방지하자는 것이었습니다. 라멕이 허풍을 떤 창세기의 기사를 상기해 봅시다.

"나의 상처로 말미암아 내가 사람을 죽였고 나의 상함으로 말미암아 소년을 죽였도다. 가인을 위하여는 벌이 칠 배일진대 라멕을 위하여는 벌이 칠십칠 배이리로다 하였더라."(창 4:23~24)

얼마나 지나친 보복입니까? 예수님이 일흔 번씩 일곱 번이라도 용서하라고 베드로에게 말씀하셨을 때, 이 라멕의 이야기를 상기하신 것은 아닐까요?

저울추나 되를 속이는 것도 하나님이 싫어하시는 일이었습니다. "오직 온전하고 공정한 저울추를 두며 온전하고 공정한 되를 둘 것이라. …… 악을 행하는 모든 자는 네 하나님 여호와께 가증하니라."(신 25:15~16)

후에 이스라엘의 예언자들은 속임수와 거짓말과 저울추와 되를 속이는 일을 일

무게를 재기 위해 썼던 이 돌들은 주전 7세기의 것으로 추정되며, 금과 은의 가치를 판단하기 위해 사용하였다. 돌 위에 쓴 히브리 글자는 무게와 가치(가격)를 의미한다. 흔히 그 당시 사람들은 이러한 돌들을 주머니에 넣어 가지고 다녔다. 예언자들과 예수님이 지적하셨던 부정은 돌의 무게를 가감하여 무게를 속이는 것을 의미했다.

삼는 백성을 매우 심히 질책하였습니다. 왜일까요? 바로 하나님이 공정하신 분이기 때문입니다. 하나님은 우리가 물건을 사고팔 때에도 공정하기를 원하십니다.

상거래나 직장생활을 하면서, 저울추나 되를 속이거나 위조나 거짓말을 하게 되는 경우가 언제인지 생각해 봅시다.

....

....

사람들을 잘못 인도하는 거짓 광고의 예를 들어 봅시다.

....

....

모세의 율법은 공정과 정의에 근거하였습니다. 왜일까요? 정의는 하나님의 성품에 근거한 것이기 때문입니다. 하나님은 정의의 하나님입니다.

가족생활

율법은 부모 공경을 강조합니다. 십계명 중 부모 공경의 계명은 살인과 간음에 대한 계명보다 우선합니다(출 20:12). 히브리인들에게 가족은 무엇보다도 중요했습니다.

"자기 아버지나 어머니를 치는 자는 반드시 죽일지니라(출 21:15)." "자기의 아버지나 어머니를 저주하는 자는 반드시 죽일지니라(출 21:17)." 한마디로 죽어 마땅한 죄라는 것입니다.

"너는 염소 새끼를 그 어미의 젖으로 삶지 말지니라(출 23:19, 34:26)."는 금령은 가나안인들의 제물 준비법에 대한 거부일 뿐만 아니라 가정에 대한 모독을 반영한 것입니다.

가족간에 서로의 요구가 충돌하는 경우가 잦아지면 자녀들이 부모를 진심으로 공경할 수 있을까요?

....

....

내가 부모님 앞에서 행한 어떤 태도와 행동을 내 자녀가 따라 한 적이 있습니까? 그 예를 적어 보십시오.

....

모세의 율법은 성(性) 관계를 엄하게 규제했습니다. 간음한 자는 사형에 처해졌습니다. 동성연애는 금지되었습니다. 짐승과의 성 행위도 마찬가지였습니다. 결혼하지 않은 여인을 범하는 것은 심각한 범죄였으며, 강간을 한 자는 살인자와 같이 취급하였습니다. 구약성경 역사를 통해 일부다처(一夫多妻) 제도가 허용되었지만 배우자에 대한 성실성은 중요시되었습니다. 후에 신약성경을 공부하면서 알게 되겠지만, 예루살렘 공회는 교회가 음식에 관한 율법과 같은 유대 율법에 집착하지 말 것을 권했습니다(행 15:19~20). 그러나 성적 도덕성은 계속해서 강조하였습니다.

성적 문란과 간음 행위가 팽배한 이 사회에서 부부가 서로에게 충실하기 위해 어떤 일들을 할 수 있을까요?

....

....

교회는 무엇을 할 수 있을까요?

....

....

🖻 제자의 모습

"너는 마음을 다하고 뜻을 다하고 힘을 다하여 네 하나님 여호와를 사랑하라(신 6:5)." 예수님이 제자들에게 가르쳐 주신 새 계명에 율법이 잘 집약되어 있습니다. '말씀을 지키는 것'은 말씀을 '행하는' 것입니다. 제자는 하나님의 율법을 행함으로 그것을 지키는 사람입니다.

내가 순종함으로 내 삶에 질서를 가져다주는 율법은 무엇입니까?

....

....

내 가정에 안정을 가져다주는 율법은 무엇입니까?

....

....

출애굽기 32장에 등장하는 금송아지는 아스글론(Ashkelon)에서 발견된 은송아지와 비슷했을 것이다. 이 은송아지는 주전 1600년경 고대 가나안인들이 바알신의 형상으로 숭배하던 것이다. 그림처럼 은송아지가 사당에서 나오는 모습으로 전시되었을 것이다.

나에게 소속감을 주는 율법은 무엇입니까?

....

....

하나님의 율법에 복종하지 않아 삶에 혼란이 왔던 때는 없었습니까? 그 상황을
떠올려 봅시다.

....

....

이 과에서 읽은 성경 말씀에 따르면 제자는 어떤 사람입니까?

....

....

📷 더 알아보기

- 십계명을 외우십시오.
- 율법은 가난한 자와 나그네와 노예에게 인간적 존엄성을 부여합니다. 신명기
  24장 10~13절을 읽어 보십시오. 사회에서 냉대 받는 사람들에게 존엄성을
  부여해 주는 구절들을 찾아보십시오.
- 예수님이 한 나병환자를 고쳐 주며 하신 말씀을 찾아보십시오(막 1:40~44).
  "가서 네 몸을 제사장에게 보이고 네가 깨끗하게 되었으니 모세가 명한 것을
  드려 그들에게 입증하라(막 1:44)." 레위기 13~14장에 기록된 나병에 관한 율
  법을 읽어 보십시오.
- 시간을 내서 민수기를 읽어 보십시오. 전체를 다 읽는 것이 부담스러우면 20
  장(미리암과 아론의 죽음, 반석에서 나온 물)과 22~24장(발람과 그의 나귀의 이야
  기)만이라도 꼭 읽으십시오.

가까이 오시는 하나님 When God Draws Near

육체의 생명은 피에 있음이라 내가 이 피를 너희에게 주어 제단에 뿌려
너희의 생명을 위하여 속죄하게 하였나니 생명이 피에 있으므로 피가 죄를 속하느니라
(레위기 17:11)

이 과의 주제

속죄

○ 우리의 모습

우리는 때로 하나님이 먼 곳에 계신 것처럼 느껴져 외로움과 두려움을 느낍니다. 그런데 다른 한 편 하나님이 가까이 오시면 자신의 죄 때문에 죄책감과 부끄러움을 경험합니다. 하나님의 현존 앞에서 그 위엄에 압도당할 때, 우리는 무엇을 해야 할까요?

● 내려놓기

성경 공부를 하기 전에 먼저 하나님께 기도를 드립니다. 아래의 시편 말씀이 좋은 길잡이가 될 것입니다.

> 하나님이여, 내가 주께 서원함이 있사온즉 내가 감사제를 주께 드리리니
> (시편 56:12)

이번 주 기도 제목을 구체적으로 적어 기도합시다.

● 귀 기울이기

이 과에서 우리는 고대 히브리인들의 예배 형식에 대해 공부합니다. 히브리인들이 노예 생활에서 해방된 것을 어떻게 기념했는지, 하나님과 이웃과 어떻게 화해했는지, 하나님께서 하신 역사에 어떻게 감사를 표했는지 세심히 살펴보십시오.

기독교 예배에서 사용하는 용어나 의식 중에는 고대 히브리인들의 예배에 그 기원을 둔 것들이 있습니다. 성경을 읽을 때, 이러한 기원에 특별히 유의하여 보십시오.

D1 출애굽기 24~27장(언약의 실증(實證), 언약궤, 성막)

D2 출애굽기 34:29~36:1(두 번째 돌판, 성막을 위한 제물들)
출애굽기 40장(여호와의 영광)
시편 81편(축제 예배 의식)

D3 레위기 1~5장(번제, 화목제, 죄와 속건제)

D4 레위기 6~7장(제물에 관한 율례, 제사장의 몫)
신명기 18장(레위 지파)

D5 레위기 16~17장(구속의 날)
신명기 16장(지정된 절기, 레 23장과 비교하라.)

D6 교재 내용 '성경의 가르침'과 '제자의 모습'

🔟 성경의 가르침

왜 히브리인의 예배 의식은 그처럼 복잡하고 까다로웠을까요? 단순명료한 것을 선호하는 우리 눈에는 그들이 어리석어 보일 수도 있습니다. 그러나 그 당시 다른 족속들의 예배는 하나님의 뜻에 맞지 않는 것들이었습니다. 마술과 점성술, 마음과 높은 산에서 행하는 바알 숭배 등이 포함된 그들의 예배가 하나님께 기쁨이 될 리 없었습니다. 또 어떤 백성은 달과 해와 직접 만든 형상들에 절을 하였습니다. 히브리인들은 이러한 모든 의식을 행할 수 없었습니다. 이스라엘은 전적으로 하나님께 속해 있기 때문이었습니다.

이스라엘 백성은 하나님의 통치 아래 하나가 되기 위해 많은 노력을 했습니다. 그래서 예배 의식과 생활 규례들이 한 데 섞여 있었습니다. 그들은 땅과 한몸이었습니다. 땅에서 키우는 짐승과 곡식이 곧 그들의 생명이었습니다. 자연히 그들의 예배는 매일의 삶에서 흘러나올 수밖에 없었고, 손으로 거둔 것을 제물로 바치게 되었습니다.

이제 초기 히브리 예배의 세 가지 요소를 살펴봅시다.

기억

자유의 백성이 된 히브리인들은 출애굽 사건을 결코 잊을 수 없었습니다. 출애굽은 그것이 역사적이든 개인적이든 구원의 체험을 상징합니다. 오늘날 유대인들이 지키는 유월절 축제는 가족끼리의 축제이며, 그 사건을 기억함으로써 가족간의 유대를 더욱 강화시킵니다. 유월절 식사에 흔히 친척들과 가까운 친구들을 초대하는 것도 이 때문입니다. 그들은 유월절을 특별히 자녀들을 가르치기 위한 절기로 삼았습니다. "그 날에 네 아들에게 보여 이르기를(출 13:8)"이라는 토라의 구절에서도 이 사실을 엿볼 수 있습니다. 유대인들은 유월절 축제를 세데르(Seder)라고 부릅니다. 세데르는 식사나 예배 순서를 의미합니다. 이것은 엄숙하면서도 즐거운 의식이었습니다. 하나님의 역사가 임한 그 밤은 다른 모든 밤과는 달랐습니다.

유월절 밤은

- 이스라엘의 자녀들이 기적적으로 구원된 것을 기억하는 시간입니다.
- 하나님의 도우심으로 생명을 이어갈 수 있었음을 기억하는 시간입니다.(만나, 메추라기)
- 하나님의 지혜를 기억하는 시간입니다.(시내 산에서 받은 율법)
- 해방과 약속의 땅을 기억하는 시간입니다.

유월절 가족 예배는 단순한 기쁨의 축제일뿐만 아니라 교육적인 의미가 큽니다. 예배를 드리는 자들은 그들이 알지 못했거나 잊어버렸던 것들, 잘못 알았거나 도외시했던 것들을 상기하게 됩니다.

예수님은 이 유월절 식사를 기독교인들을 위한 성례전으로 변형시키셨습니다. 예수님과 제자들이 함께했던 최후의 만찬이 유월절 식사였다면, 그들이 먹은 빵은 맛차(Matzah, 무교병)입니다. 이것을 기념하기 위해 많은 기독교 교단은 성만찬에 누룩을 넣지 않은 빵을 사용합니다. 유대인이었던 초대 기독교인들은 예수님의 죽음을 유월절 양의 희생과 연결시켜 새 의미를 부여했습니다. 즉 죄의 노예에서 그들을 해방시켜 준 예수님의 희생을 출애굽 사건으로 재해석한 것입니다. 출애굽은 죄에서의 구원을 기억하게 해 주었습니다. 부활절은 본래 파스카(Pascha)라고 불렸는데, 이것은 유월절(Passover)을 의미하는 페사크(Pesach)라는 히브리어에서 파생되었습니다. 한편 성만찬(Holy Communion)은 때로 유카리스트(Eucharist), 즉 감사의 축제라고 부릅니다.

성만찬에서 빵과 포도주를 먹고 마실 때 무엇을 기억하며 기념합니까?

....

....

속죄

죄에 대해 우리가 공부했던 것들을 기억합니까? 죄는 잘못된 행위보다 더 깊은 차원의 것으로, 관계의 단절을 의미합니다. 죄의 결과로 우리는 하나님의 노여움을 샀고, 둘 사이에는 장벽이 가로막히게 되었습니다. 그리고 죄책감과 부끄러움이 그 안으로 파고듭니다. 인간은 서로를 고립시키고, 그 영혼에는 내분이 일어납니다. 창조 이야기에서 아담과 하와는 하나님을 피해 숨었습니다. 오늘날에도 해결되지 않는 죄책감에 눌려 정서적, 정신적, 사회적 병을 앓는 사람이 너무나 많습니다.

고대 히브리인들은 자신들의 죄책감을 예배 의식을 통해 표현했습니다. 죄와 수치를 그들의 창조주요 구속자이신 하나님 앞에 고백하며 회개했습니다.

석회암으로 된 이 달력은 주전 10세기의 것이며, 게셀(Gezer)에서 발굴되었다. 어린이들의 교육을 목적으로 기록한 것으로 보이는데, 연중 계절에 따라 행할 농사일을 나열하였다.

레위기 16장에는 대속죄일(Day of Atonement, Yom Kippur)과 속죄제에 대한 언급이 있습니다. 대제사장(아론)은 일 년에 한 번씩 몸을 깨끗이 씻고 거룩한 옷(세마포)을 입고 수송아지를 제물로 드렸습니다. 피의 제사는 자기 자신과 가족의 죄를 내어놓는 것이었습니다. 그 다음 아론은 백성의 죄를 상징적으로 짊어질 염소 두 마리를 택했습니다. 그리고 그 중 한 마리를 속죄를 위한 피제물로 바쳤습니다. 또한 다른 염소의 머리에 두 손을 얹은 후 "이스라엘 자손의 모든 불의와 그 범한 모든 죄를 아뢰고(레 16:21)" 그 염소를 광야로 보냈습니다. 이 염소가 백성의 죄를 대신하여 가져갔고, 이것으로 그들은 모든 죄와 수치에서 해방되었습니다. 여기서 '속죄 염소(Scapegoat, 속죄양, 희생양)'라는 이름이 생긴 것입니다.

전승에 따르면 속죄 염소의 뿔에는 백성의 죄를 의미하는 붉은 털실을 맸다고 한다.

속죄(atonement)를 통해 인간은 하나님과 화해되고, 그분과 하나가 됩니다(at-one-ment). 하나님과 교통할 수 있고, 죄의 짐을 지지 않고 살아갈 수 있습니다.

교회에서 행하는 의식 중에 우리를 죄책감과 수치심에서 해방시켜 주는 것이 있습니까? 그 예로 어떤 것들이 있습니까?

하나님, 그리고 이웃과 화해되었음을 경험하게 하는 의식은 어떤 것들입니까?

감사

히브리인들의 예배에서 가장 중요한 요소는 하나님께 예물을 바치는 것이요, 하나님께서 그들의 예물을 받으시는 것이었습니다. 그들은 오경에 기록된 축제일들을 지킴으로써 자신들의 조상이 하나님과 언약 관계를 맺게 된 이야기를 되새기고, 하나님께 예물을 바침으로써 감사함을 표현했습니다.

- 나팔절(Rosh Hashanah, 새해): 유대교 월력의 시작으로 9~10월을 말합니다.
- 대속죄일(Yom Kippur): 새해 시작 후 10일째 되는 날로, 유대인의 성일(聖日) 중 가장 엄숙한 날이며, 회개와 금식과 성전을 깨끗이 하는 날입니다.
- 초막절(Succoth): 새해 시작 2주 후(대속죄일 후 5일)에 시작하여 추수를 경축

하는데, 레위기 23장 33~43절과 신명기 16장 13~15절에 그 규례가 자세히 기록되어 있습니다. 추수가 끝난 후 7일 동안 지키며, 기쁨과 감사와 경축의 날로 어떤 노동도 하지 않고 "레위인과 객과 고아와 과부가 함께 즐거워(신 16:14)" 할 수 있게 그들을 초청합니다.

- 유월절(Pesach): 히브리인들이 애굽의 종살이에서 구원된 것을 기념하는 절기로, 봄에 8일 동안 지키며 무교절로 시작해 보리의 첫 열매를 바치는 것으로 끝을 냅니다.
- 오순절(Shavuot): 유월절 후 50일째 되는 날 지키기 때문에 칠칠절이라고도 합니다. 밀농사로 거둔 첫 곡식을 바쳤는데, 사도행전 2장에 기록된 성령 강림의 놀라운 사건이 있었던 절기이기도 합니다.

오늘날 우리는 농사와는 무관한 일을 생업으로 하는 경우가 많습니다. 그런 우리가 어떻게 자기 손으로 수고해 거둔 열매를 경배와 감사로 드릴 수 있을까요?

....

....

💿 제자의 모습

하나님이 우리에게 가까이 오시는 것은 마치 더럽고 먼지가 가득 찬 우리 마음의 방에 누군가 전깃불을 켜는 것과 같습니다. 어둠 속에서 우리는 깨끗한 척했습니다. 그러나 밝은 불빛 아래에서 우리의 잘못은 만천하에 드러납니다. 그 때문에 진리와 참사랑이 우리를 찾아내지 못하게 하나님한테서 도망해 숨으려고 합니다.

예배를 통해 우리는 우리에게 가까이 오시는 하나님을 깨달을 뿐만 아니라 우리의 삶이 하나님 보시기에 적합하지 못함을 알게 됩니다. 하나님과 가까이 있으면 자신에게 얼마나 기도가 필요한지를 느끼게 됩니다. 우리에게 있는 죄의식 때문에 하나님의 용서를 간구하게 되는 것입니다.

히브리인들 예배(또는 제사)의 중요한 성격은 아래와 같습니다.

- 예배는 공동으로 드렸다.
- 예배는 의무적이었다.
- 예배는 상세히 규정되어 있었다.

기독교인들은 어떻습니까? 많은 기독교인들이 예배를 경시해 마음이 내키면 참석하고 바쁘다는 핑계로 쉽게 건너뜁니다. 또 어떤 사람들은 믿음은 개인의 일이요, 종교는 어디까지나 개인과 하나님 사이의 일이라고 생각합니다. 그런가 하면 형식과 전통과 의식이 자신들의 자유로운 영에 걸림돌이 된다고 생각하는 사람들도 있습니다. 그러나 성경이 가르치는 예배의 관습과 형식은 어디까지나 공동체에

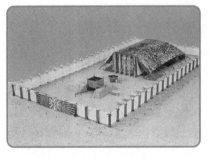

성막은 백성과 함께하시는 하나님의 현존을 상징하는 운반할 수 있는 예배처였다. 성막은 광야에서 언약궤를 안치하기 위해 사용하였는데, 솔로몬이 성전을 지었을 때 성막의 모형대로 지었다.

그 근거를 두고 있습니다. 신성한 전통을 파괴하는 개인적인 감정들과 선택, 주관적인 영향력은 철저히 배제됩니다. 그리고 일정한 날짜와 형식을 따르게 되어 있습니다. 공동 예배는 어린아이들과 청년과 어른들이 (1) 하나님과 그분의 구원의 역사를 기억하고 (2) 용서를 구하고 (3) 감사를 드리게 가르칩니다.

이와 같은 이유에서 제자는 공동 예배에 자신을 헌신합니다. 히브리서 10장 19~25절은 우리에게 예배의 자세를 가르쳐 줍니다. 찾아 읽고 마음에 깊이 새깁시다.

예수 그리스도의 제자는 기쁨과 감격으로 예배에 참여해야 합니다.

"사람이 내게 말하기를 여호와의 집에 올라가자 할 때에 내가 기뻐하였도다." (시 122:1)

예배를 드리러 갈 때 나의 마음 자세는 어떠합니까? 기쁨과 감격이 넘칩니까?

....

....

예배 요소(기억, 속죄, 감사) 중에 어느 것이 나에게 가장 의미가 있습니까? 왜 그렇습니까?

....

....

+ 유월절이 다가오면 유대인 가정은 집안에 있는 모든 누룩(이스트)을 없애고 무교병을 굽는 등 7일 동안의 절기를 지키기 위한 준비를 한다. 집안 구석구석에서 누룩을 찾는 일은 어린아이들에게 매우 재미있는 경험이다. 유월절 식탁에 올리는 음식은 양의 다리 구이(고대의 제사를 뜻함), 구운 계란(제사 때 드린 제물을 뜻함), 파슬리(봄철과 재생을 뜻함), 고추 냉이 뿌리(노예로 있을 때 당한 고통을 뜻함), 사과와 견과류와 계피와 포도주의 혼합(바로를 위해 벽돌을 만들 때 사용했던 반죽을 뜻함), 넉 잔의 포도주(해방과 구원의 구별된 행위들을 뜻함)였다. 이 외에 특별히 메시아의 오심을 예언한 엘리야 선지자를 위한 포도주 한 잔이 놓이는데, 이것은 메시아 약속 성취에 대한 소망을 의미한다.

🔘 **더 알아보기**
- 레위 제사장직에 관해 좀 더 연구하고 그것을 기록하십시오.
- 이스라엘 역사에서 동물 제사가 사라진 때와 그 이유를 알아보십시오.

08

이 과의 주제

지도자

왕이 없는 백성 The People Without a King

여호와께서 사사들을 세우사
노략자의 손에서 그들을 구원하게 하셨으나 (사사기 2:16)

⬆ 우리의 모습

우리는 정치적인 무질서와 혼돈을 쉽게 받아들이지 못합니다. 또한 하나 됨에 대한 열망과 자기 뜻대로 하고자 하는 욕구 사이에서 늘 위태로운 줄타기를 합니다. 그 때문에 우리는 지도자를 원하게 됩니다. 누군가가 우리의 방향 감각을 일깨워 이끌어 주기를 바랍니다.

✦ 내려놓기

성경 공부를 하기 전에 먼저 하나님께 기도를 드립니다. 아래의 시편 말씀이 좋은 길잡이가 될 것입니다.

> 하나님이여, 일어나사 세상을 심판하소서 모든 나라가 주의 소유이기 때문이니이다
> (시편 82:8)

이번 주 기도 제목을 구체적으로 적어 기도합시다.

👂 귀 기울이기

여호수아서는 백성이 믿고 순종할 때, 지도자가 성실할 때, 그리고 백성이 하나가 되었을 때 어떤 일이 일어나는지를 보여 줍니다. 반면 사사기는 그 반대의 경우를 언급합니다. 백성이 믿고 순종하지 않을 때, 하나가 되지 않고 제각각 자기 뜻대로 행동할 때 어떻게 되는지를 강조합니다.

D1 여호수아 1~3장
(가나안 땅으로의 진입, 라합과 정탐꾼)

D2 여호수아 4~6장(기념비, 여리고 성의 함락)
여호수아 7장(아간의 죄)
여호수아 8장(아이 성 전투)
여호수아 24장(세겜에서 맺은 언약, 여호수아의 죽음)

D3 사사기 1~2장(불완전한 정복, 배교)
사사기 4~5장(드보라)

D4 사사기 6~8장(기드온)
사사기 10:6~12:7(입다)

D5 사사기 13~16장(삼손)

D6 교재 내용 '성경의 가르침'과 '제자의 모습'

📖 성경의 가르침

여호수아서는 히브리 민족 역사의 과도기를 기록한 책입니다. 그들이 가나안으로 돌아오게 된 것은 아브라함과 사라에게 그 땅을 주겠다고 하신 하나님의 약속이 성취된 것입니다. 모세의 후계자 여호수아는 하나님의 약속을 믿으면 하나님께서 승리를 가져다주신다는 믿음을 입증합니다.

어떤 면에서 볼 때, 여호수아서는 성경의 첫 다섯 권인 오경과 한데 묶여야 합니다. 이 책이 신명기와 같이 언약에 순종할 것을 강조한다는 점에서 더욱 그렇습니다. 그러나 구약 경전(Canon)을 집대성한 유대교 학자들은 여호수아를 사사들과 열왕들과 선지자들과 같은 자리에 두었습니다. 그러나 엄격한 의미에서 그는 기드온이나 드보라 같은 사사가 아닙니다. 그래서 우리는 '과도기'라는 말을 씁니다. 즉 여호수아는 모세 시대와 사사 시대의 중간, 그리고 출애굽 시대와 사사들이 다스린 부족 통치 시대의 중간에 등장한 인물입니다.

여호수아는 모세의 출애굽 역사를 완성시켰습니다. 하나님께 충성을 다한 그는 이스라엘 백성을 약속의 땅으로 인도했습니다. 여호수아(Joshua)라는 이름은 히브리어로 '하나님이 구원하신다' 또는 '구원'이라는 뜻인데, 이는 예수(Jesus)라는 이름과 그 어원이 같습니다.

12명의 정탐꾼 이야기를 떠올려 보십시오. 여호수아와 갈렙 두 사람은 젖과 꿀이 흐르는 땅을 보고는 곧 올라가 그 땅을 차지하자고 했습니다(민 13:25~14:38). 그러나 그들은 10대 2로 표결에서 지고 말았습니다. 광야를 떠돈 지 40년이 지났습니다. 비관론자들과 그 세대는 모두 광야에서 죽었고, 모세도 땅에 묻혔습니다. 그리고 그 세월 동안 백성은 연단이 되었습니다. 이제 하나님의 충실한 지도자 여호수아는 모세의 지도력을 계승해 요단 강을 건넙니다. 모세와 여호수아를 비교해 봅시다.

모세	여호수아
헤브론 지역에 정탐꾼을 보냄(민 13장)	여리고 지역에 정탐꾼을 보냄(수 2장)
홍해를 건넘(출 14장)	요단 강을 건넘(수 3장)
할례를 행함(출 4:24~26)	다시 할례를 행함(수 5:2~7)
유월절(출 12:1~36)	유월절 준수(수 5:10)
"네 발에서 신을 벗으라." 불붙은 떨기나무(출 3:1~5)	"네 발에서 신을 벗으라." 칼을 빼어 든 사람(수 5:13~15)
모세가 손을 높이 듦 능력의 표현(출 17:8~13)	여호수아가 그 손에 잡은 단창을 듦 (수 8:18~21)
시내 산에서 율법을 받음(출 24장)	에발 산(세겜)에서 율법을 다시 돌에 새김(수 8:30~35)
도피성의 지정(민 35:9~15)	도피성의 지정(수 20장)
시내 산에서 맺은 언약(출 24:7~8)	세겜에서 세운 언약(수 24:15, 24~25)

성경 역사의 기록자들은 이스라엘 민족의 신앙을 긍정하기 위해 정복의 요소들을 사용했습니다. 하나님은 이스라엘을 종살이에서 구출한 것과 같이 그의 백성을 약속의 땅으로 이끄셨습니다.

여호수아와 그의 시대를 돌이켜 볼 때, 이스라엘 백성은 극적이고 때로는 피비린내 나는 일련의 사건들을 겪으면서 그 배후에 숨겨진 의미, 곧 하나님이 이스라엘 백성을 위해 싸우신다는 것을 이해했습니다. '애굽에서 건져내어 약속의 땅으로.' 이것이 변치 않는 주제였습니다. 여러 가지 역사적인 사건들을 통해 강조되는 것은 '언약을 어기는 것은 백성의 삶의 혼돈을 의미하며, 언약을 지키는 것은 질서와 의미로 이스라엘의 목적을 성취하는 것'이라는 사실이었습니다. 여호수아의 외침은 분명합니다. "만일 여호와를 섬기는 것이 너희에게 좋지 않게 보이거든 …… 너희가 섬길 자를 오늘 택하라. 오직 나와 내 집은 여호와를 섬기겠노라."(수 24:15)

사사들(士師, Judges)

사사는 우리가 흔히 생각하는 재판관이 아니었습니다. 그보다는 '카리스마 있는 지도자들'이 더 어울리는 설명일 것입니다. 그들은 부족 지도자로서, 위기와 혼란의 시대에 백성이 다시 하나님께 순종하도록 종용하고, 분열된 백성을 하나로 묶고, 그들을 이끌어 적들에 맞서게 하도록 하나님께서 세워 주신 사람들이었습니다. "여호와께서 사사들을 세우사 노략자의 손에서 그들을 구원하게 하셨으나."(삿 2:16)

이렇게 하나님께 부름을 받아 사사가 된 사람들 중에 우리가 잘 아는 드보라, 기드온, 삼손이 있습니다. 그들은 사사가 되어 섬기다가 하나님께서 그들에게 맡기신 책임을 완수한 후에 사라졌습니다. 이들이 유명한 것은 그들의 위대한 영적 능력 때문이 아니라 하나님의 부르심을 듣고 그에 응답한 그들의 의지와 결단 때문입니다. 그들은 영웅이라기보다는 하나님의 도구들이었습니다.

이스라엘 백성은 모세와 여호수아의 지도 아래에서 신정국가(神政國家)를 이루었습니다. 가나안에 정착했을 때, 그들은 부족들 간에 동맹을 맺어 움직였습니다. 그들에게는 대통령도 바로도 왕도 없었습니다. 영적 지도자들은 오직 하나님이 그들의 왕이 되어 주시기를 원했습니다. 그래서 기드온은 이렇게 말했습니다. "내가 너희를 다스리지 아니하겠고 나의 아들도 너희를 다스리지 아니할 것이요, 여호와께서 너희를 다스리시리라(삿 8:23)." 왕정시대(王政時代)가 오기까지 지도자들은 짧은 기간 동안 종교적, 군사적 지도자들이었습니다.

시편 24편은 하나님을 이스라엘 왕으로 이해합니다. "문들아, 너희 머리를 들지어다. 영원한 문들아, 들릴지어다. 영광의 왕이 들어가시리로다. 영광의 왕이 누구시냐? 강하고 능한 여호와시요, 전쟁에 능한 여호와시로다."(시 24:7~8)

그런데 후대에 와서 이스라엘 백성은 왕을 요구했습니다. 자신들과 비교해 볼 때, 적국(敵國)은 왕의 통치 아래에서 더욱 강력한 조직과 통일을 이루고, 전쟁 대비를 잘 하는 것같이 보였습니다. 사무엘은 왕을 세워 주기를 구하는 백성에게 왕 제

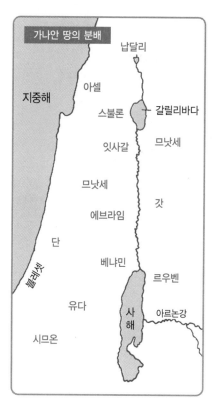

가나안 땅을 이스라엘 각 지파에게 분배한 이야기는 여호수아 13~21장에 있다.

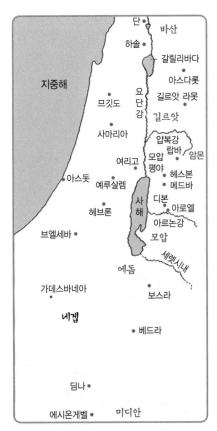

이스라엘은 가나안 땅에 들어간 후 사해 동쪽 족속과 충돌이 많았다. 사해 동쪽에 땅을 분배받은 지파들은 그 지역을 완전히 정복하지 못했다.

도가 생기면 세금을 내게 되고 전쟁과 왕궁 건축을 위해 징용당할 것이요, 정치적인 허식과 교만, 군사적인 권위 등의 부작용이 생길 것이라고 경고하며 주저했습니다. 그러나 백성의 요구는 끊이지 않았고, 결국 사무엘은 그 뜻을 따르고 말았습니다.

그러나 여호수아의 죽음에서 왕정국가(王政國家, 사울 왕)가 생기기까지 약 200년 동안 여러 사사들이 나타나 하나님이 이스라엘의 참된 통치자이심을 강조했습니다. 중앙정부 없는 부족의 생활, 수시로 침공을 당한 농민들과 목자들이 그들의 땅과 가축과 가정을 지키기 위해 사력을 다하는 모습을 상상해 보십시오.

이렇게 이방 민족과 충돌하면서 이스라엘 백성은 계속하여 가나안 종교의식의 영향을 받게 되었습니다. 이 때문에 우리는 사사기에서 배교(背敎), 하나님의 힐책, 하나님께 드리는 호소, 압제자를 전복시키기 위해 지도자를 세우시는 하나님의 이야기를 자주 접하게 됩니다. 이스라엘이 승리하면 그들은 자기들의 땅으로 돌아가고, 그것으로 평화가 회복되었습니다. 그러나 혼란은 결국 또다시 시작되었습니다. 배교, 징벌, 회개, 평화, 이러한 일련의 과정은 사사들의 시대를 통틀어 계속하여 되풀이되었습니다.

드보라

드보라의 이야기는 두 가지 형태로 전해지는데, 하나는 산문 형식이요, 다른 것은 시 형식입니다. '드보라의 노래(삿 5장)'는 이것이 기록하는 사건과 동시대의 것으로 보이며, 현존하는 히브리 문학 중 가장 오래된 시입니다.

그 당시의 상황을 머릿속에 그려 보십시오. 가나안 왕 야빈은 "이십 년 동안 이스라엘 자손을 심히 학대"했습니다(삿 4:3). 그의 군대장관 시스라는 철병거 9백 대를 지휘했는데, 이것은 이스라엘 백성의 무기에 비해 훨씬 우세한 것이었습니다. 이스라엘 백성은 두려워 떨었고, 혼란 속에서 통일된 행동을 취할 수도 없었습니다. 적에게 대항할 용기조차 낼 수 없었습니다.

이러한 상황에서 두 여인이 등장합니다. 드보라('벌(bee)'이라는 뜻)와 야엘('들염소'라는 뜻)입니다. 드보라는 선지자요 사사였으며, 야엘은 겐 사람이었습니다. 이스라엘 군대장관 바락은 드보라에게 전쟁터에 함께 가 주기를 간청했습니다. "당신이 나와 함께 가면 내가 가려니와 당신이 나와 함께 가지 아니하면 나도 가지 않겠노라(삿 4:8)." 그녀가 대답했습니다. "네가 이번에 가는 길에서는 영광을 얻지 못하리니, 이는 여호와께서 시스라를 여인의 손에 파실 것임이니라."(삿 4:9)

드보라는 위대한 신앙심에서 바락에게 명했습니다. "일어나라, 이는 여호와께서 시스라를 네 손에 넘겨주신 날이라. 여호와께서 너에 앞서 나가지 아니하시느냐(삿 4:14)." 그리고 드보라는 이스르엘 골짜기를 싸움터로 정하고, 적의 철병거를 그 곳으로 유인했습니다. 그 곳은 작전상 완벽한 지점이었습니다. 이스라엘 군대가 다볼 산에서 적을 기다리고 있을 때, 하늘에서 비가 쏟아지기 시작했습니다(삿 5:4). 그리고 그 비로 기손 강이 넘쳐 홍수가 나는 바람에 적의 철병거들이 진흙탕에 박혀 움직일 수 없게 되었습니다(애굽의 병거들이 홍해 바닥 진흙에 박혔던 것을 기억하십시오.). 결국 이스라엘은 대승을 거두었습니다.

참패한 군대장관 시스라는 겐 여인 야엘의 천막으로 몸을 피했습니다. 그런데 그가 잠든 동안 야엘은 장막 말뚝을 머리에 박아 그를 죽였습니다. 결국 가나안의 위대한 철병거들은 '벌(드보라)', '들염소(야엘)', 비, 진흙, 그리고 하나님에 의해 참패를 당했습니다. 이로부터 40년간 평화가 계속됩니다.

기드온

"이스라엘 자손이 또 여호와의 목전에 악을 행하였으므로(삿 6:1)." 이스라엘 백성은 또다시 무질서 상태에 빠졌습니다. 미디안 사람들이 계속 그들을 공격했습니다. 이스라엘 주변의 모든 가나안 사람들은 바알을 섬겼는데, 이들은 성경이 정죄한 '높은 곳(산당)에서 드리는 예배'를 드렸습니다. 그런데 이스라엘 백성이 끊임없이 여호와 하나님께 드리는 예배에 이 이방의 종교 의식을 혼합하였습니다. 선지자들과 사사들은 일어나 한목소리로 바알 숭배를 정죄했습니다. 왜냐하면 이 의식은 매음, 어린아이 희생, 동물의 피를 마심, 음주를 포함하였고, 동물의 형상, 성기, 나무, 우상을 숭배하였기 때문입니다.

이 때 하나님은 기드온을 부르셨습니다.

그는 어디에 있었습니까? 포도주 틀에서 밀을 타작하고 있었습니다. 그는 왜 밖에서 밀 타작을 하지 않았을까요? 미디안 사람들을 피해 숨은 것입니다. 그는 두려워 떨고 있었습니다. 그런데 주의 사자가 그에게 나타나 "큰 용사여, 여호와께서 너와 함께 계시도다(삿 6:12)."라고 전했습니다. 큰 용사라니! 숨어 있던 기드온에게 말입니다.

동판에 그려진 이 그림은 주전 15세기의 것으로 하솔(Hazor)에서 발견되었다. 철모를 쓰고 전통 의복을 입은 가나안 고관이 손을 들어 경례를 하는 모습이다.

왜 하나님은 기드온을 택하셨을까요? 장남이 가장 중요했던 사회에서, 또 많은 군사를 차출한 가장 큰 부족이 가장 힘이 있었던 족장 제도에서, 기드온은 중요치 않은 부족의 보잘것없는 집안에서 태어난 막내아들이었습니다. 모세처럼 기드온은 책임을 피하려고 했습니다. 그런데 왜 하나님은 그처럼 미약하고 겁쟁이인 농부를 택하셨을까요?

그러면 하나님은 기드온의 믿음을 보신 걸까요? 하지만 그의 믿음 또한 대단치 않았습니다. 극적인 종교 체험(삿 6:11~24)을 한 후에도, 기드온은 어떤 표적을 구했습니다. 어떤 사람들은 양털 한 뭉치를 밖에 둔 것 자체가 그의 믿음을 표현한 것이라고 생각합니다(삿 6:36~40). 하지만 그것은 불신앙의 표현이었습니다. 사탄이 예수님에게 성전 꼭대기에서 뛰어내리라고 했을 때, 예수님이 어떤 대답을 하셨는지 기억해 보십시오. "주 너의 하나님을 시험치 말라."(마 4:7).

이 가나안 석비는 주전 13세기의 것으로 하솔(Hazor)에서 발굴되었다. 월신(月神)에게 기도하는 두 손이 새겨져 있는데, 위에는 두 개의 술 장식이 늘어진 초승달과 그 안에는 둥글 넙적한 원이 있다.

다시 한 번 하나님께서는 성공할 것 같지 않은 사람을 택해 쓰셨습니다.

군사를 선발하는 이야기는 읽는 사람을 감탄하게 합니다(삿 7:4~8). 어떤 이들은 손으로 물을 떠서 마신 이 3백 명의 군사들을, 눈을 번쩍이며 항상 민첩하고 빈틈

번개를 상징하는 바알신으로, 고대 우가리트 (Ugarit)에서 발굴되었다. '바알'은 '주(主, lord)'라는 뜻으로, 가나안 신들 중 가장 중요한 풍요의 신이다. 풍요는 비와 이슬과 안개를 다스리는 신에게 전적으로 달려 있었다.

없이 주변을 경계하는 건장한 산악지대의 사람들이라고 해석합니다. 그러나 성경이 강조하는 것은 하나님께서는 승리가 인간에게 속한 것이 아니요 하나님께 속한 것임을 보여 줄 수 있는 작은 집단을 원하셨다는 점입니다. 이렇게 하나님은 인간과 합동하여 하나님의 역사를 이루십니다.

삼손

삼손은 좀처럼 사사같이 보이지 않습니다. 그는 백성을 불러 행동 통일을 요구하지 않았습니다. 오히려 친구들을 즐겁게 하고, 적들을 아연실색케 하며 자기 마음대로 살던 사람이었습니다. 그는 선지자나 군사 지도자라기보다는 오히려 무절제하게 힘을 자랑하고 타락한 생활을 한 망나니에 가까웠습니다.

그런 삼손의 이야기를 왜 하나님은 우리에게 주셨을까요? 어쩌면 머리도 깎지 않고 술도 마시지 않는 나실인이 되도록 아들을 구별하여 바친 그의 부모를 본으로 보여 주시기 위함일 수도 있습니다. 아니면, 성경은 너무나 심각한 이야기들로 가득하기에 우리를 웃게 하는 재미있는 이야기를 넣은 것일 수도 있습니다. 그것도 아니라면, 거룩한 맹세를 어겼을 때 위대한 사람이 얼마나 낮아질 수 있는지를 교훈하려는 것이라고 설명할 수도 있습니다.

하지만 다른 한편, 삼손은 그의 인생을 통해 하나님 백성의 모습을 극적으로 상징하였다는 점에서 그 해답을 발견할 수도 있습니다. 그는 생각 없이 쉽게 행동하고, 잘못에 빠지기 쉬운 인간의 본보기라는 것입니다. 즉 우리도 거룩한 백성으로 성별되고, 대적을 물리칠 수 있는 큰 힘을 받고, 죄 때문에 약해지고, 적의 손에 눈이 가려질 때도 있지만, 하나님의 용서를 경험하고 그분의 능력을 통해 재에서 다시 일어나 자유와 정의를 위해 자신의 마지막 힘까지 다할 수 있는 사람들입니다.

⬛ 제자의 모습

하나님은 그의 백성에게 방향 감각과 목적의식을 주기 위해 지도자들을 부르십니다. 지도자가 하나님의 사람이면 건전한 방향을 제시해 줄 수 있으나, 불순종하거나 우왕좌왕하면 백성을 잘못된 길로 인도하게 됩니다. 제자는 믿음과 순종의 리더십으로 올바른 방향과 목적을 제시해 줍니다.

오늘날 여호와의 목전에서 악을 행한다는 것이 무엇을 의미할까요?

....

하나님은 오늘날 어떠한 방법으로 나라와 교회에 좋은 지도자를 세우실까요?

....

하나님은 어떤 사람을 지도자로 선택하실까요?

어떤 특정한 지도자가 분명히 하나님께 선택된 사람이라고 확신하게 되는 것은 어떤 이유에서입니까?

영적 지도자의 권위를 인정하고 그 아래 거한다는 것은 무엇을 의미할까요?

하나님이 나를 지도자로 세우기 위해 부르신 적이 있습니까? 그 때를 자세히 적어 봅시다.

"그리스도는 이 집의 머리이십니다."라는 구절이 적힌 액자를 걸어 놓은 가정이나 상점을 본 일이 있을 것입니다. 매일의 삶에서 어떻게 하는 것이 이 구절대로 사는 것일까요?

교회나 국가나 가정에서 우리가 "각기 자기의 소견에 옳은 대로 행동(삿 21:25)"한다면 어떤 일이 일어날까요?

◉ 더 알아보기

■ 룻기는 다윗의 증조할머니의 아름다운 사랑에 관한 기록입니다. 같은 사사 시대의 저술이지만, 사사기와는 그 형식과 내용이 판이하게 다릅니다. 일곱 째 날 룻의 이야기를 가벼운 마음으로 읽어 봅시다.

09

이 과의 주제

보호와 안전

왕을 가진 백성 The People With a King

너희가 만일 여호와를 경외하여 그를 섬기며 그의 목소리를 듣고 여호와의 명령을 거역하지
아니하며 또 너희와 너희를 다스리는 왕이 너희의 하나님 여호와를 따르면 좋겠지마는
너희가 만일 여호와의 목소리를 듣지 아니하고 여호와의 명령을 거역하면 여호와의 손이
너희의 조상들을 치신 것같이 너희를 치실 것이라 (사무엘상 12:14~15)

⬆ 우리의 모습

우리는 안전과 평화를 가져다줄 수 있는 지도자들을 원합니다. 그들이 우리를 위해 결단
을 내리고, 우리가 해야 할 일을 알려 줌으로써 나 자신이 져야 할 책임에서 벗어날 수 있게
되기를 바랍니다. 그러나 힘은 타락하기 쉽습니다. 그리고 곧 우리의 지도자들도 우리와 같
이 연약하다는 사실을 발견하게 됩니다.

✝ 내려놓기

성경 공부를 하기 전에 먼저 하나님께 기도를 드립니다. 아래의 시편 말씀이 좋은 길잡
이가 될 것입니다.

> 주여, 내가 만민 중에서 주께 감사하오며 뭇 나라 중에서 주를 찬송하리이다 무릇
> 주의 인자는 커서 하늘에 미치고 주의 진리는 궁창에 이르나이다 하나님이여, 주
> 는 하늘 위에 높이 들리시며 주의 영광이 온 세계 위에 높아지기를 원하나이다
> (시편 57:9~11)

이번 주 기도 제목을 구체적으로 적어 기도합시다.

🎧 귀 기울이기

이번 주에는 폭발하는 감정, 인간과 하나님의 상호작용에 관한 매혹적인 이야기들을 읽
게 됩니다. 등장인물은 한나, 엘리, 사무엘, 사울, 요나단, 다윗, 밧세바, 압살롬, 솔로몬, 시
바의 여왕 등 성경 역사에서 가장 기억될 만한 사람들입니다.

D1 　사무엘상 1~7장(사무엘)

D2 　사무엘상 8~10장; 12~13장; 14:47~20:42; 31장 (사울)

D3 　사무엘하 11:1~19:8; 21~24장(다윗)

D4 　열왕기상 1~3장; 4:20~8:66(솔로몬)

D5 　열왕기상 9~12장(솔로몬의 배교, 왕국의 분열)

D6 　교재 내용 '성경의 가르침' 과 '제자의 모습'

성경의 역사

2000 B.C.	족장 시대
	아브라함과 사라, 이삭, 야곱, 요셉
1700 B.C.	야곱의 가족이 애굽으로 이주
1260 B.C.	이스라엘의 출애굽
1220 B.C.	가나안 정복, 사사 시대
1020 B.C.	왕정 시대의 시작(사울, 다윗, 솔로몬)
922 B.C.	왕국의 분열

📖 성경의 가르침

이스라엘 백성은 왕을 원했을까요? 대답은 '예'인 동시에 '아니오'입니다. 사무엘의 입장은 모호했습니다. 사울과 다윗에게 기름을 부어 그들을 왕으로 세웠지만, 왕 제도를 찬성한 것은 아니었던 것입니다. 사무엘상하(본래 한 권이었던 것이 후에 나뉨)에는 서로 어긋나는 표현들이 가끔 나오는데, 어느 곳에서는 왕 제도를 찬성하고, 또 어떤 곳에서는 왕 제도가 큰 잘못이라고 합니다.

왜 하나님의 말씀인 성경에 이런 모호한 부분들이 있을까요? 그 까닭은 인간의 느낌과 경험이 혼란과 모호함으로 가득 차 있기 때문입니다. 그리고 그 모호함을 솔직하게 기록한 책이 바로 성경이기 때문입니다. 왕은 국민에게 일체감과 안전을 가져다줄 수 있습니다. 그러나 반면 사무엘이 지적했듯이 왕은 세금을 인상하고, 백성을 징용해 가고, 개인의 자유를 제한할 수도 있습니다(삼상 8:10~18). 하나님께 순종하는 왕은 백성을 이로운 길로 인도하지만, 불순종하는 왕은 비극적인 결과로 이끌 수 있습니다.

하지만 그보다 더 중요한 것은 백성과 하나님의 관계였습니다. 이스라엘 백성의 종교적 이상은 하나님께 복종하고, 함께 화목하게 사는 것이었습니다. 모세와 여호수아, 사무엘과 같은 지도자들은 하나님이 히브리 민족의 왕이 되어 주실 것을 바랐습니다. 그들의 안전은 하나님의 손에 달려 있었기 때문입니다.

그러나 이스라엘 백성은 아담과 하와와 같았습니다. 즉 불순종했고 두려워했고 허약했으며 하나님한테서 멀어졌습니다. 또한 가인처럼 적의(敵意)를 품고 질투했습니다. 그들은 바벨탑을 쌓은 사람들처럼 자신들이 미래를 보장할 수 있다는 교만에 빠져 있었습니다. "그 때에 이스라엘에 왕이 없으므로 사람이 각기 자기의 소견에 옳은 대로 행하였더라."(삿 21:25)

백성은 사무엘에게 "모든 나라와 같이 우리에게 왕을 세워 우리를 다스리게 하소서(삼상 8:5)."라고 요구했습니다. 사무엘은 기도하지 않을 수 없었고, 하나님은 안타까워하는 그에게 이렇게 대답하셨습니다. "백성이 네게 한 말을 다 들으라. 이는 그들이 너를 버림이 아니요 나를 버려 자기들의 왕이 되지 못하게 함이니라. …… 그러므로 그들의 말을 듣되 너는 그들에게 엄히 경고하고 그들을 다스릴 왕의 제도를 가르치라."(삼상 8:7, 9)

한편 블레셋 세력의 대두는 백성의 마음에 화합의 필요성을 각인시켰습니다. 히브리 백성은 가나안, 아모리, 모압, 미디안 족속과 잘 싸우며 대등한 힘의 관계를 유지했습니다. 그러나 주전 1200년경 해안을 따라 평야 지대에서 세력을 확장한 블레셋 족속은 그들과는 달랐습니다. 그들은 철제 무기와 병거 등을 포함한 신기술을 사용했습니다. 5개 도시국가(아스글론, 아스돗, 가드, 에그론, 가사)를 이루고 살면서 강력한 지도자의 명령에 따라 수시로 히브리 민족의 땅을 침공했습니다. 그들은 신전에서 여러 종류의 신을 섬겼는데, 아스돗과 가사에서는 다곤 신을, 아스글론에서는 여신 아스다롯을, 에그론에서는 바알세불을 숭배했습니다. 이처럼 이스라엘 민족은 통일된 강력한 적과 맞서게 되었습니다.

사무엘

사무엘서는 한나의 이야기로 시작합니다. 잘 아는 대로 이 여인은 자식을 얻기 위한 기도로 유명한데, 그 기도가 얼마나 열정적이었는지 제사장이 그를 술에 취했다고 생각할 정도였습니다. 하나님은 이러한 한나의 기도를 들으셨고, 마침내 그에게 사무엘을 주셨습니다.

다윗이 예루살렘을 수도로 정하기 전까지 예배처는 이스라엘 백성에게 가장 중요한 종교의 중심지였습니다.(삼상 1:3)

한나의 기도(삼상 2:1~10)를 소리 내어 읽어 보십시오. 그리고 마리아의 송가(눅 1:46~55)와 비교해 보십시오. 이 두 여인의 기도에서 비슷한 점을 두세 가지만 찾아 아래에 적어 보십시오.

사무엘은 하나님의 사람, 하나님께 바쳐진 사람으로 자라났습니다. 마지막 사사이자 첫 선지자였던 그는 모세처럼 어머니의 신앙 안에서 젖을 먹었으나 다른 사람, 곧 제사장 엘리의 슬하에서 자랐습니다. 엘리는 품행이 좋지 않았던 두 아들(홉니와 비느하스) 때문에 크게 실망한 후 어린 사무엘을 자식처럼 돌보아 주면서 하나님께 헌신하게 했습니다. 한나는 아들에게 '사무엘'이라는 이름을 주었는데, 그 뜻을 "내가 여호와께 그를 구하였다(삼상 1:20)."라고 설명했습니다. 사무엘은 후에 이스라엘의 처음 두 왕인 사울과 다윗에게 기름을 부어 왕으로 임명하는 예언자가 되었습니다.

사울

사울은 용모가 준수하고, 다른 사람들보다 어깨 위만큼이나 컸습니다(삼상 9:2). 그는 종교적인 황홀경을 체험했을 뿐만 아니라(삼상 19:18~24), 다윗을 포함한 용사들의 존경과 사랑을 한몸에 받았습니다.(삼하 1:19~24)

사무엘은 사울에게 기름을 부어 왕으로 세웠지만, 그가 자기 마음대로 행동하지 않도록 계속해서 하나님의 명령을 전해 주었습니다. 사울은 실수할 여지가 없었던 것입니다. 그런데 사무엘상 12장에서 알 수 있듯이, 사무엘은 사울을 전폭적으로 지지한 것만은 아니었습니다. 게다가 13장을 보면 그는 길갈에서 사울을 시험하기까지 했습니다. 게다가 이 시험은 공정치 않은 것처럼 보입니다. 왜냐하면 사울은 약속한 7일을 기다렸으나 사무엘이 그 안에 오지 않았기 때문입니다. 사무엘을 기다리던 백성이 흩어지자 사울은 자신이 직접 번제를 드렸습니다. 그 때 사무엘이

이 윤곽이 선명한 부조는 사사 시대의 블레셋 군인의 모습으로, 가죽으로 된 턱끈이 있는 깃털 장식의 투구를 쓰고 있다.

도착하였고, 그는 "여호와께서 왕에게 내리신 명령을 지키지 아니하였도다. …… 지금은 왕의 나라가 길지 못할 것이라."며 사울을 정죄했습니다(삼상 13:13~14). 사무엘은 하나님의 말씀을 분명하게 말해 주는 것 같으나 다른 한편으로는 그가 지켜왔던 권력을 양보하기 싫어했던 것처럼 보입니다.

사울 왕은 통치 기간 내내 자신의 권위를 지키려고 애를 썼습니다. 그러나 사로잡은 아말렉 왕 아각과 소와 양 중에 가장 좋은 것들을 살려 둠으로써 하나님의 명령에 순종치 않았습니다(삼상 15장). 사울 왕은 점차 자신의 왕권에 불안을 느끼기 시작했고 우울증에 걸리더니 결국 과대망상증에 빠지게 되었습니다.

후에 다윗이 "두 용사가 엎드러졌도다(삼하 1:19~27)."라고 했을 때, 그것은 사울 왕이 전투에서 패배하고 전사했다는 사실뿐만 아니라 인격의 타락까지 뜻했을 가능성도 있습니다.

다윗

4월, 예루살렘은 아름다움으로 활짝 피어납니다. 봄날의 밤은 공기마저 달콤합니다. 솔로몬은 이 분위기를 낭만적으로 표현합니다.

"…… 나의 사랑, 내 어여쁜 자야, 일어나서 함께 가자. 겨울도 지나고 비도 그쳤고 지면에는 꽃이 피고 새가 노래할 때가 이르렀는데 비둘기의 소리가 우리 땅에 들리는구나. 무화과나무에는 푸른 열매가 익었고 포도나무는 꽃을 피워 향기를 토하는구나. 나의 사랑, 나의 어여쁜 자야, 일어나서 함께 가자."(아 2:10~13)

블레셋 도자기는 독특한 색깔과 무늬 때문에 구별하기가 쉽다. 흰색 바탕에 적색과 흑색을 사용했으며, 정밀한 기하학적 도형과 직선을 그려 넣었다. 도자기와 사금파리에 그린 두 가지 새 문양은 그 당시에 매우 흔한 것이었다.

이렇게 아름다운 4월은 또한 전쟁의 계절입니다. 추운 겨울이 지나고 우기도 끝났습니다(삼하 11:1). 이스라엘의 군대는 모두 전쟁터에 나가 있었습니다. 그러나 총지휘관인 다윗은 그 곳에 함께 있는 대신 안락한 궁중을 택해 거기서 지휘를 하고 명령을 내렸습니다.

중년에 접어든 다윗 왕은 옥상에서 산책을 하다가 심복 부하의 아내가 오후 햇볕을 받으며 목욕을 하는 아름다운 모습을 보게 되었습니다.

나머지 이야기는 마치 주간지를 읽는 것 같습니다. 낭만의 밤, 원치 않은 임신, 걱정스러운 대화, 엄폐 작전.

그들의 엄폐 계획은 성공한 듯 보였습니다. 우리아가 전선에서 적의 손에 죽은 것입니다. 그러나 이제 성경의 가장 극적인 이야기가 시작됩니다. 다윗 왕은 선지자 나단에게 불의한 자에 대한 이야기를 듣습니다. 그리고 나단 선지자는 왕에게 손가락질을 하면서 "당신이 그 사람이라(삼하 12:7)."고 말합니다.

다윗의 업적은 실로 대단했습니다. 타고난 지도자요 군인이었던 다윗은 또한 이스라엘을 통일시킨 뛰어난 정치인이 되었습니다.

다윗은 하나님의 사람이었습니다. 그의 믿음은 강했고, 하나님께 대한 충성심은 의심할 여지가 없었으며, 그의 개인적 야망은 그의 나라인 이스라엘의 요구와 조화를 이루었습니다.

그러나 다윗은 죄를 범했습니다. 마치 모세가 십계명 돌비를 던져 산산조각 낸 것처럼 하나님의 법을 깨뜨렸습니다.

우리아의 아내를 탐내지 말지니라.(10계명)
밧세바와 간음하지 말지니라.(7계명)
충복(忠僕)을 죽이지 말지니라.(6계명)
백성에게 거짓 증거 하지 말지니라.(9계명)

다윗은 욕정 때문에 하나님의 계명을 어김으로써 하나님이 기름 부어 주신 지도력을 상실했습니다. 흔히 다윗의 기도라고 부르는 참회의 기도(시편 5편)를 다시 읽어 보십시오.

"잘못했습니다. 미안합니다."라고 말함으로써 죄책감

은 사라질 수 있어도 죄의 결과는 면할 수 없습니다. 아들 압살롬의 배신으로 그의 왕국은 송두리째 흔들렸습니다(삼하 15장). 다윗은 성전을 건축할 만한 인물이 되지 못한다는 판단을 받았고, 결국 솔로몬의 왕위 계승도 어려움에 직면하게 되었습니다.

하지만 이러한 범죄와 참회의 과정에서도 다윗은 여전히 변함없는 하나님의 사람이었으며, 이스라엘은 언제나 '다윗 왕국'을 통일과 힘의 황금기로 기억할 것입니다.

솔로몬

솔로몬은 부자로 태어났습니다. 그는 사춘기 아이들처럼 속도를 즐겼습니다. 그래서 애굽에서 병거를 구입하고, 아라비아에서 말을 사들였습니다. 그 말들을 위한 마구간이 4만 개나 되었습니다. 또한 수영장, 여름 휴양지, 동계궁 등을 짓고 호화로운 생활을 했습니다. **스바의 여왕**까지도 내방해 솔로몬 궁정을 돌아보며 그 화려함에 감탄했습니다(왕상 10장). 그 당시에는 아내의 수가 지위의 상징이었는데, 그에게는 700명의 후비와 300명의 첩이 있었습니다(왕상 11:3). 그 중에 많은 후비들은 정치적 목적을 위해 얻은 사람들이었습니다. 결혼을 통해 이방국가들과 친화를 유지하려고 했던 것입니다. 솔로몬은 그의 가족과 궁중에서 일하는 사람들을 먹이기 위해 하루에 백 마리의 양과 삼십 마리의 소가 필요했습니다.

솔로몬의 통치 기간 중 이스라엘은 여러 모로 바쁘게 움직였습니다. 상업이 번성하고 건축 붐이 일어나고 국가의 경제가 치솟았습니다. 솔로몬은 전국에서 지식인들을 모아 지혜 학당을 설립했습니다. 또한 왕궁을 건축한 후에는 나라 곳곳에 정부청사를 짓는 데 열을 올렸습니다. 그는 백성을 노동 역군으로 동원했고, 사무엘이 경고했던 대로 세금을 인상했습니다. 군대를 늘리고 해군을 창설했습니다. 또한 레바논의 산림을 벌목해 들여옴으로써 예루살렘에는 **백향목**이 흔하게 되었습니다.

솔로몬 왕국의 명성은 그야말로 큰 화젯거리였습니다. 후에 예수님도 솔로몬의 영광에 대해 언급하실 정도였습니다(마 6:29). 그러나 그 거대한 왕국이 무너지기 시작하자 그 속도는 왕국이 일어설 때와는 비교도 할 수 없을 만큼 걷잡을 수 없었습니다. 백성은 징용에 지쳤고, 관료 제도에 염증을 느꼈으며, 수도에 있는 관리들의 교만에 불만을 갖게 되었습니다. 솔로몬의 웅장한 궁정은 성전보다 두 배나 컸습니다.

성경에 따르면, 솔로몬의 문제는 하나님과의 관계였습니다. 그는 지혜를 달라고 기도했고(왕상 3:6~9), 하나님께서는 그것을 허락하셨습니다. 솔로몬은 지혜로웠습니다. 그러나 잊은 것이 있었습니다. 자신이 아브라함, 요셉, 모세, 사무엘, 사울, 다윗의 뒤를 이은 존재임을 망각한 것입니다. 그와 그의 백성은 하나님이 애굽에서 구출해 주신 노예였음을 잊은 것입니다. 솔로몬은 노년에 후비들의 이방신들을 섬

스바의 여왕(왕상 10:1~13)은 아마도 남서 아라비아의 어느 곳에서 온 것으로 보이는데, 오늘날의 예멘이다. 그러나 어떤 전통에 따르면 아라비아에서 홍해를 건너 에티오피아에서 왔으며, 이스라엘의 하나님을 에티오피아에 소개했다고 전해진다.

두로의 히람(Hiram) 왕은 레바논으로부터 솔로몬의 성전 건축을 위한 백향목을 공급했다.

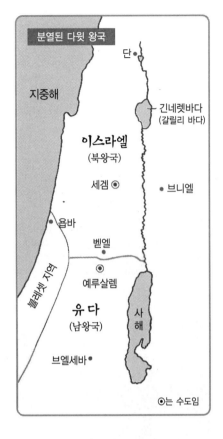

분열된 다윗 왕국

지중해

단

긴네렛바다
(갈릴리 바다)

이스라엘
(북왕국)

세겜 ◉

브니엘

욥바

벧엘

예루살렘 ◉

유 다
(남왕국)

사
해

브엘세바

◉는 수도임

겼고, 언약 백성으로서의 고결함을 잃었습니다. 솔로몬의 죄는 배교였습니다. 그는 자신이 누구인지, 하나님이 누구이신지 잊어버리고 말았습니다.

솔로몬의 죽음과 함께 왕국은 쇠퇴하였습니다. 남과 북으로 분열되어 영적인 면에서나 정치적인 면에서 일체감을 잃게 되었고, 결국 후에 강대국의 군화에 짓밟히고 말았습니다.

모세는 그의 백성에게 이렇게 경고했습니다. "네 하나님 여호와를 잊어버리지 않도록 삼갈지어다. 네가 먹어서 배부르고 아름다운 집을 짓고 거주하게 되며 또 네 소와 양이 번성하며 네 은금이 증식되며 네 소유가 다 풍부하게 될 때에 …… 내 능력과 내 손의 힘으로 내가 이 재물을 얻었다 말할 것이라(신 8:11~17)." 솔로몬은 이를 잊어버린 것입니다.

이스라엘의 왕들은 창세기에 언급된 죄들을 재연하였습니다.

사울은 아담과 하와처럼 불순종했기에 왕국을 빼앗기고 말았습니다.

다윗은 동생 아벨을 죽인 가인처럼 우리아를 죽이고 하나님의 계명을 어겼기에 우리아의 피가 "네가 바로 그 사람이다."라고 외쳤습니다.

솔로몬은 바벨탑을 쌓은 자들처럼 교만으로 가득 찬 도시를 건설하고 자기의 이름을 드러내려고 했습니다. 그가 하나님을 배신하고 이방신을 섬겼기에 그의 왕국은 둘로 나뉘고 결국 패망하고 말았습니다.

왕국이 분열된 후 상황은 더욱 악화되었습니다. 르호보암은 그의 아비 솔로몬이 백성에게 짊어지웠던 짐을 더욱 가중시켰습니다. 북쪽에 있는 지파들은 따로 여로보암을 왕으로 옹립해 북왕국 이스라엘을 이루었습니다. 그리고 그의 통치 아래에서 서슴없이 배교 행위를 했습니다.

📖 제자의 모습

제자는 하나님을 잘 섬기는 지도자들을 존경하고 후원하지만, 오로지 하나님께만 충성을 다함으로써 인간적 지도력에 대한 올바른 자세를 유지합니다.

사람들이 지도자들에게 큰 기대를 갖는 이유는 무엇일까요?

....

....

백성은 종종 지도자들의 권세욕을 부채질하기도 합니다. 어떤 경우에, 어떤 방법으로 이렇게 하는지 예를 들어 보십시오.

....

....

이러한 유혹을 받지 않도록 지도자들을 도울 수 있는 방법은 무엇일까요?

....

....

사람들이 지금 당신에게 기대하는 지도자로서의 역할은 무엇입니까?

가정에서 : ....

교회에서 : ....

지역사회에서 : ....

직장에서 : ....

하나님의 복을 받기 위해 지도자에게는 어떤 태도와 행동이 필요할까요? 어떤 태도와 행동이 하나님의 뜻에 대한 충성심을 나타내는 것일까요?

....

....

교회나 공공단체의 지도자들이 비극을 당하지 않게 하기 위해 내가 지금 도울 수 있는 것들을 적어 봅시다.

....

....

◎ 더 알아보기

- 사무엘하 7장과 역대상 17장에는 하나님의 집을 짓기 원하는 다윗의 청을 하나님이 단호하게, 하지만 훗날을 기약하며 거절하시는 내용이 기록되어 있습니다. 이 과정에서 '집'이라는 단어가 여러 번 반복되는데, 그 의미가 서로 다릅니다. 그 차이점을 찾아보십시오.
- 성경은 솔로몬의 성전 건축과 봉헌을 대단히 중시합니다(왕상 6~8장). 성경 사전 등에서 성전의 구조와 기구 배치에 관한 그림들을 찾아 성경 본문과 비교해 보십시오.

10 경고하시는 하나님 God Warns the People

주께서 이르시되 내가 다림줄을 내 백성 이스라엘 가운데 두고
다시는 용서하지 아니하리니 (아모스 7:8)

⬆ 우리의 모습

우리는 보통 누군가에게 경고를 들어도 일단은 그냥 무시하려는 경향이 있습니다. 잘못을 지적당하는 것을 좋아하지 않기 때문입니다. 그리고 '설마 큰일이야 나겠어?' 라고 생각하며 스스로를 위안합니다. 그리고는 이렇게 말합니다. "나 혼자 잘해 나갈 테니 내버려 두십시오. 필요하면 그 때 부르겠습니다." 그러나 내 의도와는 달리 상황은 급변하고, 결국 그 경고가 다시 떠오를 때면 이미 너무 늦어 버린 경우가 많습니다.

ⓘ 내려놓기

성경 공부를 하기 전에 먼저 하나님께 기도를 드립니다. 아래의 시편 말씀이 좋은 길잡이가 될 것입니다.

> 주께서 우리를 다시 살리사 주의 백성이 주를 기뻐하도록 하지 아니하시겠나이까
> 여호와여 주의 인자하심을 우리에게 보이시며 주의 구원을 우리에게 주소서
> (시편 85:6~7)

이번 주 기도 제목을 구체적으로 적어 기도합시다.

🔊 귀 기울이기

선지자들은 하나님의 말씀을 백성에게 전했습니다. 그 중에는 경고의 말씀들이 자주 있었습니다. 선지자들이 처했던 상황과 백성의 죄는 매번 다를지라도 그 중심 내용은 늘 동일했습니다. 즉 언약을 맺은 백성이 하나님께 불순종하고 충실하지 않았기에 하나님의 징벌이 곧 임한다는 것입니다.

이번 주에는 성경을 읽을 때 시대 구분을 염두에 두십시오.
- 엘리야와 엘리사(주전 9세기) • 아모스와 이사야 1~39장(주전 8세기)
- 예레미야(주전 6~7세기)

아모스서는 가능하면 한 번에 다 읽는 것이 좋습니다.

D1 열왕기상 16:29~19:18(엘리야와 아합)

D2 열왕기상 19:19~22:40(아합, 나봇의 포도원)
열왕기하 2:1~18(엘리사가 엘리야를 계승함)
열왕기하 9장(엘리사와 예후)

D3 아모스 1~4장(경고의 반복)

D4 아모스 5~9장(아모스의 환상들, 사마리아의 다림줄)

D5 이사야 1~7장(유다의 반항, 이사야의 소명)
예레미야 2장(이스라엘의 배교)

D6 교재 내용 '성경의 가르침'과 '제자의 모습'

🔟 성경의 가르침

이스라엘의 선지자들은 자신들의 종교와 이웃 민족에 성행하던 이방신 숭배 사이에 긴장 관계가 존재함을 알았습니다. 또 의롭고 충성스러운 백성이 되는 것과 편하고 인기 있는 종교 사이에는 큰 차이가 있다는 것도 이해했습니다. 그래서 그들은 하나님의 백성에게 그들의 뿌리를 기억하라고 외쳤습니다.

"사람아, 주께서 선한 것이 무엇임을 네게 보이셨나니 여호와께서 네게 구하시는 것은 오직 정의를 행하며 인자를 사랑하며 겸손하게 네 하나님과 함께 행하는 것이 아니냐."(미 6:8)

선지자(先知者)를 의미하는 히브리어는 나비(nabi)입니다. 이 단어는 구약성경에 300여 회나 등장하는데, '부름 받은 자' 또는 '선포하는 자'를 의미합니다. 초기 선지자들은 환상이나 꿈에서 하나님의 메시지를 받은 후 미래를 내다보며 지시와 경고와 예고를 해 준 '선견자(先見者, Seers)'들이었습니다. 또 초기에 신비로운 종교적 체험은 선지자 모임에서 이루어지는 특색이 있었습니다(삼상 10:10~12 참조). 그런데 후에 예언의 다른 영역이 생겼습니다. 선지자들은 역사 속에 개입하시는 하나님을 보았던 것입니다. 그들은 결정적인 순간에 인간의 역사에 임하시는 하나님을 확신했습니다. 그들은 하나님이 지금 하고 계신 일 또는 앞으로 하실 일을 '보고', '듣고', '이해'하였습니다. 그리고 때로는 눈물을 머금고 이를 백성에게 전달했습니다.

그들은 하나님이 자기에게 말씀해 주신 것을 전하지 않고는 견딜 수가 없었습니다(렘 20:9). 우리아의 일로 다윗을 책망한 나단(삼하 12장), 나봇의 포도원 때문에 아합을 책망한 엘리야(왕상 21장)처럼 어떤 선지자들은 왕에게 경고를 하기도 했습니다. 그리고 북왕국을 향해 하나님의 말씀을 전한 아모스처럼 백성과 민족을 향해 예언을 한 선지자들도 있습니다. 하지만 이들 모두는 자신이 '하나님의 말씀과 그분의 역사를 전하도록 부름 받은 존재'라는 투철한 소명의식 속에서 이 모든 일을 행했습니다.

한편 이스라엘에 왕이 생기기 전에 활동했던 정치적, 군사적 지도자들도 선지자로 칭하였습니다. 미리암과 드보라(출 15:20~21; 삿 4:4)도 선지자라 불렸는데, 이는 그들이 하나님과 이스라엘 백성의 관계를 기리고 찬양하는 데 중요한 역할을 담당했기 때문이었습니다. 우리가 잘 아는 모세도 선지자였습니다. 그것은 그가 하나님과 대면하여 그분을 알았을 뿐만 아니라 하나님이 그에게 말씀하신 것을 백성에게 전달했기 때문입니다. "내 말을 그 입에 두리니 내가 그에게 명령하는 것을 그가 무리에게 다 말하리라."(신 18:18)

우상 숭배

선지자들은 크게 두 가지를 반대했는데, 하나는 우상 숭배요, 다른 하나는 불의(不義)였습니다. 우상 숭배는 자신의 삶에서 하나님을 제일로 삼지 않는 것을 뜻했습니다. 하나님과 특별한 언약을 맺은 공동체임을 잊고 다른 족속과 민족의 신들과 놀아나는 것을 의미했습니다. 만약 그들이 부정한 음식을 먹거나 안식일을 무시하거나 이방인과 결혼을 하거나 높은 산에서 (바알)신에게 예배하면, 이것은 '행음'하는 것이었습니다(렘 2:20). 이스라엘이 하나님의 택한 백성이 되려면 그들은 분명히 구별된 백성이어야 했습니다. 그들이 '열방의 빛'이 되려면 순종하는 백성이어야 했습니다.

아합(주전 869~850년)은 이스라엘이라 불린 북왕국의 왕이었습니다. 그는 선지자 엘리야에게 크게 책망을 들었는데, 그 까닭은 그가 이방의 공주 이세벨과 결혼을 하고 이스라엘에서 바알을 숭배할 수 있게 허락하였기 때문이었습니다.(왕상 16:29~33)

우리는 아합 왕이 엘리야를 '괴롭게 하는 자'로 정죄한 사실을 눈여겨볼 필요가 있습니다. 선지자들은 사람들의 악행을 지적하기 때문에 항상 백성에게 미움을 받습니다. 자신을 힐난한 아합 왕에게 엘리야는 이렇게 응답했습니다. "내가 이스라엘을 괴롭게 한 것이 아니라 당신과 당신의 아버지의 집이 괴롭게 하였으니 이는 여호와의 명령을 버렸고 당신이 바알들을 따랐음이라."(왕상 18:18)

이렇게 해서 하나님의 선지자 엘리야와 바알의 선지

자들 간의 위대한 대결이 갈멜 산에서 벌어집니다. 이것은 영적 분수령이요, 민족 전체가 직면한 갈림길이었습니다. 그들은 양자택일의 결단을 해야만 했습니다. 하나님을 택하고 하나님의 백성으로 남을 것인가, 아니면 바알을 택하고 하나님을 버릴 것인가? 엘리야가 있는 한 모든 것이 위태로웠습니다. 결국 이 대결에서 바알 선지자들은 모두 죽고 이세벨은 복수할 것을 다짐했습니다.

이세벨은 엘리야를 죽이겠다고 위협했습니다. 그런데 왜 아합 왕은 위협을 가하지 않았을까요? 그 까닭은 이스라엘 백성에게는 그들 가운데 선지자의 예언 활동을 허용하려는 놀라운 의지가 있기 때문입니다. 나단이 다윗 왕을 힐책하고 엘리야가 아합 왕을 힐책한 것과 같은 일을 다른 문화, 다른 나라의 왕이 받아들이리라고 상상이나 할 수 있습니까?

엘리야는 이렇게 우상을 숭배하는 이스라엘을 책망하였습니다.

이 서낭신이 붙어 있는 나무(아세라, 아스다롯)는 근동 지역에 널리 알려진 서낭당과 관계되어 있다. 고대 메소포타미아 지역의 수메르에서 유래된 이 장식판은 주전 3천 년대의 것이며, 두 마리의 야생 염소가 서낭신이 붙어 있는 나무 옆에 선 모습이다.

불의(不義)

선지자들의 두 번째 관심은 불의(injustice)였습니다. 이스라엘과 유다가 하나님을 자신들의 삶의 제일로 삼지 않았을 때, 그 자리를 대신한 것은 그들 자신이었습니다(이것은 우리도 마찬가지입니다.). 그 결과 그들은 이웃에 대한 관심과 약자에 대한 동정심을 잃어버리게 되었습니다. 예언자들은 하나님의 징벌이 처음에는 앗수르를 통해, 그 다음에는 바벨론을 통해 오고 있다는 것을 이미 알았고, 이러한 비극이 그들의 죄에 대한 징벌임을 선포했습니다. 또한 이스라엘이 언약 백성으로서 짊어져야 할 긍휼과 정의에 대한 책임을 거부했기에 파멸당하고 포로로 잡혀가게 될 것이라고 경고했습니다.

종교적인 책임, 정치적인 책임, 경제적인 책임. 삶의 모든 부분이 하나님의 관심사였습니다. 하나님이 바라신 세계는 모든 사람이 없어서는 안 될 구성원으로 동등하게 서는 새로운 사회 공동체였습니다. 자유의 영이신 하나님은 철저하게 의와 긍휼의 사람을 만들려고 하셨습니다. 언약 백성 이스라엘이 전 세계 앞에서 의의 모범이 되기를 바라셨습니다.

"네가 만일 네 하나님 여호와의 말씀만 듣고 내가 오늘 네게 내리는 그 명령을 다 지켜 행하면 …… 너희 중에 가난한 자가 없으리라. …… 네 형제 중 곤란한 자와 궁핍한 자에게 네 손을 펼지니라."(신 15:4~5, 11)

그러나 이스라엘은 하나님을 실망시키고 말았습니다. 자기 자신을 향한 관심만이 그들 안에 가득했습니다. 자연히 하나님에 대한 사랑이 약해졌습니다. 이웃에 대한 사랑도 마찬가지였습니다. 그들의 악행이 어떠했는지는 아모스서를 통해 엿볼 수 있습니다. 되풀이해 규율을 어기거나 죄를 짓는 것은 단순한 실수나 망각이 아님을 명심하십시오. 그것은 전능하신 하나님의 권위에 대한 적극적인 반항이요, 강력한 반란입니다.

열왕기상 17~21장에 기록된 엘리야 선지자의 활동 지역

아모스 2:6~8과 4:1~3에 기록된 이웃에 대한 죄들을 쉬운 말로 바꾸어 표현해 보십시오.

아모스 5:10~13과 6:4~7을 쉬운 말로 바꾸어 표현해 보십시오. 인간의 고난 앞에서 냉담하고 무관심한 태도는 하나님과 맺은 언약을 배반하는 것이라는 사실에 주목해야 합니다.

아모스에게 보이신 환상에서, 주 여호와께서는 이스라엘 가운데 다림줄을 내리셨습니다(암 7:8). 그런데 이스라엘은 하나님의 뜻에 부합하지 않았습니다. 아모스 8:4~6에서 그들의 욕심과 물질적 추구가 얼마나 강했는지를 살펴보십시오. 그리고 그것을 오늘의 경제 상황과 비교해 보십시오.(주의하십시오. 직업도 중요하고, 돈도 필요합니다. 그러나 무분별한 욕망과 욕심은 하나님의 법을 깨뜨립니다.)

특히 아모스는 다른 선지자들과 마찬가지로 사회정의에 무관심한 종교 의식을 비판했습니다. 그의 외침은 매우 격렬했습니다.

"내가 너희 절기들을 미워하여 멸시하며 너희 성회들을 기뻐하지 아니하나니."(암 5:21, 레위기에 규정된 절기들)

"네 노랫소리를 내 앞에서 그칠지어다. 네 비파 소리도 내가 듣지 아니하리라."(암 5:23, 시편과 예배)

"오직 정의를 물같이, 공의를 마르지 않는 강같이 흐르게 할지어다."(암 5:24)

이러한 경고는 백성에게 선포되었습니다. 그런데 그것은 사람에게서 오는 것이 아닙니다. 유다 드고아라는 작은 마을에서 온 목자 아모스나(암 1:1), 청년 예레미야나(렘 1:4~9), 성전에서 신비한 체험을 한 이사야와 같은 '전달자'를 통해 하나님께로부터 온 것입니다.(사 6:1~8)

그들은 종종 극적인 방법으로 하나님의 말씀을 전했습니다. 이사야는 앗수르에 맞서기 위해 애굽과 동맹을 맺으려 한 이스라엘에게 경고하기 위해 벗은 몸으로 거리를 나다녔습니다(사 20장). 때로는 자기 자녀들에게 상징적인 이름을 지어 주기도 했습니다(사 8:1~4). 예를 들어 호세아는 이스라엘의 배교를 알려 주기 위해 아들의 이름을 로암미라고 지었는데, 이는 "너희는 내 백성이 아니요."라는 뜻입니다(호 1:4~9). 상징적 행동으로 경고한 이들도 있었습니다. 예레미야는 다가오는 예루살

다림줄은 벽이나 건물의 수직선을 재기 위해 사용하였다. 다림줄 한쪽 끝에는 납덩어리가 달려 있고, 다른 끝에는 같은 크기의 나무 덩어리가 있었다. 만약 벽이 휘지 않고 똑바르면 납덩어리는 벽에 거의 닿게 된다. 다림줄은 하나님이 민족과 백성을 재는 상징으로 사용되었다.

렘의 멸망을 상징하기 위해 예루살렘 성문 어귀에서 오지병을 깨뜨렸습니다(렘 19장). 그러나 백성은 그들의 외침을 들으려 하지 않았습니다. 때로 이사야가 받은 예언은 혹독하기까지 했습니다.

"여호와께서 이르시되 가서 이 백성에게 이르기를 너희가 듣기는 들어도 깨닫지 못할 것이요 보기는 보아도 알지 못하리라. …… 내가 이르되 주여 어느 때까지니이까 하였더니 주께서 대답하시되 성읍들은 황폐하여 주민이 없으며 …… 사람들을 멀리 옮기셔서 이 땅 가운데에 황폐한 곳이 많을 때까지니라."(사 6:9, 11~12)

백성은 이처럼 불의에 대한 경고를 받았으나 청종하지 않았습니다.

예레미야 시대 때 사용하던 음식 만드는 단지는 예레미야 19장에 나오는 오지병과 그 모양이 비슷했을 것이다.

📖 제자의 모습

선지자들은 여전히 우리에게 경고를 합니다. 그런데 그 방법이 다릅니다. 의사들은 우리가 습관을 바꾸지 않으면 건강이 어떻게 나빠질지 경고합니다. 복음 전도자들은 하늘나라에 이르는 길과 지옥으로 인도하는 길을 보여 주며, 우리의 결단을 촉구합니다. 사회 복음을 외치는 선각자들은 환경보호와 사회정의를 부르짖어 사회에서 말썽꾸러기 취급을 받습니다. 또 그들이 권력 남용을 지적할 때, 사람들은 애국심이 부족하다고 꾸짖습니다.

제자는 공동체와 국가, 전 세계를 향해 외치는 예언자의 소리를 듣고 인정할 뿐만 아니라 때로는 스스로 그 예언자가 됩니다.

지금 나를 향해, 우리 지역사회를 향해, 우리 교회와 민족과 세계를 향해 예언자의 소리를 내고 있는 누군가가 있습니까? 그 경고를 어떻게 받아들입니까?

···

···

하나님의 영이 이러한 성스러운 경고를 내 입을 통해 다른 사람에게 선포하게 하신 적이 있습니까?

···

···

📖 더 알아보기

■ 우리는 이 과에서 호세아서를 읽지 못했습니다. 호세아의 아내 고멜은 집을 나가 창녀가 되었습니다. 그러나 하나님이 불충한 백성을 되찾아 오시듯 호세아는 속전을 주고 고멜을 다시 찾아 데려왔습니다. 가능하면 시간을 내어 호세아의 극적인 증언을 읽어 보십시오.

11

결말과 응보

징계하시는 하나님 God Punishes the People

네 하나님 여호와가 너를 길로 인도할 때에
네가 그를 떠남으로 이를 자취함이 아니냐 (예레미야 2:17)

⬆ 우리의 모습

우리는 자기 행동이 초래하는 결과를 피할 수 있다고 생각하지만, 그것은 큰 오산입니다. 절대 그럴 수 없습니다. 자기 자신을 속이는 것뿐입니다. 그런가 하면 종교적인 의식에 참여하는 것으로 구원받을 것이라고 생각하기도 합니다. 부(富)나 어떤 특권이 자신을 보호해 주리라 여기는 사람도 있습니다. 그러나 모든 행위는 대가를 치러야 하며, 그 책임은 분명히 자기 자신에게 있음을 잊어서는 안 됩니다.

ⓘ 내려놓기

성경 공부를 하기 전에 먼저 하나님께 기도를 드립니다. 아래의 시편 말씀이 좋은 길잡이가 될 것입니다.

> 여호와여, 나의 죄악이 크오니 주의 이름으로 말미암아 사하소서 (시편 25:11)

이번 주 기도 제목을 구체적으로 적어 기도합시다.

🎧 귀 기울이기

이번 주에 읽을 성경 말씀은 각본으로 가득 차 있습니다. 주요 등장인물은 왕들과 선지자들, 그리고 하나님입니다. 이스라엘과 유다는 심판을 받을 수밖에 없습니다. 어떠한 호소나 행위도 다가올 심판을 면하게 할 수 없습니다. 그러나 하나님의 현존과 활동을 보십시오. 백성을 심판함과 동시에 그들에게 구원의 소망을 보여 주시는 그분을 분명히 느끼게 될 것입니다.

D1 열왕기하 17~20장(사마리아의 멸망)

D2 열왕기하 21~25장
(요시야의 종교개혁, 예루살렘의 멸망)

D3 예레미야 8, 19, 24, 27장(유다에 대한 경고와 심판)

D4 예레미야 37~39장(감옥에 갇힌 예레미야)

D5 이사야 28:1~30:18(예루살렘을 향한 경고, 하나님의 은혜)
예레미야애가 1~5장(예루살렘을 향한 애도)

D6 교재 내용 '성경의 가르침'과 '제자의 모습'

📖 성경의 가르침

파멸은 현실로 다가왔습니다. 북왕국(이스라엘, 수도는 사마리아)은 주전 722~721년에 앗수르에게 점령당했고, 남왕국(유다, 수도는 예루살렘)은 주전 587~586년에 바벨론의 침략으로 몰락했습니다. 아합과 이세벨 개인에게 일어났던 일이 이제 전 민족 위에 떨어졌습니다.

순종을 강조한 모세의 외침이 이제 진실이 되어 울려 퍼집니다. "네가 그 땅에서 아들을 낳고 손자를 얻으며 오래 살 때에 만일 스스로 부패하여 무슨 형상의 우상이든지 조각하여 네 하나님 여호와 앞에 악을 행함으로 그의 노를 일으키면 내가 오늘 천지를 불러 증거를 삼노니 너희가 요단을 건너가서 얻는 땅에서 속히 망할 것이라. 너희가 거기서 너희의 날이 길지 못하고 전멸될 것이니라. 여호와께서 너희를 여러 민족 중에 흩으실 것이요, 여호와께서 너희를 쫓아 보내실 그 여러 민족 중에 너희의 남은 수가 많지 못할 것이며."(신 4:25~27)

열왕기상하와 역대상하에 비슷한 역사가 되풀이해 기록되어 있습니다. 그리고 그에 대한 해석과 재해석이 중간에 섞여 있습니다. 열왕기하 17~25장에는 우선 북왕국의 멸망이 언급되고, 그에 이어 남왕국의 몰락, 특히 성전 파괴와 예루살렘 함락에 대한 기록이 나옵니다.

선지자들은 이 사건들을 해석하면서 두 가지 점을 강조했습니다.

첫째, 하나님의 백성이 이러한 결과를 자초했다는 것입니다. 그들은 '분을 더디 내시는' 하나님에게 여러 번 경고를 받았습니다. 어느 누구에게도 책임을 전가시킬 수 없습니다. 이방의 신들에게 대신 책임을 져 달라고 할 수도 없습니다. 우주 가운데 유일하고 참되신 하나님이 바로 그들 자신에게 책임을 물으셨습니다.

마지막까지 몰려 다급해진 백성은 그제야 손을 쓰려 했지만 그들의 병이 이미 너무 깊었기에 아무런 소용이 없었습니다.

"온 머리는 병들었고 온 마음은 피곤하였으며 발바닥에서 머리까지 성한 곳이 없이 상한 것과 터진 것과 새로 맞은 흔적뿐이거늘."(사 1:5~6)

기도와 절기 준행도 이제는 너무 늦었습니다. '종교의식'으로 사회적 책임을 대신할 수 없었습니다.

"헛된 제물을 다시 가져오지 말라. 분향은 내가 가증히 여기는 바요 …… 내 마음이 너희의 월삭과 정한 절기를 싫어하나니 그것이 내게 무거운 짐이라."(사 1:13~14)

둘째, 멸망을 피하기 위해 그들이 다른 민족과 군사 동맹을 맺으려 했다는 사실입니다. 북녘에서 오는 적을 막기 위해 이스라엘의 지도자들은 애굽에 의존하려고 했습니다. 당연히 이사야와 같은 선지자들의 경고가 뒤따랐습니다. 애굽은 기대기에 너무 약한 갈대였던 것입니다. 이스라엘은 이방 민족과의 동맹이 아니라 오로지 하나님만 의지했어야 합니다. 앗수르와 바벨론의 적들과 동맹을 맺는 것보다 하나님 앞에서 의로운 독립국가로 남는 것이 더 나은 선택이라는 것을 깨달았어야만 합니다.

이사야 선지자는 이러한 동맹을 배교 행위라며 힐책했습니다.

"여호와께서 이르시되 패역한 자식들은 화 있을진저 그들이 계교를 베푸나 나로 말미암지 아니하며 맹약을 맺으나 나의 영으로 말미암지 아니하고 죄에 죄를 더하도다. 그들이 바로의 세력 안에서 스스로 강하려 하며 애굽의 그늘에 피하려 하여 애굽으로 내려갔으되 나의 입에 묻지 아니하였도다(사 30:1~2)." 그는 이러한 동맹이 "돕지도 못하며 유익하게도 못하고 수치가 되게 하며 수욕이 되게 할 뿐(사 30:5)"이라고 강하게 비난했습니다.

이스라엘과 유다를 위한 선지자의 눈물

선지자들이 이러한 민족의 비운을 기꺼운 마음으로, 너무나 갈망하는 마음으로 선포하였을까요? 절대 그렇지 않습니다. 그들이 전하는 메시지는 그들의 마음을 완전히 무너뜨렸습니다. 선지자들은 하나님과 언약과 성전과 백성과 자기 나라를 사랑했습니다.

"슬프다, 나의 근심이여, 어떻게 위로를 받을 수 있을까 …… 딸 내 백성이 상하였으므로 나도 상하여 슬퍼하며 놀라움에 잡혔도다."(렘 8:18, 21)

그러나 선지자들의 눈물도 배교와 반항, 불신과 사회 부정이 불러온 무서운 결과를 멈출 수 없었습니다. 모든 제도와 법령은 송두리째 흔들릴 것입니다. 왕들과 왕자들은 쇠사슬에 매인 채 끌려갈 것입니다. 나라의 모든 인재는 병거에 묶여 짐승처럼 포로로 잡혀 갈 것입니다. 하나님이 세우신 정부는 몰락하고, 경제는 파탄날 것입니다. 젖과 꿀이 흐르는 약속의 땅은 불바다가 되고 폐허로 변할 것입니다. 솔로몬이 세운 성전도 불에 타 재가 될 것입니다. 결국 그들은 모든 것을 잃게 될 것입니다.

앗수르로 잡혀 가는 이스라엘 백성

북왕국 이스라엘의 패망

과연 주전 8세기 아모스, 호세아, 이사야의 선포와 예언의 뒤를 이어 앗수르 군대가 지중해 연안을 따라 진군해 내려왔습니다. 수도 니느웨를 본거지로 한 앗수르는 세계를 정복하려 했으며, 대부분의 근동 지역을 통일해 제국을 건설했습니다. 결국 북왕국 이스라엘은 주전 722~721년 앗수르에 함락되었습니다.

예언대로, 이스라엘의 지도급들과 기술공들은 앗수르 제국 각 곳으로 끌려갔습니다. 그리고 이것과는 반대로 제국 곳곳에서 수천 명의 다른 민족이 이스라엘 땅으로 옮겨 왔습니다. 이러한 정책은 이스라엘의 민족적 자부심을 깨뜨리고, 앗수르 왕국을 통일하고자 하는 목적에서 비롯된 것이었습니다. 이스라엘 땅에 들어온 정복군은 그 곳에 남아 있던 이스라엘 사람들과 결혼했고, 이들은 사마리아인이라고 알려진 혼혈족이 되었습니다.

하나님은 무엇을 징벌의 도구로 사용하십니까? 선지자들이 분명하게 이해했듯

주전 722/721년경의 앗수르 제국의 영역. 이 때 북왕국 이스라엘이 멸망한다.

이 하나님은 만백성의 주님입니다. 언약 백성 이스라엘은 만민에게 하늘의 복을 전하기 위해 특별히 복을 받은 민족이었습니다. 그러나 다른 모든 민족도 하나님의 섭리 아래 있습니다. 그러므로 하나님은 이스라엘 백성을 징벌하시기 위해 이방 민족과 그 왕을 들어 쓰실 수 있습니다.

"앗수르 사람은 화 있을진저 그는 내 진노의 막대기요 그 손의 몽둥이는 내 분노라. 내가 그를 보내어 경건하지 아니한 나라를 치게 하며, 내가 그에게 명령하여 나를 노하게 한 백성을 쳐서 탈취하며 노략하게 하며 또 그들을 길거리의 진흙같이 짓밟게 하려 하거니와."(사 10:5~6)

앗수르는 당연히 깨닫지 못했겠지만, 결국 그 군대는 하나님께 쓰임을 받은 것입니다.

"그의 뜻은 이 같지 아니하며 그의 마음의 생각도 이 같지 아니하고 다만 그의 마음은 허다한 나라를 파괴하며 멸절하려 하는도다."(사 10:7)

그럼에도 하나님은 앗수르의 왕을 들어 사용하십니다. 그리고 후에 앗수르는 그들의 교만 때문에 징벌을 받을 것입니다(사 10:12~16). 결국 이사야의 일침이 그대로 이루어지는 것입니다. "도끼(도구)가 어찌 찍는 자에게 스스로 자랑하겠느냐?"(사 10:15)

조악하고, 세속적임에도 하나님께서 택하여 징벌의 도구로 쓰신 것을 본 일이 있습니까? 잠시 생각해 봅시다.

....

....

....

이처럼 강대한 앗수르 제국은 200년 이상 존재하다가 주전 7세기 중반부터 쇠퇴하기 시작했습니다. 동쪽의 메대인과 북쪽의 스구디아인, 그리고 남쪽의 바벨론인들이 점차로 앗수르 제국을 잠식해 들어왔습니다. 그렇게 오랜 전쟁을 치르며 약해져 가던 앗수르는 주전 614년과 612년 갈대아인들의 결정적인 침공으로 결국 종말을 맞았습니다.

남왕국 유다의 패망

앗수르에 조공을 바침으로 겨우 명맥을 유지하던 남왕국 유다에게 이제 잠깐의 유예 기간이 주어졌습니다. 외부의 정치적 압력이 약화되자, 유다 왕 요시야(주전 640~609년)는 중대한 개혁을 단행했습니다. 성전 수리 중 발견한 율법서(신명기 원전)의 말씀을 듣던 요시야 왕은 크게 감동을 받아 예배의 순수성을 부활시키고 정부의 정직성을 천명하는 동시에 사회 법규를 제정하여 공포했습니다(왕하 22~23장). 또한 제식 매춘 행위를 폐지하고, 앗수르와 바벨론의 별 숭상과 동물 숭배를 금지시켰습니다. 유월절을 다시 지키게 하고, 모세의 율법 하나하나를 다시 살려냈습니다.

그러나 이것은 잠시뿐이었습니다. 외적으로는 바벨론 세력이 정치적 공백을 비집고 들어왔고, 주전 609년 요시야 왕의 죽음으로 유다 내부에 모처럼 형성되었던 영적 분위기가 흐트러지게 되었습니다. 유다는 다시 옛 모습으로 돌아갔습니다. 요시야의 노력이 충분하지 못했던 것입니다. 회개는 예배를 개혁하는 그 이상의 것입니다. 매일 매순간 하나님을 제일로 삼는 생활로 변화되는 것을 의미합니다.(신 4:25~40)

예레미야는 유다가 계속 시험을 받고 있다고 분명히 말합니다. "네가 많은 무리와 행음하고서도 내게로 돌아오려느냐(렘 3:1)." 그러나 이스라엘은 또다시 외국과 동맹을 맺어 절개를 지키지 못합니다.

"네가 시홀의 물을 마시려고 애굽으로 가는 길에 있음은 어찌 됨이며, 또 네가 그 강물을 마시려고 앗수르로 가는 길에 있음은 어찌 됨이냐. 네 악이 너를 징계하겠고 네 반역이 너를 책망할 것이라.(렘 2:18~19)

선지자들의 마음에 두려운 생각이 듭니다. 애굽은 모세 시절에 겪었던 그들의 노예생활을 상징했습니다. 그런데 지금 파멸을 초래하게 될 군사 동맹을 바로 그 애굽과 맺은 것입니다. 하지만 이보다 더 심각한 문제가 있었습니다. 그것은 이스라엘이 자신들을 다시 노예 상태로 이끌 영적 배교를 이제 아예 관례처럼 아무런 거리낌도 없이 행하고 있다는 사실이었습니다. 그 과정에서 이스라엘의 특수성과 통일성이 파괴될 것은 불을 보듯

뻔한 일이었습니다.

수세기 전 광야에서, 이스라엘 백성은 자유를 쟁취하려고 하기보다 다시 고기 가마가 있는 애굽으로 돌아가기를 간절히 원했습니다.(출 16:3, 17:3) 그런데 이제 징벌을 결정하신 하나님은 이스라엘이 자기들의 '고기 가마'를 따라가게 묵인하시고, 그 대가를 치르게 하셨습니다. 바로 노예가 되는 것입니다.

바벨론 군대는 예루살렘을 폐허로 만들고, 성전을 파괴했습니다. 시드기야 왕의 아들들을 그가 보는 앞에서 죽이고, 그의 눈을 뽑았습니다. 그리고 그와 많은 백성을 바벨론에 포로로 끌고 갔습니다.(왕하 25:6~7, 렘 39:6~9)

유다 백성은 몇 차례에 걸쳐 바벨론에 포로로 잡혀 갔다. 주전 597년에는 여호야긴 왕과 그의 가족, 권세 있는 자들, 싸움에 능한 자들이 사로잡혔다(왕하 24:15). 주전 587/586에 예루살렘과 성전이 파괴되었고, 비천하고 가난한 사람들을 제외한 모든 사람이 잡혀 갔다.(왕하 25:12)

희망

이제, 이스라엘 민족은 잘린 나무처럼 될 것입니다. 그러나 비록 그루터기가 불타 없어질지라도 '거룩한 씨가 이 땅의 그루터기'로 남아 있게 될 것입니다.(사 6:13)

하나님의 목적은 파괴가 아니라 징계였습니다. 그들을 전멸시키는 게 아니라 정결케 해 구원하는 것이었습니다. 선지자들의 예언은 절대적이고 구원의 여지가 전혀 없는 파멸을 선포한 것이 아닙니다. 징계가 성취되었을 때조차도 희미한 희망의 빛은 남아 있습니다. 하나님은 성전이 아닙니다. 비록 성전은 무너졌지만 하나님은 여전히 살아 계십니다. 약속의 땅은 폐허가 되었지만 약속의 하나님은 영원히 살아 역사하십니다. 많은 백성이 뿔뿔이 흩어지고 목숨을 잃었어도 남은 자(Remnant)는 살아남아 그 땅의 그루터기가 될 것입니다.

"보라, 내가 한 돌을 시온에 두어 기초를 삼았노니 곧 시험한 돌이요 귀하고 견고한 기촛돌이라."(사 28:16)

그러나 우리 대부분은 어려움이 닥쳐왔을 때, 희망의 빛을 보지 못합니다. 비탄에 잠겨 회개보다는 복수를 생각하는 이스라엘 포로들과 같습니다.

"우리가 바벨론의 여러 강변 거기에 앉아서 시온을 기억하며 울었도다. …… 우리가 이방 땅에서 어찌 여호와의 노래를 부를까? …… 멸망할 딸 바벨론아, …… 네가 우리에게 행한 대로 네게 갚는 자가 복이 있으리로다. 네 어린 것들을 바위에 메어치는 자는 복이 있으리로다."(시 137:1, 4, 8~9)

이제 되돌릴 수는 없습니다. 하나님의 심판은 다다랐습니다.

📖 제자의 모습

우리 모두의 마음 한구석에는 자신이 결코 벌을 받지 않으리라고 믿게 만드는 무언가가 있습니다. '들키지 않겠지. 큰 봉변 없이 쉽게 끝날 거야. 그리고 분명히 다른 기회가 주어질 거야.'

때로는 이것이 맞아떨어지기도 합니다. 책임을 면하게 되었던 때, 용서나 다른 기회가 주어졌던 때를 기억해 봅시다.

....

....

그러나 그리스도의 제자라고 해도 제2의 기회가 무한정 주어지는 것은 아닙니다. 그리스도의 제자는 자신의 죄의 결과를 겸손히 받아들이고, 용서를 빌고, 치유와 새로운 헌신의 기회를 찾습니다.

책임을 져야 했던 때, 그리고 자기 행동의 결과를 받아들였던 때를 기억해 보십시오.

....

....

조직이나 기관은 자신들의 행동의 결과에 어떤 식으로 책임을 집니까? 직장에서는 어떻습니까?

....

....

우리 나라나 다른 국가들이 심판을 받아 어려움을 당했던 때가 언제였는지 떠올려 봅시다.

....

....

◉ 더 알아보기

■ 흩어진 유대인들과 그들의 생활에 관한 자료들은 쉽게 구할 수 있습니다. 성경 사전에서 앗수르 제국, 바벨론 제국, 포로생활, 예루살렘의 멸망 등의 항목을 찾아 읽고, 전체 모임에서 간단히 발표해 봅시다. 시간이 있으면 시편 137편을 읽어 보십시오.

북왕국 이스라엘의 왕과 선지자(연대는 근사치)

왕	선지자
여로보암 1세(주전 922~901)	아히야
오므리(주전 876~869)	예후
아합(주전 869~850)	엘리야
아하시야(주전 850~849)	엘리야
요람(주전 849~842)	엘리사
예후(주전 842~815)	엘리사
요아스(주전 801~786)	엘리사
여로보암 2세(주전 786~746)	호세아, 아모스
브가히야(주전 738~737)	미가
베가(주전 737~732)	미가
호세아(주전 732~721)	미가, 호세아
앗수르가 사마리아를 함락함(주전 722/721)	

남왕국 유다의 왕과 선지자(연대는 근사치)

왕	선지자
르호보암(주전 922~915)	스마야
여호사밧(주전 873~849)	예후
요람(주전 849~842)	엘리야
아하시야(주전 842)	예후
요아스(주전 837~800)	여호야다, 요엘, 스가랴
아마샤(주전 800~783)	(미상)
웃시야(주전 783~742)	스가랴, 아모스, 이사야, 호세아
요담(주전 742~735)	이사야, 미가, 호세아
아하스(주전 735~715)	이사야, 미가
히스기야(주전 715~687)	나훔, 이사야, 미가, 호세아
므낫세(주전 687~642)	(미상)
요시야(주전 640~609)	훌다, 스바냐, 예레미야
여호야김(주전 609~597)	예레미야
시드기야(주전 597~587)	예레미야
바벨론이 예루살렘을 함락함(주전 587/586)	

회복시키시는 하나님 God Restores the People

너희는 위로하라 내 백성을 위로하라 너희는 예루살렘의 마음에 닿도록 말하며 그것에게
외치라 그 노역의 때가 끝났고 그 죄악이 사함을 받았느니라 그의 모든 죄로 말미암아
여호와의 손에서 벌을 배나 받았느니라 (이사야 40:1~2)

⏏ 우리의 모습

자신과 또 다른 사람들의 죄의 결과로 인생의 가장 극심한 불행과 고통, 죄책감을 경험
할 때 우리는 종종 화를 내고, 타인에게 책임을 전가하며 그를 비난합니다. 모든 것을 잃었
다는 생각에 절망하며, 어떠한 위로도 받지 않으려고 합니다. 그리고 더 나은 다른 가능성
마저 부정해 버립니다. 그러나 이것은 자신을 더 깊은 구렁텅이로 몰아넣는 일입니다. 더
이상 아무것도 남아 있지 않은 것 같은 그 순간에 우리가 정말 해야 할 것은 무엇일까요?

ⓘ 내려놓기

성경 공부를 하기 전에 먼저 하나님께 기도를 드립니다. 아래의 시편 말씀이 좋은 길잡
이가 될 것입니다.

> 주께서 나의 슬픔이 변하여 내게 춤이 되게 하시며 나의 베옷을 벗기고 기쁨으로
> 띠 띠우셨나이다 이는 잠잠하지 아니하고 내 영광으로 주를 찬송하게 하심이니 여
> 호와 나의 하나님이여 내가 주께 영원히 감사하리이다 (시편 30:11~12)

이번 주 기도 제목을 구체적으로 적어 기도합시다.

◑ 귀 기울이기

하나님의 위로는 성경 여러 곳에서 발견할 수 있지만, 특히 예언서와 시편에 자주 나옵
니다. 이번 주에는 그 본보기로 이사야서(40~66장)를 공부합니다. 그리고 하나님의 구속과
위로의 역사를 이해하는 데 도움을 줄 다른 예언서들도 함께 읽을 것입니다. 흔히 제2이사
야라고 불리는 이사야 40~66장은 바벨론에 포로로 잡혀 간 선지자가 기록한 것입니다.

이사야서를 읽을 때는 1~39장의 대부분은 포로생활 이전, 즉 앗수르가 유다를 위협하
던 시기에 기록된 것이고, 40~46장은 포로생활과 예루살렘으로의 귀환과 관련된 기간임
을 염두에 두는 것이 좋습니다.

D1 이사야 40~43장(위로의 말씀)

D2 이사야 44~46장
(우상 숭배, 고레스, 바벨론에 임한 심판)
이사야 49~50장
(열방의 빛, 하나님의 성실하심)

D3 이사야 51~53장(시온을 향한 소망, 주의 종)

D4 예레미야 30~33장(회복과 위로, 새 언약)

D5 에스겔 1~5장(에스겔을 부르심, 상징적 행동들)
에스겔 37장(마른 뼈의 골짜기)

D6 이사야 55, 61, 65장(하나님의 자비, 미래의 소망)
교재 내용 '성경의 가르침' 과 '제자의 모습'

📖 성경의 가르침

처음부터 하나님의 징계는 절대로 완전한 파괴가 아니었습니다. 하나님의 은혜는 징계의 한복판에서도 변함없이 역사합니다. 아담과 하와를 에덴동산에서 내쫓으실 때에도 하나님은 그들에게 옷을 해 입히셨습니다. 가인을 보호하기 위해 그에게 표를 주셨고, 노아와 그의 가족을 홍수에서 건져 주셨습니다. 또한 롯과 그의 가족을 소돔과 고모라에서 구원해 주셨습니다.

예루살렘에서 이사야(사 1~39장의 저자, 대부분의 학자들은 이사야 1~39장과 40~66장의 저자가 다르다고 믿지만, 전체를 한 저자가 썼다고 믿는 이들도 있음)가 선지자로 부르심을 받았을 때(사 6:1~8), 그는 백성이 자신의 말을 귀담아듣지 않을 것을 알았습니다. 회개하라는 자신의 외침에도 불구하고 하나님은 그 땅을 황폐케 만드실 것임을 알고 있었습니다. 하지만 또한 하나님이 이스라엘을 완전히 멸망시키지 않으실 것임도 분명히 믿었습니다. 비록 나무가 베임을 당해도 '거룩한 씨가 이 땅의 그루터기(사 6:13)'가 될 것임을, 남은 자가 있을 것임을 확신했습니다.

바벨론 군대가 예루살렘 문턱에 다다르고, 그 때문에 부동산 시세가 폭락했을 때, 예레미야는 밭을 구입해 자기 앞으로 등기를 했는데, 그것은 미래에 대한 그의 확신을 반영합니다.(렘 32:6~15)

바벨론에 포로로 잡혀간 에스겔은 골짜기에 가득 찬 마른 뼈들이 다시 살아나는 환상을 보았는데, 그것은 이스라엘이 재기하게 될 것이라는 소망을 보여 주는 것이었습니다.(겔 37장)

이스라엘이 가장 처절한 지경에 빠졌을 때, 하나님은 위로의 말씀을 주셨습니다. "위로하라, 내 백성을 위로하라. 너희는 예루살렘의 마음에 닿도록 말하며, 그것에게 외치라."(사 40:1~2)

왜일까요? '복역의 때', 즉 이스라엘의 포로생활, 하나님의 징벌이 그쳤기 때문입니다. 여기서 다시 한 번 기억할 사실이 있습니다. 제 2이사야는 포로생활이 끝나가던 때에 바벨론에서 기록했다는 것입니다.

"보라, 내가 비틀걸음치게 하는 잔, 곧 나의 분노의 큰 잔을 네 손에서 거두어서 네가 다시는 마시지 못하게 하고."(사 51:22)

하나님의 징계는 너무나 극심했습니다. 죄가 없는 사람까지 포함하여 모든 사람이 고난을 당했습니다. 그 징벌은 배나 되었습니다(사 40:2). 그리고 이제 하나님의 자비의 때가 왔습니다. "그는 어린 양을 그 팔로 모아 품에 안으시며, 젖먹이는 암컷들을 온순히 인도하시리로다."(사 40:11)

어떤 사람들은 이방의 신들이 승리를 거두었다고 주장합니다. 하지만 이사야는 이런 생각을 비웃습니다. 그는 금이나 은, 나무로 만든 그 신들에게 조소를 보냅니다(40:18~20; 44:9~17). "아니다, 이 모든 일은 하나님이 하시는 일이다."

"너희가 알지 못하였느냐 너희가 듣지 못하였느냐. …… 그는 땅 위 궁창에 앉으시나니 땅에 사는 사람들은 메뚜기 같으니라. …… 귀인들을 폐하시며 세상의 사사들을 헛되게 하시나니."(사 40:21~23)

징벌이 하나님에게서 왔듯이 위로도 그분에게서 올 것입니다. 우상들은 한낱 웃음거리일 뿐입니다. 우리는 여전히 전능하신 하나님 앞에 서 있습니다.

하나님은 그의 종 이스라엘과 맺은 언약을 재확인하십니다. 정의는 다시 세워졌고, 죄의 값은 지불되었습니다(사 42:1~4). 하나님은 모세가 홍해를 건너고 여호수아가 요단 강을 건너던 아름다운 광경을 회상시키시면서 이스라엘 백성에게 다시 약속을 하십니다.

"너는 두려워하지 말라. 내가 너를 구속하였고 내가 너를 지명하여 불렀나니 너는 내 것이라. 네가 물 가운데로 지날 때에 내가 너와 함께할 것이라. 강을 건널 때에 물이 너를 침몰하지 못할 것이며."(사 43:1~2)

이제 화해는 이루어졌습니다.

"야곱아, 이스라엘아, 이 일을 기억하라. 너는 내 종이니라."(사 44:21)

죄 때문에 더러워졌던 그들이 정결케 되었습니다.

"내가 네 허물을 빽빽한 구름같이, 네 죄를 안개같이 없이하였으니."(사 44:22)

하나님은 택함을 받은 아브라함과 사라의 백성을 버

리지 않으실 것입니다.

"오직 시온이 이르기를 여호와께서 나를 버리시며 주께서 나를 잊으셨다 하였거니와."(사 49:14)

예루살렘 성전이 폐허가 되고 백성이 죽임을 당하고 포로로 잡혀갔을 때, 수많은 유대인들이 시편 기자와 함께 "내 하나님이여, 내 하나님이여, 어찌 나를 버리셨나이까(시 22:1)."라고 울부짖었습니다. 그러나 하나님은 영원히 이스라엘의 아버지임을 확언하십니다.

"여인이 어찌 그 젖 먹는 자식을 잊겠으며, 자기 태에서 난 아들을 긍휼히 여기지 않겠느냐. 그들은 혹시 잊을지라도 나는 너를 잊지 아니할 것이라. 내가 너를 내 손바닥에 새겼고."(사 49:15~16)

이 구절은 예수님 손에 새겨진 못자국을 연상시키기도 합니다.

열방의 빛

바벨론을 정복해 바사(페르시아) 제국을 건설한 고레스 왕은 이스라엘 민족이 예루살렘으로 돌아가 성전을 재건할 수 있게 허락했습니다. 이제 이스라엘이 할 일은 기쁨으로 고향에 돌아가는 것뿐이라고 생각할 수도 있을 것입니다. 그러나 사실은 그렇지 않습니다. 하나님은 그의 종 이스라엘에게 더 많은 것을 기대하셨습니다. 그들이 아직 맡겨진 사명을 완수하지 못했던 것입니다. 그들은 복의 근원이 되기 위해 아브라함을 통해 복을 받은 민족이 아닙니까(창 12:2~3)? 하나님은 이스라엘이 전 세계에 유익을 주기 위해 그들이 목격한 일들과 하나님과 그분의 공의에 대한 이해, 그리고 징계와 연단의 경험을 열방에 증언하기를 원하십니다.

하나님은 이스라엘이 마치 한 개인(종)인 것처럼 말씀하시면서, 그들이 즉시 고향으로 돌아가는 것이 매우 쉬운 일이라고 하십니다.

"네가 나의 종이 되어 야곱의 지파들을 일으키며 이스라엘 중에 보전된 자를 돌아오게 할 것은 매우 쉬운 일이라. 내가 또 너를 이방의 빛으로 삼아 나의 구원을 베풀어서 땅 끝까지 이르게 하리라."(사 49:6)

그런데 어떻게 이런 일이 가능할까요? 하나님은 종이 됨으로써, 고난 받는 종이 됨으로써 가능하다고 하십니다. 그들은 사람들이 놀라 말을 잃을 만큼 너무나 볼품없고 상한 종이 될 것입니다(사 52:14~15). 이스라엘의 남은 자는 전 세계의 죄를 대신해 고난을 당한 것입니다. "그가 많은 사람의 죄를 담당하며(사 53:12)." 복음서 기자들과 초대교회가 이것을 예수님이 짊어져야 할 십자가 고난의 예표로 보았다는 것은 놀라운 일이 아닙니다.

이사야는 이 모든 역사 속에 하나님의 뚜렷한 목적이 있었음을 확신했습니다. 이제 포로로 잡혀 갔던 이들의 귀환을 환영합시다. "와서 즐거이 마시자!"

이슈타르 대문(Ishtar Gate), 고대 바벨론 시로 들어가는 정문

어디에나 계신 하나님(無所不在)

이스라엘에 대한 하나님의 징계와 회복의 역사를 완전히 이해할 수는 없습니다. 그것은 위대한 신비입니다. 그러나 에스겔 선지자는 환상을 통해 이스라엘의 하나님에 대한 중요한 어떤 것을 배우게 되었습니다. 어느 날 에스겔은 바벨론 그발 강가에 앉아 있었습니다. 그는 예루살렘의 마지막 함락 전에 느부갓네살의 병거에 묶여 첫 번째 포로로 잡혀간 건장하며 똑똑한 젊은이들 중 하나였습니다(주전 597년). 그는 하나님이 그리웠고, 고향이 그리웠습니다. 아브라함의 하나님은 예루살렘에 거하지 않으셨던가? 모세의 하나님은 언약궤에 거하지 않으셨던가?

그 때 갑자기 하늘이 열리고 네 생물이 나타났는데, 그들은 각각 땅의 네 귀퉁이를 향한 네 얼굴이 있었습니다(겔 1장). 그 얼굴들은 소와 사자와 독수리와 사람의 형상이었는데, 이것은 권능의 하나님을 상징하는 것이었습니다. 하나님은 소처럼 힘이 넘치고, 사자처럼 용맹하며, 독수리처럼 높이 솟아오르고, 사람의 마음을 감화하십니다. 이 생물들은 하나님의 보좌를 지키는 그룹들입니다. 이 환상을 통해 에스겔은 하나님이 땅 네 귀퉁이에 이르기까지 어느 곳에나 계신다는 사실을 깨달았습니다.

이 네 생물들은 각각 앞으로 곧게 나아갔습니다(겔 1:9). 하나님의 영이 가시는 곳이면 어디든 그들도 그대로 가되 돌이키지 않고 일제히 앞으로 곧게 따라갔습니다. 이것은 하나님의 목적에서 벗어나거나 돌이키지 않는 순종을 뜻하는 것이라고 에스겔은 생각했습니다. 하나님은 무엇이든 그 뜻하는 바를 반드시 성취하실 것입니다!

"내가 그 생물들을 보니 그 생물들 곁에 있는 땅 위에는 바퀴가 있는데 그 네 얼굴을 따라 하나씩 있고 …… 사방으로 향한 대로 돌이키지 아니하고 가며 …… 생물들이 갈 때에 바퀴들도 그 곁에서 가고."(겔 1:15~19)

"나는 이해할 수 있습니다!" 에스겔은 외쳤습니다. 병거의 바퀴들은 구르고 또 굴러 예루살렘에서 멀어져 가지만, 그것이 하나님한테서 멀리 떨어져 가는 것은 아니었습니다. 하나님이 그 바퀴 안에 계셨습니다. 바퀴의 움직임을 따라 함께 움직이셨습니다. 즉 우주의 주인이신 하나님은 어느 곳에나 계셨습니다. 이제 이스라엘 백성은 이방 땅에서도, 그리고 어느 곳에서든 여호와 하나님의 노래를 부를 수 있게 되었습니다.(시 137:4)

유대주의(Judaism)에 대한 이러한 이해는 그들에게 실로 지대한 영향을 끼쳤습니다. 유대인들은 그발을 비롯한 많은 '강가'에 모여 앉아 시온의 노래를 부르기 시작했습니다. 모세의 율법을 공부하며, 그에 대해 숙고하고 함께 이야기를 했습니다. 안식일 규례와 음식에 관한 규례를 지키기 위해 노력했습니다. 그리고 그들은 함께 기도했습니다.

이러한 모임에서 회당이 생기게 되었습니다. 성전에서 멀리 떨어져 세계 각처에 흩어진 이스라엘 백성은 옛 전통을 생각하며, 성전이 재건되는 그 날, 자신들의 기

구약성경에 나오는 시온은 때로 예루살렘과 다윗의 시(市)를 가리킨다. 시편에서는 거룩한 산 위에 있는 성전을 말한다(시 2:6). 한편 신약성경에서는 시온이 교회 또는 하나님이 거하시는 곳을 의미한다.

도가 번제물의 향기를 타고 하나님께 상달될 것을 생각하며 용기와 마음의 평화와 위안을 얻었습니다. 포로로 잡혀가 있어도, 징계를 받는 상황에서도, 심지어 이방 땅인 바벨론에 있다 해도 하나님은 그들과 함께하셨습니다.

에스겔의 환상을 통해 우리는 살아 움직이는 영적 진리를 깨닫게 됩니다. 지리적으로 아무리 먼 곳을 여행해도, 영적으로 아무리 멀리 하나님에게서 떨어져 나간다고 해도, 비극이 아무리 심하다고 해도 하나님은 우리와 함께 계십니다. 시편 기자는 이렇게 노래했습니다.

"내가 주의 영을 떠나 어디로 가며 주의 앞에서 어디로 피하리이까. 내가 하늘에 올라갈지라도 거기 계시며 스올에 내 자리를 펼지라도 거기 계시니이다."(시 139:7~8)

◙ 제자의 모습

제자는 죄의 결과로 고난을 당할 때, 하나님의 위로를 받아들이고 새로운 출발, 새로운 가능성, 새로운 선택을 모색합니다. 절망할 것이 아니라 그것을 충성의 길로 승화시켜야 합니다.

고난을 통해 훈련받은 경험들을 적어 보십시오. 고난을 통해 상처를 받았습니까? 정결함을 받았습니까? 하나님의 위로를 받았습니까? 그 경험이 자신에게 도움이 되었습니까? 다른 사람에게도 도움이 되었습니까? 각자의 신앙 간증을 기록해 봅시다.

하나님의 백성이 가는 곳마다 하나님이 함께 가신다는 에스겔의 환상을 공부하면서, 하나님의 존재를 특정한 장소나 교회에 국한시켜 거기서 떠나면 하나님과의 관계가 끊어지는 것으로 여기는 것에 대해 어떻게 생각하는지 각자의 의견을 적어 봅시다. 이런 생각을 하는 사람을 만나거나 자신이 그런 생각을 한 적이 있습니까? 그런 생각을 어떻게 극복했습니까?

◉ 더 알아보기

■ '위로'는 매우 흥미로운 단어입니다. 성구 사전을 사용해 성경에서 '위로'라는 단어가 쓰인 곳을 찾아보십시오. 국어 사전과 성경 사전을 찾아 그 의미를 알아보십시오.

13

이 과의 주제

예배

마음의 노래들 Songs of the Heart

여호와여 주께서 나를 살펴보셨으므로 나를 아시나이다
주께서 내가 앉고 일어섬을 아시고 멀리서도 나의 생각을 밝히 아시오며 (시편 139:1~2)

⊕ 우리의 모습

인간은 누구나 자신을 숨기려 하는 경향이 있습니다. 자신의 감정이나 생각을 다른 사람에게, 심지어 하나님이나 자기 자신에게도 숨기고 싶어 합니다. 하지만 온전한 그리스도인이 되려면 하나님 앞에 솔직한 자기 모습을 보여야 하고, 또 예배를 드리는 신앙 공동체 안에서 참된 자아를 표현할 필요가 있습니다.

⊕ 내려놓기

성경 공부를 하기 전에 먼저 하나님께 기도를 드립니다. 아래의 시편 말씀이 좋은 길잡이가 될 것입니다.

> 내가 여호와의 인자하심을 영원히 노래하며 주의 성실하심을 내 입으로 대대에 알게 하리이다 내가 말하기를 인자하심을 영원히 세우시며 주의 성실하심을 하늘에서 견고히 하시리라 하였나이다 (시편 89:1~2)

이번 주 기도 제목을 구체적으로 적어 기도합시다.

⊕ 귀 기울이기

노래와 성가, 기도와 의식과 응답송이 모인 시편은 인간의 감정을 보여 주는 거울과 같습니다. 주로 공동 예배 때 사용하던 것들로, 시의 형식을 갖추고 있습니다. 밑바탕에 깔려 있는 감정과 느낌을 맛보기 위해 소리 내어 읽는 것이 좋습니다. 히브리 시는 평행구, 반복구, 응답구를 많이 사용한다는 점을 염두에 두십시오. 이번 주에 우리의 기도를 이끌어 줄 시편 말씀이 평행구의 좋은 예인데, 같은 내용이 두 번 언급되어 있습니다.

150편 중 이 과에서 특별히 몇몇 시만을 선택한 이유는 여러 형식을 맛보고 다양한 영적 상태를 고찰하기 위함입니다.

D1
시편 78, 136편(구원의 역사)
교재 내용 '성경의 가르침'에 있는 서론과 구원의 역사시(첫째 날)

D2
시편 90, 137편(공동체의 애가)
시편 22, 42, 43편(개인의 애가)
교재 내용 '성경의 가르침'에 있는 애가(둘째 날)

D3
시편 38, 130편(참회)
시편 51편(참회의 기도)
교재 내용 '성경의 가르침'에 있는 참회시(셋째 날)

D4
시편 65편(공동체의 감사)
시편 116편(개인의 감사)
교재 내용 '성경의 가르침'에 있는 감사시(넷째 날)

D5
시편 100, 104, 145편(하나님을 찬양하는 노래)
교재 내용 '성경의 가르침'에 있는 찬양시(다섯째 날)

D6
시편 73, 127, 133편(지혜와 명상)
시편 23편(신뢰와 명상)
교재 내용 '성경의 가르침'에 있는 지혜시(여섯째 날)와 '제자의 모습'

유대인과 기독교인들은 종파와 시대를 막론하여 시편을 중시합니다. 사람들은 다양한 이유에서 시편에 열광하고, 그만큼 다양한 관점에서 접근합니다. 시편은 그 형식과 배열 면에서 고전적인 유대교를 반영합니다. 시편 1편은 율법(토라)을 명상하는 자의 덕을 칭송하고, 시편 2편은 하나님의 기름 부음을 받은 자, 곧 '메시아'에 대해 언급합니다. 이것으로 유대인의 두 가지 주요 신앙, 즉 '토라'에 나타난 하나님의 뜻과 목적, 그리고 그것을 성취할 기름 부음을 받은 자, 곧 메시아 개념이 빠르게 자리 잡게 됩니다.

시편은 모세오경(토라)처럼 다섯 개의 책으로 나눌 수 있습니다. 이스라엘 백성과 그 시작을 함께하여 늘 공존하였는데, 어떤 시는 바벨론 포로 시기 이전에 쓰였고, 어떤 것은 포로 기간 중에, 또 다른 것은 포로생활에서 돌아온 후 쓰였습니다. 우리에게 익숙한 시편의 현재 형식은 포로기 이후인 두 번째 성전 건축 기간에 생긴 것입니다.

시편은 회당의 기도서라고도 말할 수 있습니다. 유대인들이 흩어져 살던 곳곳에 회당이 우후죽순처럼 일어나게 되었고, 시편은 그들이 신앙과 전통을 유지하는 데 큰 도움을 주었습니다.

초기 기독교인들은 구약성경 전체를 받아들여 사용했는데, 특히 시편을 귀한 책으로 여겼습니다. 예수님은 구약성경 중에 신명기, 이사야, 시편을 가장 많이 인용하셨습니다. 또한 신약성경 기자들도 시편과 이사야를 매우 즐겨 사용하였습니다.

초기 기독교 제자들은 회당에서 만나 함께 시편을 노래했습니다. 감옥에서조차 이 노래를 부름으로 신앙 공동체와 하나 됨을 느꼈습니다. "한밤중에 바울과 실라가 기도하고 하나님을 찬송하매 죄수들이 듣더라(행 16:25)." 에베소서 기자는 신도들에게 하나님을 노래로 찬양할 것을 권면했습니다. "술 취하지 말라. 이는 방탕한 것이니 오직 성령으로 충만함을 받으라. 시와 찬송과 신령한 노래들로 서로 화답하며 너희의 마음으로 주께 노래하며 찬송하며."(엡 5:18~19)

이번 주에 우리는 시편에 관해(about) 배우려 하기보다 시편 속으로(into) 들어가야 합니다. 표현할 수 없었던 자신의 감정과 생각을 시편을 통해 표현할 때, 그 시들은 우리의 기도가 될 것입니다. 4세기의 유명한 기독교 지도자인 아타나시우스(Athanasius)는 성경의 대부분이 우리를 향해(to us) 말하지만 시편은 우리를 대신해(for us) 말한다고 했습니다. 시편은 인간 경험의 총체를 반영하는 '마음의 노래들'입니다.

이 노래들은 그 내용이 비록 개인적 고뇌의 표현일지라도 본질적으로 집단적인 성격을 띱니다. 기도하고 노래하는 자는 언제나 역사적인 언약 공동체를, 마음을 다해 예배하는 공동체를, 그리고 전능하신 하나님의 보호하심을 인식하게 됩니다. 이것으로 우리는 하나님의 현존을 느낄 때만이 아니라 부재를 경험할 때에도 그분을 찬양하는 법을 배우게 될 것입니다. 혹독한 시련을 당할 때나 믿음의 친구들에게서 떨어져 있을 때에도 결코 혼자가 아님을 알고 노래하게 될 것입니다.

첫째 날: 구원의 역사시

시편 136편은 유대인들의 구원의 역사를 상기시킵니다. 이스라엘의 공동체 의식과 경험이 복수 형태로 표현된 것을 주시하십시오. 또 반복되는 후렴구인 "그 인자하심이 영원함이로다."라는 힘찬 응답이 만들어내는 장단을 느껴 보십시오. 두렵고, 고통스럽고, 불안합니까? 압제당하고 있습니까? 이 말씀을 기억하십시오. "그 인자하심이 영원함이로다." 창조 때부터 우리를 사랑하신 하나님(시 136:10~22)은 인류의 역사 가운데서도 변함없이 사랑하셨고(시 136:10~22), 돌보시는 섭리로 그 사랑을 나타내셨습니다.(시 136:23~25)

시편 78편은 길고, 분위기가 매우 가라앉아 있습니다. 그러나 역사를 미화하는 대신 이스라엘 백성의 실패와 죄, 부족함을 강조합니다. 이 시는 인간이 저지르는 실패들을 그대로 보여 주는 거울과도 같습니다. 하나님은 이처럼 어리석고 불순종하는 백성을 사랑으로 품으시고, 그들과 함께 역사하셨습니다.

이러한 '구원의 역사'를 담은 시들은 2천 년 전에 쓰인 것이므로, 나 자신의 삶의 자리에서 경험한 하나님의 역사를 여기에 덧붙여 보는 노력이 중요합니다.

나 개인과 가정, 교회나 국가의 역사 속에 존재했던 승리와 실패들 중에 "여호와의 인자하심이 영원하리로다."라고 응답할 수 있었던 사건이 있습니까?

_____

_____

둘째 날: 애가(哀歌)

시편 90편을 주의 깊게 읽어 봅시다. 아래의 성경 구절을 읽고 명상하면서 생기는 느낌과 생각을 적어 봅시다.

90:1~2 _____

90:4~6, 9 _____

우리에게는 죽음을 외면하고, 심지어 부인하려는 경향이 있습니다. 그러나 무덤가에서 이 시를 읽을 때, 우리는 자신이 한계가 있는 인간이라는 사실을 받아들이게 됩니다. 시편 90편은 죽음에 당면한 우리를 어떻게 도와줍니까?

90:12 _____

시편 137편 9절을 읽고 어떻게 이렇게 잔인한 말이 성경에 있을까 하고 놀라지 않았습니까? 시인을 이렇게 분노하게 한 것은 무엇입니까?

_____

셋째 날: 참회시

시편 38편은 개인의 비탄과 후회, 참회의 부르짖음이 깃든 시입니다. 다양한 감정과 분위기를 느껴 보십시오. 인간의 병약함이 죄와 연결되어 있는 것처럼 보입니다. 이 시를 읽으면서 나 자신의 고통과 고독과 죄책감의 기억들을 기록해 보십시오.

38:3 _____

38:9 _____

이 재현된 수금(Kinnor)은 다윗이 쓰던 것과 같은 종류의 것으로, 나무로 만든 받침과 윗부분에 놓은 막대기 사이를 줄로 연결하여 만들었다. 수금 모양의 갈릴리 바다를 고대에는 '긴네렛 바다 (Sea of Chinnereth)'로 불렀는데, 긴네렛은 수금과 그 어원이 같다.

"시를 읊으며 소고를 치고(시 81:2)." 소고는 손으로 치는 북으로, 나무틀에 동물의 가죽을 입힌 것이었다. 일반적으로 찬송을 부를 때나 축제 때 여자들이 사용하였다.

38:11
_____

38:18
_____

38:21~22
_____

넷째 날: 감사시
시편 65편은 신앙 공동체의 공동의 감사를 표현합니다. 이 백성은 무엇 때문에 하나님께 감사합니까?

....

우리 모임이나 교회가 하나님께 감사할 것은 무엇입니까?

....

다섯째 날: 찬양시
시편 100편은 순수한 찬양시입니다. 이 시를 암기하면 가정에서 식사기도 때나 병상에 있을 때 등 필요할 때 큰 도움이 될 것입니다. 이 시를 마음에 잘 간직합시다.

여섯째 날: 지혜시
시편 73편은 명상을 요구하는 지혜시입니다.
2~3절의 말씀처럼 악한 자가 잘되는 것을 볼 때 어떤 생각이 듭니까?

....

16~18절에서 시편 기자가 깨달은 것은 무엇입니까?

....

시편 기자의 이해에 동의합니까?

....

결과적으로 25~26절은 무엇이 중요하다고 말합니까?

🔲 제자의 모습

항상 하나님과 연결되어 있고 그분과 교통하기 위해 노력하는 그리스도의 제자는 자신의 모든 생각과 감정으로 하나님을 의지하고 신뢰합니다. 시편은 인간 감정의 모든 영역, 즉 사랑과 증오, 기쁨과 절망, 축복과 저주 등에 대한 솔직하고 담대한 표현을 통해 우리에게 모범을 보입니다. 때로 우리는 다른 사람들을 저주하고 하나님께 그들의 파멸을 요구하는 시들을 읽을 때 소름이 끼칩니다. 그래서 읽지 않고 그냥 넘기거나 대충 재빨리 읽어 버리고 맙니다. 하지만 그러한 감정의 정체가 무엇인지를 올바로 읽어 내고, 바로 그 감정이 나 자신에게도 있음을 깨닫는 것이 중요합니다.

하나님 앞에서 자신의 생각과 느낌을 솔직히 표현하려는 의지와 그 능력이 자라 갈수록 다른 사람도 솔직한 모습과 감정으로 신뢰할 수 있게 됩니다.

시편에서 나의 기도와 영적 성장에 도움이 되는 시 몇 편을 찾아 적어 봅시다.

주님은 십자가에서 "나의 하나님, 나의 하나님, 어찌하여 나를 버리셨나이까(마 27:46)."라고 외치셨습니다. 고통 가운데서도 시편 22편을 인용해 기도하셨던 것입니다. 성경의 모든 말씀 중에서 십자가의 고통을 이보다 더 잘 보여 주는 구절은 없습니다. 죽음을 목전에 두었을 때 우리 입술에서 시편이 흘러나온다면 이보다 더 은혜로운 일이 있을까요?

🔲 더 알아보기

- 수많은 찬송이 시편에서 영감을 받아 쓰였습니다. 특정한 시편 말씀을 그대로 가사로 쓴 찬송가가 많은 것도 이 때문입니다. 아래 찬송가들을 찾아 시편과 비교해 보십시오.

  "주는 나를 기르시는 목자"(570장, 구 453장) – 시편 23편

  "예부터 도움 되시고"(71장, 구 438장) – 시편 90편

  "온 천하 만물 우러러"(69장, 구 33장) – 시편 148편

시냇가에 심은 나무와 같은 의인
The Righteous Are Like a Tree

복 있는 사람은 …… 오직 여호와의 율법을 즐거워하여 그의 율법을 주야로 묵상하는도다 그는 시냇가에 심은 나무가 철을 따라 열매를 맺으며 그 잎사귀가 마르지 아니함 같으니 그가 하는 모든 일이 다 형통하리로다 (시편 1:1~3)

✪ 우리의 모습

우리는 모두 건강하고 행복하기를 바랍니다. 그러나 그것이 언제나 자신이 바라는 방식으로 이루어져야 한다고 생각합니다. 그래서 보통은 하나님이 건강과 행복을 약속하신 의로운 생활을 외면하거나 부정해 버립니다. 의로운 생활이 요구하는 대가를 지불하려고 하지 않습니다.

✦ 내려놓기

성경 공부를 하기 전에 먼저 하나님께 기도를 드립니다. 아래의 시편 말씀이 좋은 길잡이가 될 것입니다.

> 여호와는 나의 분깃이시니 나는 주의 말씀을 지키리라 하였나이다 내가 전심으로 주께 간구하였사오니 주의 말씀대로 내게 은혜를 베푸소서 내가 내 행위를 생각하고 주의 증거들을 향하여 내 발길을 돌이켰사오며 주의 계명들을 지키기에 신속히 하고 지체하지 아니하였나이다 (시편 119:57~60)

이번 주 기도 제목을 구체적으로 적어 기도합시다.

✎ 귀 기울이기

이번 주에 읽을 성경 말씀은 우리에게 정서적 · 육체적 · 영적 안녕을 가져다주는 선한 생활, 의로운 생활이 어떤 것인지를 알려 줄 것입니다. 또한 개인의 의로운 생활뿐만 아니라 건전한 가정과 생동하는 교회, 분열 없는 국가와 의롭고 평화로운 세계를 발견하게 할 것입니다.

D1 시편 1편, 19:7~14, 37편, 112편, 128편
(의와 복)

D2 잠언 1~6장
(지혜의 상급, 부정과 나태와 거짓에 대한 경고)

잠언을 읽는 3일간 '성경의 가르침'에 있는 빈칸을 채우며
내용을 정리하십시오.

D3 잠언 10~17장
(지혜로운 자와 어리석은 자, 의인과 악인)

D4 잠언 20~25장, 31장
(삶과 행실, 경고, 도덕적 교훈)

D5 에스라 1장, 3장, 4:1~5, 5~7장
(예루살렘으로의 귀환, 성전 복구)

D6 느헤미야 8:1~9:5, 10:28~39
(율법 낭독, 언약 갱신)
교재 내용 '성경의 가르침'의 나머지 부분과
'제자의 모습'

⚅ 성경의 가르침

우리는 이번 주에 크게 두 가지 사실을 배우게 됩니다. 첫째, 하나님의 길은 우리에게 유익하고, 그 길을 따르는 것은 우리를 조화롭고 건강한 삶으로 인도한다는 것입니다. 반면 악한 길은 큰 불행의 원인이 되는데, 흔히 질병, 빈곤, 관계 파괴, 상처, 무력, 조기 사망 등을 야기합니다. 인간은 가정과 공동체 안에서 살아가기 때문에 개인의 죄와 악은 종종 사회 전체의 타락과 부패, 파국으로 번져갈 수 있습니다. 또한 죄는 세대를 거쳐 대물림되기에, 부모의 죄가 3~4대 후손들에게까지 이르기도 합니다.(출 20:5)

잠언은 인간의 경험에서 되풀이되는 하나님의 질서에 초점을 맞춥니다. 어떻게 하면 우리가 하나님의 길을 올바로 걸어갈 수 있을까요? 성경은 우리에게 그 지침을 제공해 줍니다. 잠언을 읽어 가면서 아래의 빈칸에 해당되는 구절들을 찾아 써 넣어 봅시다.

고결한 인격에 관하여

진실을 말함

정직한 계량

도둑질

성적 순결과 정절에 관하여

간음한 자에게 어떤 일이 일어나는가?

배우자를 어떻게 대해야 하는가?

분노, 폭력, 가족 간의 충돌, 폭언에 관하여

가난한 자에 대한 배려에 관하여

관용

나그네 환대

과부와 고아를 돌봄

욕심에 관하여

돈을 위한 범죄 행위 묵인

겉치레를 위한 낭비

자기 가족을 돌보는 일에 관하여

자녀 교육에 대한 관심

자녀 훈련

윗사람과 배우자에 대한 존경

유산 상속

정직하게 땀 흘려 일하는 것에 관하여

절약

이웃 돕기

....

하나님에 대한 충성심에 관하여
기도

....

예배

....

안식일 준수

....

첫 열매를 바침

....

먹고 마시는 것에 관하여
가난한 농경 시대에 음식에 관한 규례는 대부분 잘 지켜졌지만, 부자들은 때로 기름진 음식을 폭식한다고 힐책을 당했습니다. 음식에 관해 잠언에는 어떤 지침이 있습니까?

....

술 마시는 것에 관해서는 어떻습니까?

....

정의와 자비에 관하여
구체적으로 어떤 것들이 언급되었습니까?

....

잠언 1장에 따르면, 남의 것을 빼앗고 살인한 자들에게 어떤 일이 일어납니까?

....

지혜가 길거리에서 소리치는 장면이 기록된 부분(잠 1:20~33)을 다시 읽어 보십시오. 지혜의 가르침을 무시하는 자들에게 지혜가 어떻게 한다고 합니까?

잠언 3:1~2에서 지혜는 한 가지 약속을 합니다. 그 약속이 무엇인지 아래에 기록해 보십시오.

"스스로 지혜롭게 여기지 말지어다(잠 3:7)."라는 구절은 무엇을 의미할까요?

지혜는 거듭 칭송을 받습니다. 나는 지혜를 어떻게 묘사합니까?

'지혜의 근본(잠 9:10)'은 무엇입니까?

둘째, 이번 과에서 우리는 의로운 생활을 하면 하나님께 인정을 받는다는 사실을 배우게 됩니다. 전쟁의 참혹함과 포로생활, 유랑기를 경험한 유대인들은 이제 새 생활을 시작하기 위해 고향으로 돌아갑니다. 백성은 예루살렘에 속속 도착하였고, 그들의 지도자들은 지난날의 과오를 다시는 되풀이하고 싶지 않았습니다. 하나님께 철저히 순종하기를 원한 것입니다.

그들에게는 이런 믿음이 있었습니다.

- 하나님은 죄를 징계하고, 의를 보상하신다.
- 율법을 준수함으로써 큰 상급을 얻는다.
- 언약 백성은 순수해야 하기 때문에 다른 신들을 섬기며 부정한 음식을 먹는 이방인들과 통혼해서는 안 된다.
- 성전과 거룩한 희생제사는 충실한 신앙의 중요 부분이다.
- 안식일 규례는 의로운 생활의 근본이다.
- 자신들의 모든 행위는 토라의 재건에 그 초점을 맞추어야 한다.
- 질병은 죄에서 비롯되고, 번영과 건강은 의로운 생활에서 온다.

에스라서와 느헤미야서에는 바벨론 포로생활에서 네 그룹이 예루살렘으로 돌아왔다고 기록되어 있다. 이 지도는 그들이 거쳤을 것으로 추측되는 경로들을 보여 주는데, 첫째 그룹은 세스바살이 바벨론에서 예루살렘으로 인솔했고, 둘째 그룹은 스룹바벨이 인도했으며, 셋째 그룹은 수사에서 예루살렘으로 느헤미야가 인솔했다.

시편 112편은 주전 5세기에 그저 단순한 일반 시가 아닌 확고한 하나의 신학이 되었습니다.

"할렐루야, 여호와를 경외하며 그의 계명을 크게 즐거워하는 자는 복이 있도다. 그의 후손이 땅에서 강성함이여 …… 부와 재물이 그의 집에 있음이여 …… 그가 재물을 흩어 빈궁한 자들에게 주었으니 …… 악인은 이를 보고 한탄하여 이를 갈면서 소멸되리니 악인들의 욕망은 사라지리로다."(시 112:1~3, 9~10)

하나님은 의로우십니다. 의로운 생활에는 큰 상급이 뒤따릅니다. 그러나 다음 과에서 알게 되겠지만, 반드시 그런 것만은 아닙니다. 어떤 경우에는 육신의 병이 죄 때문에 생기는 것이 아닐 수도 있습니다. 때로는 선한 자가 넘어지고, 악한 자가 번성하기도 합니다. 욥기와 전도서는 이러한 상황에 의문을 던집니다. 그리고 후에 예수님도 이 문제를 제기하셨습니다. 그러나 유대인들 사이에는 성전과 성전 제사와 개인적 경건, 율법 준수, 유대인의 성별(특히 예루살렘에서), 거룩한 절기 엄수 등에 초점을 둔 신학이 대두되었습니다. 그리고 이것은 믿음의 사람들이 순수하고 풍요로운 삶을 살 수 있게 했습니다.

그 결과 다윗의 후손이자 유다의 총독이었던 스룹바벨은 선지자 학개와 스가랴의 격려를 받아 성전을 재건했습니다. 솔로몬이 지은 성전은 전에 모두 파괴되었기에 이것은 제 2의 성전이었으며, 주전 520~515년 사이에 완성되었습니다.

이렇게 해서 유대교를 나타내는 두 가지 상징이 생기게 되었는데, 그 하나는 성전이요, 다른 하나는 회당이었습니다. 성전은 제사의 중심이 되었고, 회당은 율법을 가르치고 배우는 장소가 되었습니다. 유대인들이 있는 곳이면 어디에나 회당이 세워졌습니다. 예루살렘과 다른 큰 도시들에는 회당이 몇 개씩 있었습니다. 이것으로 사방으로 흩어진 유대인들은 비록 성전에서 멀리 떨어져 있으나 여전히 성전과 함께하였고, 다시 그 곳에서 예배드릴 그 날을 고대할 수 있었습니다.

이렇게 불순종으로 앗수르의 손에 징벌을 받은 이스라엘과 바벨론에 포로로 잡혀간 유다의 경험은 이스라엘 백성의 신앙을 과격한 율법주의적 복종으로 바꿔 놓았습니다. 그들의 경험은 의인은 번성하나 악인은 멸한다는 신앙을 더욱 강하게 하였습니다. 철저한 신앙과 마음을 다한 순종을 강조한 이 시기에도 의로움은 정의를 행하는 것을 포함하였습니다.

📖 제자의 모습

제자는 순종의 대가가 크더라도 하나님의 율법에 일치하는 생활을 하려고 노력합니다.

오늘날 그리스도의 제자들이 결혼 전에는 순결을 지키고, 결혼해서는 배우자에게 충실하기를 기대하는 것이 현실적인 일일까요? 이에 대해 잠언이 주는 지침은 무엇입니까? 그러한 결단을 하게 우리를 도와주는 것은 무엇입니까?

이윤 추구와 출세를 위해 내달리는 현대 사회에서 기독교인들은 어떻게 물욕과 사치와 인색한 생활을 피할 수 있을까요?

육신의 건강은 중요합니다. 그러나 우리는 음주와 흡연, 약물 사용과 폭식에서 비롯된 질병을 치료하기 위해 너무나 많은 시간과 물질을 소비합니다. '의로운 생활'을 더욱 충실히 하기 위해 신앙 공동체 안에서 우리가 할 수 있는 것은 무엇일까요? 무엇이 우리를 도와줄 수 있을까요?

성경을 보면, 하나님은 과부와 고아와 가난한 자와 눌린 자들의 안녕에 큰 관심이 있으십니다. 교회에서, 지역사회에서, 또 국가적으로 가난한 자들에게 더욱 많은 관심, 즉 공의(公義)를 보이기 위해 우리가 할 수 있는 것은 무엇입니까?

◉ 더 알아보기

■ 에스라 5장 1절에는 예루살렘 성전의 재건을 격려한 두 선지자의 이름이 기록되어 있는데, 바로 학개와 스가랴입니다. 그들은 성전 재건을 의로운 생활과 언약 관계로 되돌아오는 것으로 보았습니다. 학개 1장과 스가랴 1~2장에 기록된 그들의 환상과 논쟁 부분을 읽어 보십시오.

■ 대부분의 유대인들은 이스라엘로 돌아오지 못하고 곳곳에 흩어져 살게 되었는데, 그들은 이방 땅에서 민족적 굴욕을 당했습니다. 에스더서는 하나님이 그의 백성을 구원하기 위해 들어 쓰신 용감한 여인에 관한 놀라운 이야기입니다. 그가 한 일은 유대인의 부림절(Purim)이라는 축제의 기원이 되었습니다. 성경 사전이나 기독교 사전에서 부림절에 대해 알아보십시오.

■ 외경 중에 '솔로몬의 지혜'라는 책이 있습니다. 구약의 지혜문학처럼 이 책은 의인이 받을 상급과 악인이 받을 징벌을 약속합니다. 특히 개인의 지혜를 담은 7장은 매우 흥미롭습니다. 공동번역 성경에서 이 책을 찾아 읽어 보십시오.

15

이 과의 주제

고난

고난이 올 때 When Trouble Comes

나는 음식 앞에서도 탄식이 나며 내가 앓는 소리는 물이 쏟아지는 소리 같구나
내가 두려워하는 그것이 내게 임하고 내가 무서워하는 그것이 내 몸에 미쳤구나
나에게는 평온도 없고 안일도 없고 휴식도 없고 다만 불안만이 있구나 (욥기 3:24~26)

⬆ 우리의 모습

어찌 보면 삶은 공평치 않은 것 같습니다. 때로는 악한 자가 번성하고, 선한 자가 어려움을 당합니다. 병든 자 중에 어떤 사람은 다시 건강을 찾지만, 어떤 사람은 그렇지 않습니다. 고난에 직면했을 때, 우리는 매우 당혹스러워합니다. 그리고 묻습니다. 왜 이런 일이 나에게 일어나는가? 만일 하나님이 의롭고 선하시다면 왜 우리가 이처럼 극심한 고통을 당해야 하는가? 확실히 고난은 우리의 죄 때문에 생기는 것만은 아닌 것 같습니다.

✝ 내려놓기

성경 공부를 하기 전에 먼저 하나님께 기도를 드립니다. 아래의 시편 말씀이 좋은 길잡이가 될 것입니다.

> 여호와여 내가 고통 중에 있사오니 내게 은혜를 베푸소서 내가 근심 때문에 눈과 영혼과 몸이 쇠하였나이다 내 일생을 슬픔으로 보내며 나의 연수를 탄식으로 보냄이여 내 기력이 나의 죄악 때문에 약하여지며 나의 뼈가 쇠하도소이다 (시편 31:9~10)

이번 주 기도 제목을 구체적으로 적어 기도합시다.

🎧 귀 기울이기

이번 주에는 우리의 상상력을 사로잡는 극적인 드라마가 펼쳐집니다. 바로 욥의 이야기입니다. 세세한 내용에 집착하기보다는 등장인물들 간의 논쟁을 따라가며 빨리 읽어 내려가는 것이 좋습니다. 가능하면 공동번역이나 표준새번역 등 현대어로 번역된 성경을 사용하기를 권합니다. 111~116쪽에 있는 발췌문은 전체 모임에서 함께 읽게 되겠지만, 그 전에 시간을 내어 먼저 읽으며 나만의 주석을 달아 봅시다. 읽을 때 특히 인물 각자의 주장이 무엇인지 잘 정리하는 것이 중요합니다. 또한 욥과 다른 인물들의 감정에 주의를 기울이십시오.

D1 교재 내용 '성경의 가르침' (어떤 점에 주목하여 욥기를 읽어야 하는지 알기 위해) 욥기 1~10장(서론, 욥, 엘리바스, 빌닷)

D2 욥기 11~19장(욥과 세 친구)

D3 욥기 20~31장(욥과 세 친구, 얻기 어려운 지혜)

D4 욥기 32~37장(엘리후의 연설)

D5 욥기 38~42장(욥과 하나님, 결론)

D6 교재 내용 '성경의 가르침' 과 '제자의 모습'

📖 성경의 가르침

이번 주 전체 모임에서는 다음 쪽에 있는 욥기 발췌문을 함께 읽습니다. 이 분명하고 간략한 발췌문에는 그 당시 통용되던 유대교 신앙을 변호하는 욥의 친구들의 주장이 담겨 있습니다. "의인은 번성하고, 악인은 고난을 당하고 파멸한다." 그들에게 이것은 변할 수 없는 진리였습니다. 이번 과를 공부하며 우리는 욥의 친구들의 다양한 충고의 내용을 확인하고, 그것이 오늘날에는 어떤 식으로 사용되는지 알아볼 것입니다. 또 그들의 충고가 부분적으로는 사실이지만 어떤 면에서는 적절하지 않고 큰 도움이 되지 않는다는 사실도 살펴볼 것입니다.

좀 더 설명을 한다면,

서론(1~2장)은 이상적인 모습, 즉 건강하고, 부유하며, 자식이 많고, 의로운 어떤 사람을 소개합니다. 하늘의 모든 복을 누리는 하나님의 사람의 모습입니다. 시편 127편을 기억합니까?

"자식들은 여호와의 기업이요 …… 젊은 자의 자식은 장사의 수중의 화살 같으니 이것이 그의 화살통에 가득한 자는 복되도다."(시 127:3~5)

욥은 행복한 가정을 이루고 있었습니다. 아들들은 형제자매를 위해 돌아가며 저녁 잔치를 베풀었고, 욥은 다음날 아침 일찍 일어나 번제를 드렸습니다.

그의 재산 또한 엄청났습니다. 7천 마리의 양, 3천 마리의 낙타, 1천 마리의 소, 5백 마리의 나귀가 그의 수중에 있었습니다. 그런데 어느 날 갑자기 적의 공격과 천재지변으로 이 모든 것이 사라지고 말았습니다. 게다가 큰 바람이 불어와 그의 집과 함께 자식들까지 모두 앗아갔습니다.

이 고난은 욥 자신에게도 예외가 아니었습니다. 극심한 피부병으로 그의 온몸은 만신창이가 되었습니다. 지금 그는 재 가운데 앉아 깨진 기와 조각으로 몸을 긁고 있습니다. 경건한 하나님의 사람에게 주어진 약속이 모두 산산조각 났습니다. 부와 건강과 가족과 존귀와 명예, 이 모든 복이 하루아침에 흔적도 없이 사라진 것입니다.

이 드라마의 저자는 신비와 혼란, 욥의 내면적 갈등을 점점 고조시킵니다. 누구나 할 수 있는 단순한 대답으로는 해결이 안 됩니다. 욥은 전통적인 종교의 가르침 이상의 것을 원합니다. 하나님과 얼굴을 맞대고 앉아 이 모든 상황에 대해 분명한 답을 듣고 싶었습니다.

욥기에서 이 모든 문제의 원인으로 등장하는 것이 바로 **사탄**입니다. (여기서 사탄은 하늘의 존재로서, 하나님이 아닌 인간의 대적자로 기술된다. 이 사탄은 기독교 전통의 '악의 세력'과는 다른 존재다.) 저자는 서론에서 사탄과 하나님의 대화를 통해 곤경을 조성합니다. 욥 시대의 사람들에게는 죽음 후의 삶에 대한 개념이 없었다는 사실을 꼭 기억하십시오. 그들은 사람이 죽은 후에는 어둡고 희미한 스올(Sheol)로 간다고 믿었습니다. 욥의 이야기는 공의가 반드시 '이 세상'에서 입증되어야 한다고 강조합니다. 공평과 하나님의 응보가 존재한다면, 그것들은 반드시 죽음 전에 나타나야 한다는 것입니다.

구약성경에 나오는 히브리어 사탄(sa-tan)은 적수, 적, 비난자, 공격자를 의미한다. 욥기에서는 이 단어를 정관사와 함께 사용했는데, 이것은 이름이 아니라 기능 또는 역할을 서술한 것이다. 욥기가 쓰인 주전 6세기경 이스라엘 사람들에게는 악마에 대한 개념이 없었다. 그래서 그들이 이해한 사탄은 오늘날 기독교인들이 사용하는 사탄의 개념과 아주 달랐다. 욥기에서 사탄은 하나님의 적이 아니라 하늘의 일원이요, 공식적인 비난자였다. 그가 하는 일은 특별한 비난거리를 하나님께 고하는 것이었다.

바벨론 포로기(587/586-538 B.C.)에 이스라엘 사람들은 인간의 문제를 놓고 선과 악의 신이 영원히 대립하며 경쟁을 한다고 믿는 바사와 바벨론인들의 사상에 접하게 되었다. 그들은 점차적으로 이러한 사상을 사탄의 모습에 접목하기 시작했으며, 주전 200년경에는 하나님의 뜻에 반대되는 모든 것을 인격화해 사탄이라고 했다.

신약성경이 기록되었을 당시에는 사람들이 사탄과 악마를 인간이 죄를 짓게 유혹하는 자요, 그리스도와 교회의 대적자인 악의 세력의 우두머리(the evil one, 마 6:13)와 같은 뜻으로 사용하였다.

욥의 이야기
(전체 모임에서 함께 읽을 내용으로, 공동번역 성경에서 발췌하였음)

욥

내가 태어난 날이여, 차라리 사라져 버려라.
사내아이를 배었다고 하던 그 밤도 사라져 버려라.
그 날이여, 어둠에 뒤덮여
위에서 하느님이 찾지도 않고
아예 동트지도 말아라. …
그 밤을 저주하여라.
그 밤엔 새벽 별들도 빛을 잃고
기다리는 빛도 나타나지 말고
새벽 햇살도 아예 퍼지지 말아라.
나의 모태가 그 문을 닫지 않아
내 눈이 마침내 고난을 보게 되었구나.
내가 어찌하여 모태에서 죽지 아니했으며
나오면서 숨지지 아니하였는가? …
나 이제 한숨이나 삼키고
흐느낌이나 마시리니
두려워하여 떨던 것이 들이닥쳤고
무서워하던 것이 마침내 오고야 말았다.
평화, 평안, 안식은 간 곳이 없고 …
두려움만이 끝없이 밀려오는구나.

엘리바스

누가 자네에게 말을 건네려 한다면,
자네는 귀찮게 여기겠지.
그렇다고 입을 다물고만 있을 수도 없는 일일세.
여보게, 자네는 많은 사람을 지도하였고
손에 맥이 풀린 사람에게 용기를 주었었네.
자네의 말은 쓰러지는 사람을 일으켰고
흔들리는 무릎에 힘을 주었었지.
그런데 자네가 이 지경을 당하자 기가 꺾이고
매를 좀 맞았다고 이렇듯 허둥대다니, 될 말인가?
자신만만하던 자네의 경건은 어찌 되었고

자네의 희망이던 그 흠 없는 생활은 어찌 되었는가?
곰곰이 생각해 보게.
죄 없이 망한 이가 어디 있으며
마음을 바로 쓰고 비명에 죽은 이가 어디 있는가?
내가 보니, 땅을 갈아 악을 심고
불행의 씨를 뿌리는 자는 모두 그 심은 대로 거두더군.
죽을 인생이 어떻게 하느님 앞에서 올바를 수 있으랴?
그 누가 자기를 지으신 이 앞에서 깨끗할 수 있으랴? …
땅에서 불행이 솟아나는 일 없고
흙에서 재앙이 돋아나는 일도 없으니
재난은 사람이 스스로 빚어 내는 것,
불이 불티를 높이 날리는 것과 같다네.
내가 만일 자네라면
나는 하느님을 찾겠네.
그리고 모든 것을 하느님께 맡기겠네. …
여보게, 하느님께 매를 맞는 일이야 즐거운 일 아닌가!
그러니 전능하신 분의 교훈을 물리치지 말게.

욥

오, 나 청을 올릴 수 있어
하느님께서 나의 그 소원을 이루어 주신다면,
그리하여 나를 산산이 부수시고
손을 들어 나를 죽여 주신다면,
차라리 그것으로 나는 위로를 받고
견딜 수 없이 괴롭지만, 오히려 기뻐 뛰리라.
거룩하신 하느님의 말씀을 나 아직 어긴 일이 없네.
나에게 무슨 힘이 있어 더 견디며
무슨 좋은 수가 있겠다고 더 살겠는가. …
좀 가르쳐 주게.
내가 무슨 실수라도 했다면 깨우쳐 주게.
나 입을 다물겠네.
진심으로 하는 말은 힘이 된다는데

자네들은 어찌하여 나무라기만 하는가? …
나에게는 아무 잘못도 없다네.
내 혀에 거짓이라도 묻어 있다는 말인가?
내 입은 이미 쓴 맛도 모르게 되었다는 말인가? …
누우면 "언제나 이 밤이 새려나." 하고 기다리지만
새벽은 영원히 올 것 같지 않아
밤이 새도록 뒤척거리기만 하는데,
나의 몸은 구더기와 때로 뒤덮이고
나의 살갗은 굳어졌다가 터지곤 하네.

욥의 기도

잊지 마십시오.
이 목숨은 한낱 입김일 뿐입니다.
이 눈이 어찌 다시 좋은 일을 보겠습니까? …
그런데 나 어찌 입을 다물고만 있겠습니까?
가슴이 메어 하소연하고
마음이 아파 울부짖지 않을 수 없사옵니다. …
사람이 무엇인데, 당신께서는 그를 대단히 여기십니까?
어찌하여 그에게 신경을 쓰십니까?
어찌하여 아침마다 그를 찾으시고
잠시도 쉬지 않고 그에게 시련을 주십니까?
끝내 나에게서 눈을 떼시지 않으시렵니까?
침 삼킬 동안도 버려 두시지 않으시렵니까?
사람을 감시하는 이여,
내가 죄를 지었다고 해서
당신께 무슨 큰 손해라도 된단 말입니까?
어찌하여 나를 당신의 과녁으로 삼으십니까?
어찌하여 내가 당신께 짐이 된단 말씀입니까?
어찌하여 나의 죄를 용서하시지 않으십니까?
죄악을 벗겨 주시지 않으십니까?
나 이제 티끌 위에 누우면
당신께서 아무리 찾으신다 하여도
이미 없어져 있을 것입니다.

빌닷

언제까지 그런 투로 말하려는가?

자네 입에서 나오는 말은 마치 바람 같네 그려.
하느님께서 바른 것을 틀렸다고 하시겠는가?
전능하신 분께서 옳은 것을 글렀다고 하시겠는가?
자네 아들들이 그에게 죄를 지었으므로
그가 그 죄값을 물으신 것이 분명하네.
그러니 이제라도 자네는 하느님을 찾고
전능하신 분께 은총을 빌게나.
자네만 흠이 없고 진실하다면
이제라도 하느님께서는 일어나시어
자네가 떳떳하게 살 곳을 돌려주실 것일세.

욥

물론 그렇지, 나도 그런 줄을 알고 있네.
하느님 앞에서 죄 없다고 할 사람이 어디에 있겠는가?
그와 맞서 볼 생각이 있다 하여도
천 마디 물음에 한 마디도 대답할 수 없겠지.
하느님은 생각이 깊으시고 힘이 강하신데
그 누가 그와 겨루어 무사하겠는가? …
죄가 없다 하여도 대답할 말이 없어
다만 흑백을 가릴 분에게 은총을 빌 뿐인데
내가 불러도 대답조차 아니하시니
나의 부르짖음을 들으신다고 믿을 수도 없네. …
그는 나와 같은 사람이 아니신데
나 어찌 그에게 말대답을 할 수 있으며
함께 재판정에 나가자고 주장할 수 있겠는가!
그러나 우리 사이를 중재해 줄 이가 있어
그가 우리의 어깨에 손이라도 얹어 준다면,
나를 치시는 그 몽치를 빼앗아
다시는 두려워하지 않게 해 준다면
나 아무 두려움 없이 말할 수도 있겠는데
그러나 어떻게 그런 일이 나에게 있겠는가! …
숨 쉬는 일이 이다지도 괴로워서
나의 슬픔을 하느님께 아뢰고
아픈 마음을 쏟아 놓지 않을 수 없구나. …
나의 수명은 이제 다 되었습니다.
좀 내버려 두소서.

잠깐만이라도 밝은 날을 보게 하여 주소서.

소발

자네는 말하기를, "나의 믿음은 순수하여,
주님 보시기에 흠이 없다."고 한다마는
행여나 하느님께서 자네를 깨우치시려고
입을 열어 답변을 주신다면 오죽이나 좋겠는가!
행여나 신비한 지혜를 열어 보여 주신다면
얼마나 좋겠는가!
그의 지혜에는 다른 면들이 감추어져 있다네.
자네가 죄를 잊어버린 것도 바로 하느님께서 하신 일이지.
자네가 하느님의 신비를 파헤칠 수라도 있단 말인가?
전능하신 분의 무한하심을 더듬을 수라도 있단 말인가?
하늘보다도 높은 그것에 어떻게 미치며
저승보다도 깊은 그것을 어찌 알 수 있겠는가?
그 신비는 땅 끝처럼 아득하고
그 무한하심은 바다처럼 넓다네!
그가 쫓아 와서 고랑을 채워
불러 내시는데 그 누가 거역하겠는가?
누구누구가 허황된 사람인지 다 알고 계시는 이,
그가 알아보지 못할 악이 어디에 있겠는가!
거짓된 사람도 제 정신이 들 때가 오는 법,
들나귀도 길이 들지 않는가!
이제 마음의 고삐를 잡고
그에게 손을 내밀게.
악에서 손을 떼고
불의를 장막에서 몰아 내게.
그리하면 자네도 아무 거리낌 없이 얼굴을 들고
아무 두려움 없이 떳떳하게 서게 될 것일세.

욥

참으로 자네들만이 유식하여
자네들이 죽으면 지혜도 함께 죽겠군.
나에게도 그만한 생각은 있다네.
자네들만큼 모르려니 생각하지 말게.
누가 그 정도의 생각도 못하겠는가?

하느님을 불러 대답을 듣다가
그의 벗이라는 자에게 웃음거리가 되었고
죄 없고 온전하다는 자에게 도리어 조롱거리가 되었군.
태평무사한 자의 눈에는 재난에 빠진 자가 천더기로 보이고
미끄러지는 자는 밀쳐도 괜찮은 자로 보이는 법이지. …
내가 참으로 통사정을 나누고 싶은 이는 전능하신 분,
하느님께 드릴 말씀을 다 드리려네.
나 이제 재판받을 마음 준비가 다 되어 있네.
무죄로 풀려 날 줄도 알고 있네.
그러나 만일 그 누가 나타나 나의 죄를 입증한다면
나는 말없이 사라져 버릴 것일세.
하느님, 두 가지 부탁만 들어 주소서.
그리하시면, 저도 당신 앞에서 숨지 않겠습니다.
당신의 주먹을 거두어 주소서.
당신의 진노를 거두시어 두려워 떨지 않게 하여 주소서.
그리고 어서 말씀하소서. 서슴없이 답변하겠습니다.
아니면 내가 말씀드리겠사오니 대답하여 주소서.
나에게 죄악이 있다면, 얼마나 있다는 말씀입니까?
반역죄가 있다면, 어찌하여 알려 주시지 아니하십니까?

엘리바스

지혜롭다는 사람이 허풍이나 떨고
그 속에 열풍이나 차 있어서야 될 말인가?
쓸데없는 말이나 늘어놓고
횡설수설한다고 변명이 되겠는가?
자네는 신앙심 같은 것은 아예 부숴 버릴 작정인가?
하느님 앞에서 반성하는 일 따위는 안중에도 없고
그런 말들은 자네의 비뚤어진 마음에서 나오는 것,
자네 혀는 용케도 그럴듯한 말을 골라 내는군!
자네를 정죄한 것은 자네 입이지, 내가 아니라네.
자네 입술이 자네의 죄를 증거하고 있지 않은가? …
하늘에 있는 거룩한 자들 중에도
하느님께 신뢰받을 만한 자 없고
하늘마저도 당신 보시기에 깨끗하지 못한데,
하물며 구역질나도록 썩고
악을 물마시듯 하는 사람이랴!

욥

그런 소리는 귀에 못이 박힐 정도로 들었네.
자네들이 한다는 위로는 기껏해야 괴로움을 줄 뿐,
그 헛된 말은 끝도 없는가? …
하느님께서 나를 만신창이로 만드셨는데
모두들 떼 지어 달려들다니.
그가 증인으로 내 앞에 서시는데
이 야윈 모습마저 나에게 불리한 증거가 되는구나.

빌닷

자네야말로 홧김에 제 몸을 물어뜯는 짐승이 아닌가?
자네는 땅을 허허벌판으로 만들고
바위를 제 자리에서 밀어 내기라도 할 셈인가?
악인의 빛은 결국 꺼지고
그의 불꽃은 빛을 잃고 마는 것.

욥

내가 정말 무슨 실수라도 했단 말인가?
그 허물이 아직도 가시지 않았다는 말인가?
자네들은 참으로 기세등등하여
나의 잘못을 들춰 내려고 하지만,
모르겠는가?
나를 이렇게 억누르는 이가 하느님이시라는 것을!
나를 덮어씌운 것이 그의 그물이라는 것을! …
벗들이여, 불쌍하고 가련하지 아니한가?
하느님의 손이 나를 치셨는데
어찌하여 자네들마저 하느님처럼 나를 구박하는가? …
그만큼 헐뜯었으면 직성이 풀릴 만도 하지 않은가?
그러나 나는 믿는다, 나의 변호인이 살아 있음을!
나의 후견인이 마침내 땅 위에 나타나리라.
나의 살갗이 뭉그러져
이 살이 질크러진 후에라도
나는 하느님을 뵙고야 말리라.
나는 기어이 이 두 눈으로 뵙고야 말리라.
내 쪽으로 돌아서신 그를 뵙고야 말리라.

소발

그래, 자네는 도무지 몰랐더란 말인가?
사람이 땅에 처음 나타나던 한 옛날부터
악인의 웃음소리란 금방 멎는 것이요,
위선자의 즐거움이란 찰나에 사라진다는 것을.

욥

내가 지금 사람에게 불평하고 있는가?
내가 짜증을 부린다면, 까닭이 있지 않겠는가?
나를 쳐다보게나.
기가 막혀 열린 입이 닫히지 않을 것일세.
나도 그 생각만 하면, 미칠 것 같네.
몸에 소름이 다 끼치네.
악한 자들이 오래 살며
늙을수록 점점 더 건강하니 어찌 된 일인가?
자식들이 든든히 자리를 잡고
후손들이 잘 사는 것을 보며 흐뭇해하지 않는가?
그들의 집은 태평무사하여 두려워할 일이 없고
하느님에게 매를 맞는 일도 없지 않는가? …
그런데 자네들은 어쩌자고 바람 같은 말로
나를 위로하려고 하는가?
자네들의 말대답이란 속임수에 지나지 않네.

엘리바스

하느님께서 장사의 힘을 빌어야 하겠다는 말인가?
슬기로운 사람의 덕이라도 입으셔야겠다는 말인가?
자네가 올바르게 산다고 하여 그것이
전능하신 분께 무슨 대단한 일이 되겠는가?
자네가 흠 없이 산다고 하여 그것이
하느님께 무슨 유익이 되겠는가?
하느님께서, 당신을 공경하였다고 해서
자네를 꾸짖으시고 재판에 붙이시는 것인가?
자네가 저지른 죄는 너무나도 많아
이루 다 셀 수 없지 않은가?

욥

오늘 또 이 억울한 마음 털어 놓지 않을 수 없고
그의 육중한 손에 눌려 신음소리조차 내지 못하겠구나.
그가 어디 계신지 알기만 하면,
당장에 찾아가서
나의 정당함을 진술하겠네.
반증할 말도 궁하지는 않으련만
그가 무슨 말로 답변하실지를 꼭 알아야겠기에
그 하시는 말을 하나도 놓치지 않고 들어야겠네. …
나의 발은 그의 발길을 따라
그가 가시는 길을 한 발짝도 벗어나지 않았네.
그의 입술에서 흘러나온 계명은 저버린 일이 없으며
그의 입에서 나온 말은 마음 깊숙이 간직해 두었네. …
그러나 어찌 그의 앞에 나서는 것이 두렵지 않겠는가?
생각만 해도 떨리는구나.

빌닷

하느님 앞에서 그 누가 죄 없다 하겠는가?
여인에게서 난 사람이 어찌 순결할 수 있겠는가?
그의 눈에는 달빛도 빛이라고 할 수 없고
별들도 맑다고 할 수 없는데
하물며 구더기 같은 인생이랴,
벌레 같은 사람이랴!

욥의 독백

지나간 옛 시절은 영영 돌아오지 않으려나!
하느님께서 지켜 주시던 그 날은 끝내 돌아오지 않으려나!
…
전능하신 분께서 나를 버리시지 않았고
아이들도 나를 에워싸며 돌아가던 그 시절, …
정의가 나의 옷이었으며,
공평이 나의 두루마기요, 나의 면류관이었는데……
나는 소경에게는 눈이었고 절뚝발이에게는 다리였었지.
거지들은 나를 아버지로 여겼으며
낯선 사람들도 나에게 와서 억울함을 호소하였네.
악인의 턱을 때려 부수고

그가 물고 있는 것을 이빨 사이에서 빼내기도 하였지. …
이렇게 빠져들어 가면서
그 누가 살려 달라고 손을 내뻗지 않으며
절망에 빠져서 도움을 청하지 않으랴!
고생하는 자들을 위하여 내가 울지 않았던가?
가난한 자들을 위하여 내가 괴로워하지 않았던가?
좋은 날을 기다렸더니 재난이 닥치고
빛을 바랐더니 어둠이 덮쳤네. …
속은 쉬지 않고 부글부글 끓고
괴로운 나날이 앞길에 도사리고 있구나. …
내가 허황된 생각으로 살았다거나
이 발이 거짓으로 서둘렀다면,
바른 저울에 달아 보시면 아시리라.

엘리후

어르신네들에 비하면
저는 한낱 풋내기입니다.
제가 무엇을 안다고 아뢰랴 싶어
황송하여 망설였습니다.
나이가 지긋이 들어야 할 말이 있고
연치가 들어야 지혜를 안다고 생각했었습니다.
그런데 알고 보니 슬기란 사람 속에 있는 얼이요,
전능하신 분의 입김에서 풍겨 오는 것이더군요.
나이가 많다고 지혜로워지는 것도 아니고
연로하였다고 바른 판단을 내리는 것도 아니었습니다. …
내 귀가 당신의 말로 어찌 한 마디인들 놓쳤겠소.
당신이 하는 말을 나는 다 들었소.
"나는 순결하여 죄가 없다.
깨끗하여 거리낄 것이 없다.
그런데 하느님께서는 나를 몰아세울 구실이나 찾으시고
나를 원수로 여기신다.
나의 발에 차꼬를 채우시고
나의 걸음을 낱낱이 감시하신다."
이런 당신의 말을 나는 도저히 옳게 받아들일 수 없소.
똑똑히 일러 드리리다.
하느님은 사람과 비길 수 없는 분이오.

그런데 당신의 말에 한 마디 답변도 않으신다고 해서
어떻게 하느님을 비난할 수 있겠소?
사람이 모를 뿐,
하느님께서 말씀하시는 길은 이런 길도 저런 길도 있다오.
깊은 잠이 덮어 씌워 모두들 자리에 쓰러져 곯아떨어지는
밤에
하느님께서는 꿈에 말씀하시고
나타나 말씀하시지 않소?
사람들의 귀를 열어 주시고, 깜짝 놀라게도 하시어
악한 일에서 손을 떼고, 건방진 생각을 버리게도 하신다오.
그리하여 목숨을 무덤 어귀에서 건져 내시고
생명을 저승길에서 돌려세우시지요.
병상에서 신음하는 괴로움, 뼈 마디마디 쑤셔 대는 아픔이
그의 징계가 되는 수도 있다오. …
아, 하느님께서 하시는 일은 모두 이런 일,
두 번이고 세 번이고 사람을 이렇게 돌보아 주신다오. …
우리 인간이 어찌 이 전능하신 분께 이르겠소?
못할 일이 없으시며 공평무사하신 그분이
어찌 억울한 일을 하시겠소?
인간이 어찌 그를 두려워하지 않을 수 있겠소?
스스로 지혜로운 체하는 자를 안중에도 두지 않으시는 그
분을.

여호와

부질없는 말로 나의 뜻을 가리는 자가 누구냐?
대장부답게 허리를 묶고 나서라.
나 이제 물을 터이니 알거든 대답하여 보아라.
내가 땅의 기초를 놓을 때 너는 어디에 있었느냐?
그렇게 세상물정을 잘 알거든 말하여 보아라.
누가 이 땅을 설계하였느냐?
그 누가 줄을 치고 금을 그었느냐?
어디에 땅을 받치는 기둥이 박혀 있느냐?
그 누가 세상의 주춧돌을 놓았느냐? …
전능하신 이와 변론하는 자야, 어찌 물러서려느냐?
하느님을 비난하는 자야, 대답하여라.

욥

아, 제 입이 너무 가벼웠습니다.
무슨 할 말이 더 있겠사옵니까?
손으로 입을 막을 도리밖에 없사옵니다.
한 번 말씀드린 것도 무엄한 일이었는데
또 무슨 대답을 하겠습니까?
두 번 다시 말씀드리지 않겠사옵니다.

여호와

대장부답게 허리를 묶고 나서라.
나 이제 물을 터이니, 알거든 대답하여라.
네가 나의 판결을 뒤엎을 셈이냐?
너의 무죄함을 내세워 나를 죄인으로 몰 작정이냐?
네 팔이 나의 팔만큼 힘이 있단 말이냐?
너의 목소리가 천둥소리와 같단 말이냐?
그렇다면 권세와 위엄으로 단장하고
권위와 영화를 걸치고
너의 분노를 폭발시켜 보아라.

욥

알았습니다.
당신께서는 못하실 일이 없으십니다.
계획하신 일은 무엇이든지 이루십니다.
부질없는 말로 당신의 뜻을 가린 자,
그것은 바로 저였습니다.
이 머리로는 헤아릴 수 없는 신비한 일들을
영문도 모르면서 지껄였습니다.
당신께서는 말씀하셨습니다.
"이제 들어라. 내가 말하겠다.
내가 물을 터이니 알거든 대답하여라."
당신께서 어떤 분이시라는 것을 소문으로 겨우 들었었는데,
이제 저는 이 눈으로 당신을 뵈었습니다.
그리하여 제 말이 잘못되었음을 깨닫고
티끌과 잿더미에 앉아 뉘우칩니다.

위의 글을 모두 읽은 후에, 아래의 생각들이 어디에서 어떻게 언급되었는지 찾아 보십시오.

완전한 사람은 없다.

....

네가 죄를 지었다.

....

너의 자식들이 죄를 지었다.

....

누군가가 죄를 지었다.

....

너는 훈련을 받고 있다.

....

하나님을 신뢰하라. 그가 너를 도우실 것이다.

....

하나님께 화를 내지 말라.

....

잠잠하라. 너는 불평할 권리가 없다.

....

고난은 누구에게나 찾아온다.

....

하나님이 욥에게 말씀하시자 그에게 어떤 일이 일어났습니까?

....

....

결국 욥에게 마음의 평정을 준 것은 무엇입니까?(42:7~17의 결론을 제외하고)

....

....

⑩ 제자의 모습

흔히 고난은 풀 수 없는 수수께끼를 동반합니다. 천재지변, 병마, 타인의 행동 등이 우리에게 큰 고통을 가져다주기도 합니다. 이렇게 이유를 설명할 수 없는 고난에 직면했을 때, 그리스도의 제자는 하나님을 신뢰합니다. 하나님이 우리의 물음에 항상 대답해 주시는 것은 아닙니다. 그러나 그분은 우리와 함께 계실 것을 약속하십니다.(시 23편)

그리스도의 제자는 고난이 우리를 비통함에 빠지게도 하지만, 반면 신뢰하게도 한다는 것을 압니다. 각각의 예들을 들어 보십시오.

....

....

....

고난을 헤치고 나오는 데 오랜 시간이 걸리는 사람들도 종종 있습니다. 그 때 우리는, 그리고 교회는 어떻게 그들을 도울 수 있을까요?

....

....

....

알 수 없는 고난이 닥쳐왔을 때, 나는 어떻게 대처하는 편입니까? 신뢰를 가지고 앞으로 나아갑니까, 아니면 비통함에 빠져 헤어 나오지 못합니까?

....

....

....

🔘 더 알아보기

■ 욥기 42장 15절을 보면, 욥은 자신의 아들들뿐만 아니라 딸들에게도 유산을 상속합니다. 왜 욥의 이런 행동이 성경에 기록될 만큼 특별한 것일까요? 구약성경 시대의 유산 상속에 관해 좀 더 알아보십시오.

■ 전도서도 욥기가 다루는 것과 같은 전통적인 문제를 가지고 씨름을 합니다. 옛 지혜자는 잠언을 인용하면서 그것들을 자기 자신의 생각과 대비시킵니다. 시간을 내어 전도서를 읽되 특별히 7장과 9장을 주의 깊게 살펴보십시오. 많이 나오는 표현인 '헛되다' 는 '바람에 날리다, 공허하다, 무익하다, 의미 없다' 등으로 바꿀 수 있습니다.

구세주 대망 People Hope for a Savior

내가 또 밤 환상 중에 보니 인자 같은 이가 하늘 구름을 타고 와서 옛적부터 항상 계신 이에게 나아가 그 앞으로 인도되매 그에게 권세와 영광과 나라를 주고 모든 백성과 나라들과 다른 언어를 말하는 모든 자들이 그를 섬기게 하였으니 그의 권세는 소멸되지 아니하는 영원한 권세요 그의 나라는 멸망하지 아니할 것이니라 (다니엘 7:13~14)

이 과의 주제

소망

⊕ 우리의 모습

인간은 두 가지 극단 사이에서 방황합니다. 악이 나날이 번성하고 결국 모든 것은 죽음으로 종말을 고할 것이라고 생각하며 냉소주의에 빠지든지, 아니면 새 정부나 새 지도자, 또 다른 어떤 일시적 조치가 우리를 구해 줄 것이라며 스스로를 안심시킵니다. 정말 극히 적은 수의 특별한 사람들만이 마지막에 임할 하나님의 평화의 왕국에 대한 비전을 보는 것 같습니다.

ⓘ 내려놓기

성경 공부를 하기 전에 먼저 하나님께 기도를 드립니다. 아래의 시편 말씀이 좋은 길잡이가 될 것입니다.

> 여호와는 나의 산업과 나의 잔의 소득이시니 나의 분깃을 지키시나이다 내게 줄로 재어 준 구역은 아름다운 곳에 있음이여 나의 기업이 실로 아름답도다 (시편 16:5~6)

이번 주 기도 제목을 구체적으로 적어 기도합시다.

ⓢ 귀 기울이기

이번 주에 읽을 성경 말씀은 좀 어려운 내용들입니다. '마지막 때'에 관한 환상과 꿈과 예언과 계시가 담겨 있기 때문입니다. 더구나 표현 방법에서도 고대의 상징과 간접적인 상징적 은어들을 사용하기에 더 어리둥절해질 수밖에 없습니다. 그러나 우리가 구약성경 공부를 마치면서 한 가지 꼭 기억해야 할 것은 소망은 여전히 살아 있으며, 어두움 가운데서도 한 가닥 빛이 비치고 있다는 사실입니다.

D1 다니엘 1~3장(다니엘과 세 친구, 풀무불)

D2 다니엘 4~6장(두 왕, 사자굴 속의 다니엘)

D3 다니엘 7, 12장(메시아와 마지막 때)

D4 이사야 24~27장(이사야의 묵시)
이사야 53~55, 65장(고난 받는 종, 하나님 나라의 비전)

D5 스가랴 9장(오실 왕)
이사야 9:1~7, 11:2~10, 42:1~9; 미가 5:2~4;
말라기 3~4장(이스라엘의 소망)

D6 교재 내용 '성경의 가르침' 과 '제자의 모습'

📖 성경의 가르침

이 과의 내용을 이해하기 위해 알아두어야 할 몇 가지 용어들이 있습니다.

- 묵시(Apocalypse): 앞으로 있을 일, 특별히 마지막 때에 있을 일에 대한 예언적 계시. 문자적으로 이 단어는 '숨겨진 것이 나타나 보이다.'라는 의미다. 다니엘서와 요한계시록은 종종 '묵시문학'이라고도 불린다.
- 종말론(Eschatology): 죽음, 심판, 천국, 지옥과 같은 최후 또는 마지막 일들에 관한 사상이다.
- 메시아(Messiah): 앞으로 오실 구원자로, '기름 부음을 받은 자'를 뜻한다.
- 인자(人子, Son of Man): '사람'을 표현하는 히브리어구로서, 과거의 왕국들을 짐승으로 상징하는 것과 대조적으로 앞으로 올 왕국은 사람으로 상징된다.
- 하나님 나라(Kingdom of God): 지상의 왕국과 다르며, 하나님이 정의와 조화와 평화로 다스리실 왕국이다. 이 용어는 비록 구약성경에는 나오지 않지만 그 개념은 나타난다.

다니엘서

구약성경 중에 우리가 다루지 못하고 시간상 그냥 넘긴 책들도 있는데, 왜 하필 다니엘서와 같이 난해한 책은 건너뛰지 않고 읽어야 하는 걸까요? 여기에는 네 가지 이유가 있습니다.

1. 다니엘서는 세계 도처에 흩어져 이방 문화권에서 사는 유대인들의 종교생활과 신앙에 대한 관점을 제공합니다.

2. 기독교인들을 위해 쓰인 요한계시록처럼 다니엘서는 유대인들이 핍박 중에도 믿음으로 끈기 있게 견디어 나가도록 돕기 위해 기록되었습니다.

3. 많은 기독교인들은 구약성경의 다른 부분에서와 마찬가지로 다니엘서에서 메시아, 즉 앞으로 오실 기름 부음을 받은 자의 모습을 엿볼 수 있습니다.

4. 다니엘서는 묵시문학으로서, 우리의 생각을 이 땅의 왕국들을 넘어 하나님의 마지막 왕국으로 인도하며, 신약성경에 담긴 많은 사상의 기초를 이룹니다. 초대교회를 이해하기 위해서는 묵시문학을 이해하는 것이 필수입니다.

묵시문학의 주제와 특성은 다음과 같습니다.

- 묵시문학은 선의 세력과 악의 세력 사이에 우주적인 투쟁이 진행되고 있다는 신앙을 반영한다. 이 투쟁은 점점 치열해지는데, 정점에 이르러 결국 선이 승리하는 것으로 마무리된다.
- 묵시문학은 종말론이나 마지막 때에 관한 연구를 강조한다. 여기서 '종말(end)'은 우리가 보통 생각하듯이 시간의 마지막을 의미할 수도 있으나 일반적으로는 어떤 특정한 시대의 끝을 뜻한다. 묵시문학의 기본 사상은 현시대는 악의 영향 아래 있고, 하나님의 백성은 여기서 핍박을 당한다는 것이다. 더 나아가 이 박해는 하나님이 그의 백성을 위해 개입하시고, 평화와 기쁨의 새 시대를 시작하실 때까지 점점 심해진다.
- 묵시문학은 흔히 이미지와 상징들을 사용하는데, 이것은 글이 기록될 당시의 어떤 것들을 간접적으로 표현한 것으로서, 후대의 독자들은 이해하기가 어렵다. 예를 들면, 뿔은 일반적으로 어떤 세력이나 힘의 표현이었으며, 흰색은 승리나 순결을 뜻했고, '옛적부터 항상 계신 이(Ancient One)'라는 말은 하나님의 영원성과 주권과 지혜를 강조하는 것이었다.
- 묵시문학은 보통 현세대의 질서에 대해 비관적이며, 오직 하나님의 개입만이 모든 문제의 해결책이요, 고난당하는 하나님의 백성을 구해줄 수 있다고 생각한다.
- 하지만 이러한 비관론에도 불구하고 묵시문학은 근본적으로 독자들에게 어떤 확신과 평안을 주기 위해 기록된 것이다. 그 중심 메시지는 하나님이 역사를 다스리시고, 그의 백성이 종국에는 승리한다는 것이다.

바벨론에 잡혀 간 다니엘

주전 597년에 유다를 폐허로 만든 바벨론의 느부갓네살 왕은 젊고 유능한 자들을 추방하였고(에스겔은 이 중 하나였다.), 주전 587/586년에는 예루살렘과 성전까지 모두 무너뜨렸습니다. 다니엘과 세 친구들은 바로 이러한 소용돌이의 한가운데에 있었습니다. 그들은 바벨론 제국에 봉사할 일꾼으로 훈련받기 위해 선택된 자들이었습니다. 그러나 그들은 음식에 관한 유대교의 규례를 포기하지 않았고, 왕의 형상을 포함하여 바벨론의 신들에게 절하기를 거절하였습니다. 포로생활을 하는 유대인들은 이방문화 속에서 자신들의 신앙을 지켜내기 위해 때로는 목숨까지도 내놓아야 했습니다. 이처럼 극한 고난에 처해 울부짖는 그들에게 다니엘서는 말합니다. "강하고 담대하라. 하나님께서 너희와 함께 계실 것이다. 너희의 조상들이 애굽의 불구덩이에서 고난을 당할 때 함께하셨던 하나님이 풀무불에 들어간 사드락과 메삭과 아벳느고와도 함께하셨다."

다니엘서는 동화 같은 이야기로 어린이들에게 즐거움과 재미를 주는 책이지만, 학자들에게는 난해하고 복잡한 내용 때문에 여전히 어려운 책입니다. 어떻게 보면 이 이야기는 매우 단순합니다. '몇몇 젊은 유대인들이 부정한 음식을 먹지 않겠다고 거부하였다.' 그러나 다른 쪽으로 보면 환상과 꿈들이 서로 물고 물리는 강대국들과 함께 서로 복잡하게 얽히고설켜 있습니다.

다니엘서는 많은 것을 담고 있지만, 특히 구약성경의 어느 다른 책보다도 마지막 날들에 주목합니다. 우리는 다니엘이 대낮에 공개적으로 기도하며, 영원한 왕국과 옛적부터 항상 계신 이와 함께 오실 인자 같은 이(one like a human being)를 언급하는 것에 놀라움을 금할 길이 없습니다.

다니엘은 느부갓네살 왕과 그의 후계자 벨드사살의 꿈을 해석해 주었습니다. 자신이 전능한 자라고 생각하던 그들을 하나님이 꺾어 겸손하게 하셨습니다. 다니엘은 손가락이 나타나 벽에 글자를 쓰는 환상을 보았습니다. "메네 메네 데겔 우바르신" –"메네는 하나님이 이미 왕의 나라의 시대를 세어서 그것을 끝나게 하셨다 함이요, 데겔은 왕을 저울에 달아 보니 부족함이 보였다 함이요, 베레스는 왕의 나라가 나뉘어서 메대와 바사 사람에게 준 바 되었다 함이니이다(단 5:25~28)." 이것은 곧 이사야 선지자의 "보라, 그에게는 열방이 통의 한 방울 물과 같고 저울의 작은 티끌 같으니라(사 40:15)."는 외침과 그 맥을 같이합니다. '강하고 담대하라. 땅의 왕국들은 왔다가 사라질 뿐이다.'

네 마리의 짐승들은 이 땅의 왕국들을 뜻합니다. 사자는 바벨론 제국이요, 곰은 메대 제국이며, 표범은 바사(페르시아) 제국이요, 용의 모습을 한 무서운 짐승은 헬라 제국을 상징하는 것으로 해석할 수 있습니다.

다니엘 7~12장에 등장하는 것들은 매우 묵시적이고 상징적이어서 그것들이 무엇인지 분명하게 설명하기가 쉽지 않습니다. 여기에는 그만한 이유가 있습니다. 즉 다니엘서는 백성에게 장차 있을 재난을 준비하게 하거나 현재 그러한 고난을 당하고 있는 이들에게 과거의 용기와 지혜를 상기시킴으로 그들을 위로하기 위해 기록한 책이기 때문입니다. 대부분의 학자들은 다니엘서가 안티오코스 에피파네스 4세(주전 167~164년)의 극심한 핍박 아래에서 기록되었을 것이라고 생각합니다.

그러한 압정 아래에서 많은 사람들이 죽임을 당했고, 이방의 신상들과 제우스 제단이 실제로 성전에 세워졌으며, 예루살렘은 약탈을 당했습니다. 유대인들이 행하

네 짐승이 상징하는 왕국들의 영토

바벨론 제국(주전 612년에 앗수르를 패망시키고 예루살렘을 함락했으며 이스라엘 사람들을 포로로 잡아 갔다.)

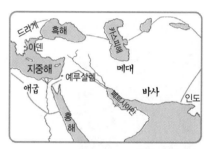

메대와 바사 제국(바사는 바벨론을 주전 539년에 멸망시키고 유대인들을 고향으로 돌아가게 했다.)

헬라 제국(구약과 신약의 중간기에 근동 지역을 지배했다.)

학자들은 다니엘서 저작 연대에 대해 서로 의견을 달리한다. 어떤 학자들은 주전 6세기라고 하는 반면, 오늘날의 대부분의 학자들은 주전 164년으로 보고 어떤 부분은 이보다 훨씬 전에 기록되었다고 주장한다.

던 안식일과 음식법 준수, 할례, 성전에서의 희생제사 등은 모두 금지되었습니다.

'강하고 담대하라. 믿음을 잃지 말라. 너희가 누구의 백성인지 기억하라. 다니엘을 사자굴에서 건져 주신 하나님께서 그의 순종하는 백성을 핍박의 손아귀에서 구원해 주시지 않겠는가?'

묵시적 환상

이렇게 예언자는 이 땅의 제국들 너머를 바라봅니다. 그는 바벨론이나 메대나 바사나 헬라보다 위대한 왕국을 내다보고, 안티오코스 에피파네스보다 위대한 통치자를 확신했습니다.

"내가 보니 왕좌가 놓이고 옛적부터 항상 계신 이가 좌정하셨는데 그의 옷은 희기가 눈 같고 …… 책들이 펴 놓였더라. 그 때에 내가 …… 주목하여 보는 사이에 짐승이 죽임을 당하고 …… 내가 또 밤 환상 중에 보니 인자 같은 이가 하늘 구름을 타고 와서 옛적부터 항상 계신 이에게 나아가 그 앞으로 인도되매 그에게 권세와 영광과 나라를 주고 모든 백성과 나라들과 다른 언어를 말하는 모든 자들이 그를 섬기게 하였으니 그의 권세는 소멸되지 아니하는 영원한 권세요, 그의 나라는 멸망하지 아니할 것이니라."(단 7:9~14)

'느부갓네살 왕이 풀무불 구덩이에서 신들의 아들과 같은 모습을 한 넷째 사람을 보지 않았는가(단 3:25)? 기름 부음 받은 이가 오실 것이다. 하나님의 왕국이 임할 것이다. 죽은 자들은 그 사슬을 끊고 부활할 것이다(단 12:1~3). 그러나 이 말들은 마지막 때가 오기 전까지는 봉해진 채 비밀에 붙여질 것이다.' (단 12:9)

안티오코스 에피파네스 4세는 주전 175~164년에 팔레스타인을 통치했다. 유대인들을 헬라화하기 위한 그의 잔인한 핍박은 마카비 반란을 초래했다.

다른 묵시문학

이사야 24~27장과 53~55, 65장에서 우리는 현세적 차원을 떠나 영원한 차원으로 옮겨가는 다른 환상들을 보게 됩니다. 에스겔은 묵시적 환상 속에서 영적인 악(곡과 마곡으로 상징되는)과 싸우고 영원한 승리를 차지하시는 하나님을 봅니다(겔 38~39장). "사망을 영원히 멸하실 것이라. 주 여호와께서 모든 얼굴에서 눈물을 씻기시며 자기 백성의 수치를 온 천하에서 제하시리라."(사 25:8)

메시아, 곧 기름 부음을 받은 이에 대해서는 여러 선지자들이 예언하였습니다. '우리를 하나님의 왕국으로 인도하실 메시아는 겸손하여서 나귀를 타실 것이다(슥 9:9). 그는 베들레헴에서 태어날 것이요, 여호와의 능력과 그의 하나님 여호와의 이름의 위엄을 의지하고 서서 그의 양들을 먹이실 것이다(미 5:2~4).' 말라기는 한 사자가 길을 예비할 텐데, 그의 모습은 금을 연단하는 자의 불과 같다고 했습니다(말 3:1~2). 또한 예루살렘의 이사야는 메시아의 탄생을 이렇게 기록했습니다.

"이는 한 아기가 우리에게 났고 한 아들을 우리에게 주신 바 되었는데 그의 어깨에는 정사를 메었고 그의 이름은 기묘자라, 모사라, 전능하신 하나님이라, 영존하시는 아버지라, 평강의 왕이라 할 것임이라."(사 9:6)

◙ 제자의 모습

제자는 어떠한 상황에서도 꿈을 잃지 말아야 합니다. 그 옛날 핍박을 견디며 믿음을 지켰던 하나님의 백성과 하나라는 사실을 자각하면서 영의 눈을 열어 하나님의 왕국을 바라보고 소망 중에 살아가야 합니다. 믿음과 헌신의 사람들은 하나님의 궁극적인 승리와 그의 왕국의 영원한 다스림을 확신합니다.

다니엘과 그의 친구들이 죽음의 위협을 무릅쓰고 이방신에게 드렸던 제물과 우상 숭배를 거부했던 이야기를 읽으면서 기독교인으로서 어떤 생각을 하게 됩니까?

....

....

묵시적 환상과 비전에 관한 내용을 공부하면서, 현대를 사는 기독교인으로서 어떠한 영적 진리들이 마음에 와 닿습니까?

....

....

현세대의 냉소주의와 모든 것이 곧 좋아질 것이라는 망상에 대응할 수 있는 하나님 나라에 대한 나만의 비전은 어떤 것인지 적어 봅시다.

....

....

◉ 더 알아보기

■ 외경은 히브리 성경이나 개신교 성경에는 포함되지 않은 유대교의 신앙 저술들입니다. 대부분의 외경이 로마 가톨릭 성경에 들어 있는데, 이 책들은 신구약 중간기에 쓰였으며, 흔히 마지막 때를 묘사합니다. 에스드라2서 1:1~5:20 이나 토비트서를 읽어 보면 도움이 될 것입니다.

신구약 중간기 The Time of Transition

만군의 여호와가 이르노라 보라 내가 내 사자를 보내리니
그가 내 앞에서 길을 준비할 것이요
또 너희가 구하는 바 주가 갑자기 그의 성전에 임하시리니
곧 너희가 사모하는 바 언약의 사자가 임하실 것이라 (말라기 3:1)

⊙ 우리의 모습

주변의 모든 일이 잘 돌아갑니다. 하는 일도 그럭저럭 되어 갑니다. 가정생활에도, 건강에도 별 문제가 없습니다. 그런데도 우리는 종종 그 이상의 어떤 것을 원하고 갈망하는 때가 있습니다. 그렇게 그 무언가를 기다립니다.

ⓘ 내려놓기

성경 공부를 하기 전에 먼저 하나님께 기도를 드립니다. 아래의 시편 말씀이 좋은 길잡이가 될 것입니다.

> 하나님이여 주는 나의 하나님이시라 내가 간절히 주를 찾되 물이 없어 마르고 황폐한 땅에서 내 영혼이 주를 갈망하며 내 육체가 주를 앙모하나이다 (시편 63:1)

이번 주 기도 제목을 구체적으로 적어 기도합시다.

⊙ 귀 기울이기

포로생활 이후 예루살렘 성의 재건과 예수님이 오신 일 사이에는 큰 공백이 있었던 것처럼 보입니다. 이 400년이라는 긴 시간 동안에 어떤 일들이 일어났을까요?

뛰어난 정치인이 나타나 자신들을 하나님의 통치 아래 있는 독립된 국가로 이끌어 줄 것을 기대하는 유대인들의 바람을 생각하며 에스더, 요나, 그리고 신구약 중간기에 대한 글들을 읽어 봅시다.

D1 교재 내용 '성경의 가르침'

D2 에스더 1~4장(흩어진 유대인들)

D3 에스더 5~10장(유대인의 승리)

D4 요나 1~4장(이스라엘의 세계 선교)

D5 성경 사전이나 주석에서 신구약 중간기에 관한 글을 찾아 읽습니다. 각자의 성경책에 수록된 관련 자료들도 도움이 될 것입니다.

D6 1과에서 16과까지 배운 것들을 훑어보면서 복습합니다. 교재 내용 '제자의 모습'

에스라서와 느헤미야서에 등장하는 사건들의 연대
와 순서를 정하는 데는 어려움이 많다. 어떤 구절
은 에스라가 느헤미야보다 먼저 예루살렘에 도착
한 것으로 되어 있지만, 다른 구절은 느헤미야가
먼저 돌아온 것으로, 또 다른 구절은 두 사람이
동시에 귀국한 것으로 기록되어 있다. 에스라가
느헤미야보다 늦게 주전 398년에 귀국했다는 견
해도 있지만, 우리는 그가 먼저 귀국한 것으로 보
는 해석을 따른다.

🔟 성경의 가르침

예루살렘은 주전 587/586년에 바벨론에 함락되었습니다. 유대인들은 추방을
당해 흩어졌고, 그 곳에서 거의 50년을 살았습니다. 그 후 바벨론 제국은 주전 539
년에 고레스가 통치하는 바사(페르시아) 제국에 의해 멸망하였는데, 이것이 바사 제
국 시대의 시작입니다.

바사 제국 시대(주전 539~333년)

고레스 2세는 주전 538년에 포로생활을 하던 유대인들이 예루살렘으로 돌아가
성전을 재건하도록 칙령을 내렸습니다. 유대인 중 일부는 즉시 예루살렘으로 돌아
갔고, 다른 일부는 시간이 조금 흐른 후에, 또 어떤 이들은 100년이나 지난 후에 고
향길에 올랐습니다.

고레스 왕이 칙령을 내린 후 예루살렘으로 즉시 돌아온 사람들은 세스바살이 인
솔했는데, 그는 성전 재건을 시작한 인물입니다. 하지만 안타깝게도 완공은 보지
못한 채 눈을 감았습니다.

두 번째 귀환 그룹은 주전 521~485년 다리오 1세가 통치하던 때에 스룹바벨과
예수아가 인솔했습니다. 그들은 예루살렘에 제단을 다시 짓고, 희생 제사를 회복시
켰습니다. 학개와 스가랴의 영향으로 스룹바벨과 예수아는 성전 재건을 완료했습
니다.(주전 515년)

에스라는 그보다 훨씬 후인 아닥사스다 통치 때(주전 464~423년)에 예루살렘으
로 돌아왔는데, 그는 바벨론에서 살던 유대인 공동체가 행하던 모세의 율법을 옮겨
와 제도화했습니다. 한편 느헤미야서에 따르면 느헤미야는 예루살렘 성벽을 재건
하기 위해 두 번씩이나 왕래했으며, 종교 개혁을 역설했습니다.

네 번째 그룹의 귀환은 그보다 훨씬 후인 아닥사스다 2세 때(주전 404~358년)에
이루어졌는데, 느헤미야가 그들을 인도했습니다.

제사장인 에스라와 평신도인 느헤미야는 많은 어려움을 당했습니다. 예루살렘
안팎에 살던 다양한 민족과 백성에게 극심한 저항을 받았을 뿐만 아니라 바사 제국
의 눈치까지 살펴야 했기 때문입니다.

느헤미야가 말했듯이 성벽을 쌓던 사람들은 한 손으로는 일을 하고, 다른 손에
는 병기를 잡고 있어야 했습니다.(느 4:17~18)

많은 유대인들이 고향으로 돌아왔다고는 하지만 그것은 일부일 뿐이었습니다.
이것은 대단히 중요한 사실입니다. 수백만 명의 유대인들이 지중해 지역 전역에 흩
어졌습니다. 주전 3세기경 애굽에만도 약 1백만 명의 유대인들이 살았습니다. 잠시
생각해 봅시다. 어떤 유대인들은 북왕국에서 추방당해 거의 200년 동안 포로생활
을 했고, 또 어떤 이들은 남왕국을 떠나 산 지 2, 3대가 지났습니다. 이들은 지금 비
록 이방 땅에서지만 직업도 있었고, 장사를 하거나 노예로서 노동도 하였습니다.
대부분 가난했지만 그들에게는 가정이 있었고, 다른 문화와 환경의 일부가 되어 살

아가고 있었습니다. 더군다나 돌아가야 할 고향의 경제 상황은 말이 아니었습니다. 그런데 왜 돌아가겠습니까?

이번 주에 우리는 에스더와 요나서를 읽게 되는데, 이 두 책은 바사 시대에 쓰인 것입니다. 에스더서는 종교적인 주제가 결여되어 있고 하나님에 대한 언급이 없기 때문에 경전에 포함되지 못할 뻔했습니다. 그러나 왕후 에스더의 용기, 아름다운 이야기, 부림절에 대한 설명과 정치적인 승리가 이 책을 성경의 일부가 되게 했습니다. 에스더서는 독자들이 각처에 흩어져 박해를 받으며 살던 유대인들을 기억하며, 자신을 그 일원으로 느끼게 합니다.

요나서는 에스라에 의해 형성된 삶의 태도에 대한 반응으로 생겨난 책입니다. 그의 영향으로 유대인들은 외국인과 상종을 하지 않는 삶을 살게 되었습니다. 유대 민족이 경험했던 비극을 되새기며, 에스라는 대단히 엄격한 삶을 살기로 결단했습니다. 그래서 할례법과 안식일 준수, 성전을 유지하기 위해 십일조를 바치는 일에 절대 순종할 것을 명령했습니다. 가장 극단적인 예로, 에스라는 이방 여인과 결혼한 유대인에게 이혼을 강요하기까지 했습니다(스 9~10장). 이러한 극심한 분리와 구별 때문에 모든 이방인과 혼혈인, 이방인과 결혼한 사람들은 사회에서 격리될 수밖에 없었습니다. 이러한 상황에서 요나서가 부르짖는 메시지는 이스라엘은 이방인의 빛이 되어야 한다는 것입니다. 선지자 요나는 **니느웨**('적의 심장'으로 상징되는 옛 앗수르 제국의 수도)로 가서 그들에게 임할 임박한 심판을 예고하며 회개를 촉구하라는 명령을 받았습니다. 하지만 이스라엘 민족처럼 요나도 처음에는 이에 순종하지 않았습니다. 그런데 이 이야기의 기적은 니느웨의 반응입니다. 요나의 예언을 들은 그들이 죄를 깨닫고 진심으로 회개하였던 것입니다. 요나서 기자는 이 이야기를 통해 에스라가 강요한 엄격한 분파주의 사상을 견제했습니다.

이러한 '분리주의(에스라)'와 '선교 열정(요나)' 사이의 긴장 관계를 어떻게 이해하고 적용하면 좋을지 자신의 생각을 써 보십시오.

쿰란에서 발굴된 뚜껑이 있는 이 항아리는 사해사본이 담겨 있던 항아리와 같은 종류의 것이다. 에스더서를 제외하고는 구약 모든 책의 단편들이 사해 동굴에서 발견되었다.

니느웨와 다시스는 요나 시대 상업세계의 가장 끝에 위치한 도시들이었다. 하나님이 니느웨 사람들에게 경고하시기 위해 요나를 불렀을 때 그는 정반대 방향으로 도망하려고 했다.

헬라 제국(주전 333~198년)

주전 333년은 기억하기 쉬우면서도 매우 중대한 연대입니다. 이수스(Issus)에서 결정적인 승리를 거둔 **알렉산더 대왕**은 페르시아 제국을 정복하고, 그 일대를 헬라의 영향권으로 만들었습니다. 그의 목표는 문화적 정복이었습니다. 그의 군대는 가는 곳마다 헬라어와 헬라 문화, 헬라의 종교를 퍼뜨렸습니다. 헬라의 동전, 상업, 교통, 학문, 운동경기 등이 지중해 연안 일대에 전해졌고, 애굽의 알렉산드리아와 같은 새로운 도시들이 세워졌습니다.

바벨론과 페르시아 제국의 영향 아래에서 팔레스타인에서 통용되던 언어는 아

마게도냐의 알렉산더 대왕(주전 356~323년)은 헬라와 바사 제국과 애굽을 정복하여 가장 넓은 영토를 차지한 제국을 만들었다. 그는 애굽에서 인도에 이르기까지 가는 곳마다 헬라문화를 보급했다.

람어였습니다. 그러나 이제 모든 피교육자들이 헬라어로 쓰고 말해야만 했습니다. 사람들의 이동은 좀 더 자유로워졌으며, 상업도 번창했습니다.

옷을 벗고 하는 운동경기가 어느 곳에서나 인기가 있었습니다. 그러나 유대인들에게 벌거벗는 것은 너무나 꺼려지는 행위였습니다. 할례가 문제가 된 것입니다. 그래서 어떤 유대인 남자들은 운동경기에 나가기 위해 할례 받은 흔적을 수술을 받아 가면서까지 없애기도 했습니다.

헬라에는 여러 신들과 철학 사상이 있었기 때문에 그 상황에서 유대교는 어느 정도 자유를 누릴 수 있었습니다. 철학과 윤리, 종교에 관한 대화와 토론은 어디서나 볼 수 있는 광경이었습니다. 소크라테스와 같은 많은 헬라인들은 '유일하고 지고하신 창조주 하나님'이라는 개념에 매력을 느끼게 되었습니다. 헬라의 영향 아래에서 많은 비유대인들이 유대교를 공부했고, 그들은 하나님을 두려워하게 되거나 이방인 신자가 되었습니다. 뿐만 아니라 더러는 유대교로 개종하기까지 했습니다.

셀레우코스 왕조 시대(주전 198~167년)

알렉산더 대왕이 죽은 후 헬라 제국은 네 지역으로 나뉘었습니다. 그리고 그의 군 장교들이 각각 나누어 다스리게 되었습니다. 애굽은 프톨레마이오스(Ptolemaeus)의 휘하에 들었습니다. 그리고 남부 소아시아 지역과 수리아, 바벨론은 셀레우코스(Seleucus)라는 군 장교와 그의 자손이 지배했습니다. 이 왕국은 점차 세력을 확장해 가장 강대해졌고, 그 통치자들은 후대에 셀레우코스 왕조라는 이름으로 기억되었습니다. 그 중에 하나였던 안티오코스 3세(Antiochus Ⅲ)는 주전 198년에 헤르몬 산 근처에서 애굽을 항복시키고 팔레스타인을 식민지로 삼았습니다. 한편 안티오코스 4세(주전 175~163년 통치)는 스스로를 '에피파네스(Epiphanes)', 즉 '현시된 신(god manifest)'이라고 칭하며 유대인들을 몹시 박해했고 문화적, 종교적 통일성을 강요했습니다. 그는 자신을 제우스로 숭배하라고 요구하며 예루살렘 성전 안에 제우스 신을 위한 제단을 만들었을 뿐만 아니라, 유대 율법이

부정한 것으로 구분한 돼지를 제물로 바치기까지 했습니다. 그는 또한

- 예루살렘 성전의 귀중품들을 약탈했고
- 제사장직을 돈을 받고 팔았으며
- 그의 정부에 협력하는 유대인들에게 상을 내렸습니다.
- 저항 운동을 말살하기 위해 그의 군대를 동원했고
- 유대교 율법서들을 불태웠으며
- 할례를 금지하고 범법자를 사형에 처했습니다.
- 안식일과 음식법 준수를 불법으로 정하고 유대인들에게 돼지고기를 먹도록 강요했습니다.

다니엘서 7~12장에서 그는 '작은 뿔'로(7:8, 20~27절, 8:9~14), '멸망하게 하는 가증한 것(11:31)'으로 표현되었습니다.

하스몬 왕조 시대(주전 167~63년)

마카비 일가(Maccabean family)의 지도 아래 일부 유대인들은 안티오코스에 반기를 들고 무력행사 끝에 얼마 동안 유대인의 독립을 쟁취했습니다.

많은 학자들은 안티오코스 에피파네스의 박해시기에 백성에게 묵시적 격려를 주기 위해 옛 선지자의 삶과 바벨론에서의 예언을 그린 다니엘의 저술들이 재정리되어 다니엘서에 덧붙여졌다고 생각합니다. 다니엘은 이렇게 외칩니다. "강하고 담대하라. 믿음을 잃지 말라."

로마 통치 시대(주전 63년 이후)

로마의 팔레스타인 통치는 주전 63년에 시작되었고, 주전 31년부터 주후 14년까지 다스린 가이사 아구스도(Caesar Augustus) 황제 때가 전성기였습니다. 신약성경을 읽으면서 우리는 유대교로 개종한 이두매(에돔에서 나온) 출신 헤롯 대왕(그는 로마의 꼭두각시가 되었음) 때문에 그 당시에 로마의 폭정이 있었던 것으로 생각하기 쉽습니다. 그러나 세계는 근 200년 동안 팍스 로마나(Pax Romana), 즉 로마에 의한 세계 평화를 경험했습니다. 로마의 기술자들은 로마 제국 끝까지 이르는 도로를 건설했는데, 후에 바나바와 바울 같은 기독교 전도자들은 이

평화 정책과 그들이 건설한 도로가 있었기에 쉽게 여행을 하면서 짧은 기간에 지중해 세계에 복음을 널리 전할 수 있었습니다.

로마인들은 헬라문화를 많이 물려받았습니다. 그들도 상업을 장려했고, 종교 문제에 많은 자유를 허용했으며, 세계 통용 동전을 만들고, 상업과 교육을 위해서는 헬라어를 사용했으며, 새로운 로마 도시들을 세워 지역통치 제도를 시행했습니다.

헬라와 셀레우코스 왕조와 로마 정권 아래에서의 세금 제도는 매정하고 독단적이며 부패했습니다. 돈 있는 사람들(눅 19:1~10의 삭개오 같은)은 돈을 내고 세금 징수권을 얻었고, 로마는 그들에게 징수 지역을 나누어 주었습니다. 이들 세금 브로커들은 세금 징수를 위해 사람들을 고용했는데, 이 세리(publicans)는 인두세와 노예와 가축과 집 등에 따른 재산세를 거두어들였습니다. 그들은 일정한 지침에 따라 세액을 정한 후 책정된 금액만 로마에 바치고 나머지는 스스로 취했습니다. 유대 사회에서 세리들은 죄인이요 부정하게 여겨졌는데, 그것은 그들의 욕심 때문만이 아니라 이방인들과의 접촉 때문이었습니다.

알렉산더 대왕의 죽음과 하스몬 왕조 시기 사이의 셀레우코스와 프톨레마이오스 제국.

종교생활

흩어져 살던 유대인들(Diaspora)은 성전도, 정식 제사장도 없었기에 그저 단순히 자기들끼리 모였습니다. 이렇게 종교생활의 새로운 형태가 생겼는데, 바로 회당(synagogue)이었습니다. 회당은 원래 '회집(會集)'이라는 뜻이지만 그들에게는 '기도의 장소'를 의미하게 되었습니다. 전 세계에 흩어진 유대인들은 도시마다 동네마다 생긴 회당에서 모였습니다. 정식 회당이 언제 처음 생겼는지에 관해서는 학자들 간에 많은 논쟁이 있지만, 회당이 기도와 토론을 위한 집회 장소였다는 사실에는 의견을 같이합니다. 한편 우리는 에스더서를 통해 유대인들이 기도와 금식을 위해 서로 연락망을 유지하고 있었음을 어렴풋이 짐작할 수도 있습니다.

회당에서는 어떤 일들을 했을까요? 유대인들은 기도하고 배우기 위해 정기적으로 회당에 모였습니다. 랍비라고 불리는 평신도 선생들이 생겼고, 어린아이들은 그곳에서 히브리의 언어, 풍습, 율법, 규례들을 배웠습니다. 그리고 기도와 성경 읽기, 가르침과 토의 등을 포함한 안식일 예배를 드렸습니다. 궁핍한 이들에게 여러 가지 도움을 베풀기도 했습니다. 이렇게 회당은 점차 유대인 공동체의 정치적, 사회적 중심이 되었습니다.

회당은 또한 여행하는 유대인들을 환대했습니다. 그들은 아브라함이 하나님의 보냄을 받은 사자들을 맞아들여 잘 대접했던 이야기를 기억하고 있었습니다(창 18:1~8). 외인과 손과 방랑객을 잘 접대하라는 율법서의 가르침도 잊지 않았습니다. 이처럼 회당은 일종의 고대 여인숙이기도 했습니다.

신약성경 시대가 시작되기 바로 이전 몇 세기 동안 모세 율법의 중요성은 더욱 강조되었습니다. 율법은 원래 토라(구약성경의 첫 다섯 권)를 의미했지만, 일반적으로는 구전으로 내려온 전통과 율법 해석 모두를 포함하는 경우가 더 많았습니다.

디아스포라(Diaspora)는 헬라어이며, 앗수르에게 망한 북왕국과 바벨론에 망한 남왕국의 흩어져 살던 유대인들을 가리키는 용어다. 포로생활 후 귀환하지 못한 사람들도 계속 그렇게 불렸다. 오늘날은 이스라엘에 살지 않는 모든 유대인을 가리켜 디아스포라라고 한다.

백성은 율법을 높이고 찬양하였습니다. 에스라는 모세 율법을 유대교의 중심으로 확고히 정립했고, 이것은 랍비들도 마찬가지였습니다. 이것은 율법의 모든 세칙에 순종하면서 하나님 앞에서 온전하게 살아가기 위함이었습니다. 주후 70년 로마 군대가 예루살렘 성전을 파괴하기 훨씬 전부터 회당에서의 율법 연구는 성전 제사보다 더욱 중요시되었습니다.

신구약 중간기에 유대교 안에 몇몇 종교적 집단들이 생겨났는데, 서기관, 사두개인, 바리새인, 에세네, 열심당 등이었습니다. 그 중 서기관들은 특별한 신앙을 소유했거나 정치성을 띤 그룹이 아니라 오히려 많은 교육을 받아 지식이 풍부하며 율법에 입각해 살려고 애쓴 이들이었습니다. 서기관 중에 어떤 사람은 바리새인이었고, 또 어떤 사람은 사두개인이었습니다.

📖 제자의 모습

우주의 하나님은 유일한 하나님이십니다. 하나님은 구약성경과 신약성경을 통해 자신의 신성을 나타내시고, 궁극적으로는 예수 그리스도 안에서 그의 본체를 보여 주십니다.

제자는 자기 자신이 구약성경에 등장하는 신앙 선조들(아브라함과 사라의 후손)과 하나임을 매순간 자각하며, 예수 그리스도의 복음을 듣고 이해할 때에도 이 관계를 잊지 않습니다.

성경의 통일성과 구속사의 중심 주제를 어떤 식으로 이해합니까?

....

....

✚ 학개서와 스가랴서와 말라기는 신구약 중간기의 일들을 보여 줍니다. 특히 말라기는 고대 예언자 시대와 유대교의 새로운 모습 사이를 잘 표현하는 연결고리입니다. 또한 외경에 포함된 마카비전서(First Maccabees)도 신구약 중간기의 역사를 이해하는 데 도움을 줄 것입니다.

📷 더 알아보기

■ 신약성경의 책이름을 외우십시오. 앞으로 공부할 때 많은 도움이 됩니다.

신약 성경 연구

18

철저한 제자로 부르심 Radical Discipleship

예수께서 그 곳을 떠나 지나가시다가 마태라 하는 사람이 세관에 앉아 있는 것을 보시고 이르시되 나를 따르라 하시니 일어나 따르니라 (마태복음 9:9)

이 과의 주제

제자

우리의 모습

인간에게는 변화를 두려워하는 마음이 있습니다. 그래서 주위의 모든 것이 지금 있는 그대로 머물러 있기를 바랍니다. 분열과 혼란으로 우리의 문화가 병들어 있음을 알면서도 별 거부감 없이 그것을 따릅니다. 영적으로 눈먼 상태에서 방향도 모른 채 길을 걷고 있는 것입니다.

내려놓기

성경 공부를 하기 전에 먼저 하나님께 기도를 드립니다. 아래의 시편 말씀이 좋은 길잡이가 될 것입니다.

> 내 마음을 잇속에 기울이지 않고 당신의 언약으로 기울게 하소서. 헛된 것에서 나의 눈을 돌리시고 당신의 길을 걸어 생명을 얻게 하소서. 당신을 경외하는 이들에게 주신 약속을 당신의 종에게 지켜 주소서. (시편 119:36~38, 공동번역)

이번 주 기도 제목을 구체적으로 적어 기도합시다.

귀 기울이기

앞으로 두 주 동안 우리는 마태복음을 공부합니다. 이 기간에 두 번을 읽게 되는데, 염두에 두어야 할 강조점이 다릅니다. 첫째 주에는 철저한 제자로 부르시는 하나님의 부르심에 주목해야 하고, 둘째 주에는 예수님을 십자가 처형으로까지 이끈 당시의 긴장 상태를 눈여겨보아야 합니다.

마태는 예수님의 출생에서 시작하여 그의 고난으로 마치게 되는 이 책을 구약성경의 첫 다섯 책인 토라와 같이 다섯 부분('책')으로 적절히 나누었습니다. 부분마다 두 가지 요소가 있는데, 첫째는 활동하시는 예수님이요, 둘째는 예수님의 가르침, 또는 그의 행위에 대한 해석이나 설명입니다.

"예수께서 이 말씀을 마치시고"라는 구절을 주시하십시오. 이 구절은 새로운 부분이 시작된다는 표시입니다.

D1 마태복음 1~2장(탄생 기사)
마태복음 3~7장(철저한 제자로 부르심)

D2 마태복음 8~10장(선교)

D3 마태복음 11:1~13:52(하늘나라의 비밀)

D4 마태복음 13:53~18:35(교회생활과 지도자)

D5 마태복음 19~25장(심판을 대비함)

D6 교재 내용 '성경의 가르침'과 '제자의 모습'

🔲 성경의 가르침

마태복음의 서두에서 마태는 이렇게 선언합니다. "아들을 낳으리니 이름을 예수라 하라. 이는 그가 자기 백성을 그들의 죄에서 구원할 자이심이라(마 1:21)." 즉 다윗의 자손 예수는 인류의 구원자로 이 세상에 오셨다는 것입니다. 그의 이름 '예수'는 히브리어 여호수아(Joshua)에서 파생된 것으로, '하나님은 구원이시다.'라는 의미입니다.

마태는 족보를 나열하면서 그것을 세 부분으로 나누고 각 부분에 14명의 이름을 넣었습니다(마 1:17). 이러한 짜임새를 만들기 위해 그는 몇몇 왕의 이름을 누락시키기까지 했습니다. 그러면 왜 마태는 족보를 세 부분으로 나누었을까요? 그것은 유대 역사가 크게 세 부분으로 나뉘기 때문입니다. 첫째는 아브라함부터 다윗까지요, 둘째는 다윗부터 바벨론 포로생활까지요, 셋째는 바벨론 포로생활부터 예수 그리스도까지입니다. 이 족보에는 여자들의 이름도 있는데, 이는 고대 유대 족보로는 보기 드문 경우였습니다.

마태복음의 족보에서 특별히 눈여겨볼 점이 있습니다. 예수님에서 시작하여 윗대로 거슬러 올라가는 누가복음의 족보(눅 3:23~38)와는 반대로 아브라함에서 시작하여 예수님까지 차례로 내려온다는 것입니다(마 1:2). 마태는 예수께서 메시아이며, 구속사의 절정이라는 사실을 우리가 알기를 원하는 것입니다. 보통 어떤 사람의 혈통을 따질 때에는 그 아버지 쪽을 보는 것이 정석이었기에, 이 족보는 요셉의 것임을 짐작할 수 있습니다.

마태는 그의 유대인 독자들이 예수께서 어느 다른 누군가도 아닌 그의 백성 이스라엘에 우선하여 오셨다는 사실을 깨닫기를 원했습니다. 그러나 이방인으로 생각되는 '동방에서 온 박사들'은 예수께서 이방인들도 구원하시기 위해 오셨음을 보여 줍니다.

철저한 제자로 부르심

예수께서는 제자들을 부르셨을 때, 그들에게 절대적이고 완전무결한 순종과 헌신을 요구하셨습니다. 예수께서 "나를 따르라."고 하셨을 때 그가 의미하신 것은 어떤 일이나 사람이나 장소를 뒤로하고 떠나는 것이었습니다. 순종은 얽매인 모든 것을 떨쳐버리고 미지의 세계로 걸어가는 것을 의미합니다. 곧 듣고, 배우고, 증거하고, 섬길 준비가 되었음을 말합니다. '제자'라는 말도 바로 '배우는 자'를 뜻합니다.

시몬과 안드레, 야고보와 요한은 그물과 친척을 남겨 두고 예수를 따라나섰습니다. 레위라고 불린 마태도 마찬가지입니다.

예수께서는 다른 사람들에게도 그와 같은 철저한 제자의 길을 요구하셨지만, 그들은 자신을 붙잡고 있는 것에서 벗어나려고 하지 않았습니다. 한번은 예수께서 제자가 되고자 하는 어떤 서기관에게 제자가 되면 집도 없이 길거리에서 자야 하는 경우가 많다고 말씀하셨습니다. 그런데 그 후에 그 사람이 어떻게 되었는지 성경에는 더 이상의 언급이 없습니다(마 8:19~20). 또 어떤 사람은 연로하신 아버지가 돌아가실 때까지 주님이 기다려 주시기를 원했습니다. 그러나 예수께서는 "죽은 자들이 그들의 죽은 자들을 장사하게 하고 너는 (지금) 나를 따르라."고 명하셨습니다. 그 후 그도 역시 사라지고 말았습니다(마 8:21~22). 또 후에 한 부자 청년이 제자가 되고자 했으나 예수께서 "가서 네 소유를 팔아 가난한 자들에게 주라. …… 그리고 와서 나를 따르라."고 하시니 그도 슬그머니 꽁무니를 뺐습니다. 성경은 그에 관해 이렇게 기록합니다. "그 청년이 재물이 많으므로 이 말씀을 듣고 근심하며 가니라(마 19:22)." 심지어 가족이라도 주의 제자가 되는 길을 가로막을 수 없습니다(마 10:34~39). 기독교인은 먼저 하나님의 나라와 그의 의를 구하는 일편단심의 사람이어야 합니다.(마 6:33, 13:44~46을 다시 읽자.)

우리는 마태복음 5~7장에 기록된 산상수훈에서 예수님이 무엇을 요구하시는지 들을 수 있습니다.

진실만을 말하라.
마음으로라도 음행하지 말라.
마음에서 분노를 뽑아 버려라.
끝없이 용서하라.

원수를 사랑하라.
골방에 들어가 기도하라.
금식할 때 얼굴을 씻고 단장하라.
남이 모르게 구제하라.
남을 비판하지 말라.
평화를 위해 일하라.

산상수훈 전체에 충만히 흐르고 있는 주제는 바로 예수님의 관심사인 의입니다. 주님이 말씀하신 이 '하나님 나라의 사람들'은 다른 이들과는 다른 매우 특별한 사람이 되어야 합니다. 이스라엘 백성이 광야에서 날마다 만나를 받아먹었듯이 이들은 일용할 양식만을 구하면서 늘 감사의 삶을 살아야 합니다. 그리고 이 감사는 박해가 닥쳐와도 멈추지 말아야 합니다. 마땅히 이 새 제자들은 서기관과 바리새인들보다 나은 의의 삶을 살아야 합니다.(마 5:20)

예수님이 선교 사역을 시작하며 하신 첫 말씀은 "회개하라(마 4:17)."입니다. 회개란 단순히 잘못을 고백하고 후회하는 것이 아니라 가던 길에서 돌아서는 것을 의미합니다. 즉 방향을 바꾸는 것, 새로운 방법으로 사고하고 살아가는 것을 뜻합니다.

그럼 새로운 의(義)는 무엇일까요? 그것은 회개의 삶이요, 세상일에서 돌아서 하나님 나라를 분명하게 바라보는 삶입니다.

마태가 종종 묘사한 종교 지도자들의 '자기 의'는 빛 없이 어두움에서 사는 것입니다. 우리는 자신에게 하나님이 필요하다는 것을 깨닫기 전에는 그분을 찾을 수 없습니다. 마태복음 23장에 있는 냉혹한 비난은 그 당시 유대 바리새인들만을 향한 것이 아닙니다. 모든 세대의 모든 위선자를 향한 것입니다. 종교적 위선이야말로 최악의 것입니다.

동방박사의 방문, 요셉이 꾼 경고의 꿈, 애굽으로의 피난, 베들레헴 아이들의 학살 이야기는 마태복음에만 기록되어 있다. 헤롯 왕을 피하기 위해서는 사막을 통해 가는 것이 확실했겠지만, 그들은 아스글론에서 애굽 국경까지 해안을 끼고 가는 안전하고 빠른 길을 택했으며, 돌아올 때에도 같은 길로 온 것 같다.

사람들은 표적(sign)을 구했습니다. 그러나 예수님은 그들에게 "요나의 표적밖에는 보여 줄 표적이 없느니라(마 16:1~4)."고 하셨습니다. 예수님이 의미하신 것은 무엇일까요? 요나가 회개하라고 외쳤을 때 유대인의 증오의 대상이었던 앗수르의 수도 니느웨의 백성이 베옷을 입고 재를 뒤집어쓰고 회개하게 된 사실을 말씀하신 것입니다.

예수님은 한 가지 이야기를 들려주셨습니다(마 21:28~32). 어떤 아버지가 두 아들에게 밭에 나가 일을 하라고 명했습니다. 그러자 한 아들은 "예."라고 대답한 반면, 다른 아들은 "싫습니다."라고 했습니다. 그런데 이야기는 여기서 끝나지 않습니다. 가겠다고 대답했던 아들은 결국 가지 않았고, 싫다고 했던 아들은 후에 마음을 바꾸어 밭에 나가 일을 했습니다. 둘 중에 어느 아들이 아버지의 뜻대로 행한 것일까요? 이처럼 회개는 태도의 변화, 새로운 방향, 새로운 관계를 가져오는 것입니다.

용서를 받고 새로운 길에 들어선 제자들은 이제 매일(주기도문에 있듯이), 그리고 끝없이(일흔 번씩 일곱 번이라도) 다른 사람들을 용서하게 됩니다. 이렇게 회개는 새로

"사람이 등불을 켜서 말 아래에 두지 아니하고 등경 위에 두나니 이러므로 집 안 모든 사람에게 비치느니라. 이같이 너희 빛이 사람 앞에 비치게 하여 그들로 너희 착한 행실을 보고 하늘에 계신 너희 아버지께 영광을 돌리게 하라."(마 5:15~16)

운 시작, 하나님의 법도를 지키려는 새로운 헌신을 말합니다.

선교

제자는 단지 '제자가 되는 것'만으로 끝나는 것이 아닙니다. 그들은 무언가를 '행하도록' 부름 받은 존재입니다. 그러므로 믿음의 공동체는 반드시 맡겨진 사명을 수행해야 합니다. 문둥병자는 큰 소리로 부르짖었고, 그 결과 나음을 입었습니다(마 8:2~4). 로마 백부장은 중풍으로 괴로움을 당하는 하인을 위해 예수께 도움을 청했습니다. 이방인 장교의 믿음에 놀란 예수님은 "동 서로부터 많은 사람이 이르러 아브라함과 이삭과 야곱과 함께 천국에 앉으려니와 그 나라의 본 자손들은 바깥 어두운 데 쫓겨나 거기서 울며 이를 갈게 되리라(마 8:5~13)."고 말씀하셨습니다. 결국 그 하인의 병도 깨끗이 고침을 받았습니다.

예수께서 베드로 장모의 병을 고쳐 주신 후, 마태는 이사야 53장 4절의 고난 받는 종에 대한 예언을 인용하였습니다. "우리의 연약한 것을 친히 담당하시고 병을 짊어지셨도다(마 8:17)." 이사야 선지자는 마음을 새롭게 하여 다시 한 번 충성을 다짐한 이스라엘이 하나님께서 맡겨 주신 선교의 책임을 다하기를 바랐습니다. 이제 예수 그리스도께서 꺼져 가던 그 불꽃을 다시 살리십니다. 그는 병을 고치고, 귀신 들린 자들을 깨끗하게 하고, 죄인들을 용서해 주십니다. 하지만 우리는 그것만을 기억해서는 안 됩니다. 그분은 자신이 이끄는 길로 따라오도록 제자들을 인도하고 훈련시키신다는 사실도 잊지 말아야 합니다.

하루는 예수께서 귀신 들린 두 사람을 고쳐 주셨는데, 이들은 예수님이 누구인지를 알고 그를 '하나님의 아들(마 8:28~34)'이라고 불렀습니다.

그 다음, 예수께서는 하나님만이 하실 수 있는 일을 행하셨습니다. 즉 죄를 사해 주신 것입니다. 죄사함을 받은 중풍병자는 고침을 받았습니다(마 9:1~8). 그 후 예수께서는 세리 마태를 제자로 부르셨습니다. 그리고 그의 집에서 식사를 하셨습니다. 사람들은 세리와 함께 식탁에 앉았다며 예수님을 비난했습니다. 그 당시 세리는 로마를 위해 세금을 거두어들였기에 사람들에게 미움을 받았을 뿐만 아니라 부정하게 여겨졌기 때문입니다. 그러나 예수께서는 그들에게 분명히 말씀하셨습니다. "나는 의인을 부르러 온 것이 아니요 죄인을 부르러 왔노라."(마 9:13)

죽었던 소녀가 다시 살아나고(마 9:18~19, 23~25), 혈루증으로 고생하던 여인이 고침을 받으며(마 9:20~22), 두 장님이 눈을 뜨게 되고(마 9:27~30), 벙어리가 말을 할 수 있게 됩니다(마 9:32~33). 도대체 무슨 일이 일어나고 있는 것일까요? 기름 부음을 받은 자 예수님은 하나님의 선교를 인간의 삶과 경험 안으로 가져오시기 위해 이 땅에 오신 것입니다. 하나님 나라는 이미 실현되기 시작했습니다.

이제 지켜보십시오. 하나님 나라의 사역은 폭발하는 것처럼 확장되어 갈 것입니다. 예수께서는 제자들에게 "추수할 것은 많되 일꾼이 적으니 그러므로 추수하는 주인에게 청하여 추수할 일꾼들을 보내 주소서 하라(마 9:37~38)."고 말씀하셨습니다. 진실로 예수께서는 자신이 행한 일들을 제자들이 똑같이 행하기를 기대하셨습니다. 처음에 그들은 오직 유대인을 위해 길을 나섭니다. 그러나 후에는 그 발걸음이 전 세계를 향하게 될 것입니다. "가면서 전파하여 말하되 천국이 가까이 왔다 하고 병든 자를 고치며 죽은 자를 살리며 나병환자를 깨끗하게 하며 귀신을 쫓아내되 너희가 거저 받았으니 거저 주라."(마 10:7~8)

내가 이러한 명령을 받은 열두 제자 중의 하나라고 상상해 보십시오. 어떤 느낌일까요? 나는 어떤 생각을 하게 될까요?

하늘나라의 비밀

이제 예수께서는 열두 제자들을 더욱 깊은 영적 세계로 인도하실 준비가 되었습니다. 그분은 제자들이 반드시 배워야 할 비밀들을 알고 계셨습니다. 많은 것들이 숨겨져 있고, 그들은 그것을 보지 못합니다. 그러므로 제자들은 가르침을 받아야만 합니다.

마태복음 11장을 보면, 예수께서는 행동을 취하고 나서 그것을 설명해 주십니다. 옥에 갇힌 세례 요한은 사람들을 예수께 보내어 "오실 그이가 당신이오니이까, 우리가 다른 이를 기다리오리이까?"라고 물었습니다. 그 때 예수님의 대답이 무엇이었는지 주의 깊게 살펴보십시오. "너희가 가서 듣고 보는 것을 요한에게 알리되 맹인이 보며 못 걷는 사람이 걸으며 나병환자가 깨끗함을 받으며 못 듣는 자가 들으며 죽은 자가 살아나며 가난한 자에게 복음이 전파된다 하라(마 11:4~6)." 대부분의 사람들이 기대한 메시아는 예수님과는 다른 모습이었습니다. 그들에게 예수께서는 자신이 어떤 메시아인지를 설명해 주시는 것입니다.

아이들이 결혼식 축가를 연주하거나 장송곡을 부르는 장면을 상상해 보십시오(마 11:16~17). 어떤 생각이 듭니까? 예수님은 피리소리처럼 즐거운 복음을 전했고, 요한은 애곡하는 소리처럼 엄숙한 회개를 외쳤습니다. 그러나 대부분의 사람들은 양쪽 모두에게 반응을 보이지 않았습니다.

랍비들은 율법을 말할 때, '멍에'라는 용어를 사용했습니다. 예수께서 "나는 마음이 온유하고 겸손하니 나의 멍에를 메고 내게 배우라. 그리하면 너희 마음이 쉼을 얻으리니(마 11:29)."라는 말씀을 통해 뜻하신 것은 무엇일까요?

예수님의 제자가 된다는 것이 모든 것을 포기하는 것이라면, 어떤 의미에서 그의 멍에는 쉽고 그의 짐은 가벼운 것일까요?(마 11:30)

....

....

마태복음 12장 24~50절에서 예수께서는 자신의 가족이 누구인지를 분명히 가르쳐 주셨습니다. 예수님의 가족은 하나님의 명령과 뜻을 가장 우선으로 하는 사람입니다.

하늘나라의 비유들은 신비스럽지만 삶의 변화를 뜻하는 이야기들입니다. 일반적으로 비유는 전체의 이야기를 통해 한 가지 핵심 의미를 전달합니다. 예수께서 비유를 말씀하셨을 때 그것은 하나의 교수 방법으로서, 믿음의 공동체에서 끊임없이 되풀이될 이야기였습니다. 그는 언제나 일상의 것들, 즉 선한 사람과 악한 사람, 음식, 꽃, 옷, 산, 세리 등을 비유로 들어 가르치셨습니다. 그러므로 비유를 읽을 때에는 그 핵심 의미를 이해해야만 합니다.

씨 뿌리는 자의 비유가 전하는 핵심 의미는 무엇일까요?(마 13:3~9)

....

....

겨자씨 비유에서 찾을 수 있는 가르침은 무엇일까요?(마 13:31~32)

....

....

마태복음 13장 52절을 읽을 때에는 예수께서는 율법을 폐하러 오신 것이 아니라 성취하러 오셨다는 말씀을 기억하기를 바랍니다. 하나님 나라의 백성은 옛것과 새 것, 즉 모세의 율법과 예수님의 가르침을 모두 취해야 합니다. 옛것이라고 버려서는 안 됩니다.

교회생활과 지도자

하나님의 나라는 섬처럼 고립된 곳이 아닙니다. 성경적 신앙은 나와 하나님만의 고독한 관계가 아닙니다. 성경적 구원은 '함께하는 삶'에서 성취됩니다. 그러므로 우리는 공동체 안에서 자신의 신앙을 실천에 옮기며 살아야 하는 것입니다.

예수께서는 제자들이 의식법보다는 도덕법에 더 많은 관심을 갖기를 원하셨습니다. 구전(口傳) 전통에 얽매인 유대교 교사들 중에는 사사로운 것들을 강조하는 이들이 있었습니다. 어떤 랍비들은 의식 규례에 따라 식사 전후에 반드시 일곱 번 손을 씻어야 한다고 가르쳤습니다. 그러나 예수께서는 영적인 것에 초점을 두셨습니다. "마음에서 나오는 것은 악한 생각과 살인과 간음과 음란과 도둑질과 거짓 증언과 비방이니 이런 것들이 사람을 더럽게 하는 것이요 씻지 않은 손으로 먹는 것은 사람을 더럽게 하지 못하느니라(마 15:19~20)." 또한 그는 음식법이 부정하다고 정한 모든 종류의 사람들과 하나가 되어 공동체의 유대를 나누셨습니다. 그는 율법이 가르치는 대로 손을 씻지 않은 유대인들과 함께 먹었습니다. 사마리아 여인의 손에 들려 있던 물을 마셨습니다. 이렇게 예수님에게는 의식보다 관계가 중요했습니다. 새 공동체의 거룩함은 사람 사이에 벽을 쌓는 것이 아니라 그 벽을 무너뜨리는 데 있습니다.

이제 예수께서는 제자들을 한층 더 깊은 차원으로 인도하십니다. '메시아는 고난을 받게 될 것이다. 기독교 공동체도 그러할 것이다. 그러나 네 눈앞에 벌어질 일들을 분명히 보아라.' 예수께서 고난을 받기 위해 예루살렘으로 올라가야 한다고 말씀하셨을 때, 베드로는 안 된다며 만류했습니다. 예수께서는 그런 그를 심하게 꾸짖으셨습니다(마 16:22~23). 왜일까요? 예수께서는 십자가의 길을 걷고 계셨기 때문입니다. 우리도 또한 그 길을 걸어야 합니다. 예수님의 십자가는 기독교 공동체가 믿고 따라야 할 표준입니다. 우리는 그 십자가를 통해 구원을 받습니다. 그 십자가로 말미암아 생명을 얻습니다. "누구든지 나를 따라오려거든 자기를 부인하고 자기 십자가를 지고 나를 따를 것이니라(마 16:24)." 여기서 우리는 하나님 나라의 일원이 된다는 것이 무엇을 뜻하며, 교회의 지도자는 무엇을 의미하는지 분명히 깨달을 수 있습니다.

헤롯 성전은 파괴된 제2 성전의 잔해를 복원하여 병합시켰다. 이 성전은 예수님 당시에도 건축 중이었고, 주후 62~64년까지도 전체가 준공되지 않았다. 예수께서 찾아가신 성전은 바로 이곳이다.

심판을 대비함

기름 부음 받은 이가 이끄는 기독교 공동체는 하나님의 나라를 미리 맛보며, 동시에 그 나라의 완전한 성취를 기다리는 두 가지 경험을 모두 합니다.

그러므로 하나님 나라를 기다리며 바라보는 우리는 아내나 남편에게 충실하고(마 19:3~9), 경우에 따라서는 하나님 나라의 일을 위해 독신으로 남으며(마 19:10~12), 어린아이들을 사랑으로 친절히 대하고(마 19:13~15), 부를 축적하는 일에 관심하지 말아야 합니다(마 19:23~30). 우리 모두는 언제부터 믿었는지에 관계없이 똑같은 구원을 얻습니다. 왜냐하면 구원은 우리가 애쓰고 힘써 얻는 것이 아니기 때문입니다. 구원은 온전히 하나님의 은혜로 주어지는 것입니다(마 20:1~16). 그러므로 교회 지도자들은 겸손히, 그리고 충성스럽게 섬기는 자들입니다. (마 20:20~28)

많은 예언자들이 이스라엘을 하나님의 포도원에 비유한 것을 기억합니까? 이스라엘의 지도자들은 하나님의 포도원에서 일하는 청지기들입니다(마 21:33~43). 여기서 예수께서 전하시려는 메시지는 무엇일까요? 그것은 바로 하나님 나라는 이스

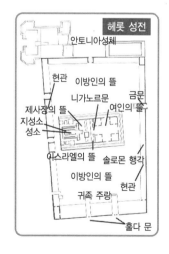

헤롯 성전
안토니아성채
현관
이방인의 뜰
니가노르문
금문
제사장의 뜰
여인의 뜰
지성소
성소
이스라엘의 뜰
솔로몬 행각
이방인의 뜰
현관
귀족 주랑
훌다 문

라엘에게서 거두어져 하늘나라의 결실을 맺는 사람들 손에 주어진다는 것입니다.

많은 기독교인들이 예수님을 부드럽고 겸손하며 온화한 분으로 생각합니다. 그런데 마치 아모스나 이사야 선지자의 소리처럼 들리는 마태복음 23장을 읽으면 아연실색하게 됩니다. 예수께서는 의식 종교를 맹렬히 비난하셨습니다. 그것은 희게 칠을 한 무덤과 같아서 겉은 깨끗하고 아름답게 보이나 안에는 "죽은 사람의 뼈와 모든 더러운 것이 가득(마 23:27)"하다고 힐책하셨습니다.

성전 마당에서 가르치시던 예수께서는 어쩌면 기드론 골짜기 너머 감람산을 바라보시다가 햇빛에 번쩍이는 유대인들의 무덤을 보셨는지도 모릅니다. 이 무덤 돌들은 유월절을 지키기 위해 몰려든 유대인들이 실수로 무덤을 만져 성전 제사에 부정한 몸으로 오지 않게 하기 위해 깨끗이 닦고 희게 칠해 놓았던 것입니다.

마태복음 23장을 읽을 때에는 구전 전통과 예식을 철저히 지키려고 애썼던 바리새인들에 치중하지 말고, 그 당시 사회적 종교적 삶에 팽배했던 모든 종류의 겉치레와 가식들에 초점을 맞추어야 합니다.

나도 의식에 치우쳐 그것이 사랑과 정을 무너뜨리고 그 자리를 차지하게 하지는 않는지 돌아봅시다. 어떤 식으로 그렇게 합니까? 어떤 경우에 더러운 안쪽은 눈감아 버리고 겉만 깨끗이 닦으려 합니까?

마태복음 24~25장은 매우 중요합니다. 우리는 궁극적으로 하나님이 승리하실 것을 믿습니다. 그리고 그리스도가 다시 오실 것을 확신합니다. 그러나 그가 언제 오실지는 아무도 모릅니다. 심지어 예수님도 모른다고 하셨습니다. 우리는 그리스도가 오실 그 날을 기다리는 동안 표적과 기사로 사람들을 현혹하는 이들을 경계해야 합니다. 예수께서는 분명히 그러한 거짓 메시아와 예언자들을 조심하라고 경고하셨습니다.(마 24:3~5, 24, 36)

그렇다면 우리는 무엇을 해야 할까요? 우리는 지혜로운 다섯 처녀들과 같이 항상 만반의 준비를 하고 있어야 합니다(마 25:1~13). 또한 주인의 재산을 불리기 위해 달란트를 사용한 종들과 같이 되어야 합니다.(마 25:14~30). 우리는 우리의 이웃 ― 배고픈 자, 목마른 자, 나그네, 헐벗은 자, 병든 자, 옥에 갇힌 자들 ― 이 바로 예수님인 것처럼 여기며 대접해야 합니다(마 25:31~46). 그리고 이러한 사람들을 우리 공동체로 이끌어야 합니다. 주님이 다시 오실 그 날까지……

🔲 제자의 모습

오늘날 교회가 제자의 길을 너무 쉽게 생각하는 것은 아닐까요? 예수 그리스도를 주님으로, 구세주로 받아들인다고는 하지만 그것이 너무 피상적인 것으로 그치는 경우가 많은 것이 사실입니다. 제자는 모든 것을 포기하고 전적인 희생과 헌신으로 따르라는 예수님의 명령을 받아들이고 응답합니다.

나는 제자로서 어디에 서 있는지 돌아봅시다. "나를 따르라."고 하시는 그리스도의 부르심에 진실로 응답했습니까? 무엇이, 또는 누가 그리스도를 따르지 못하게 붙들고 있습니까?

시대와 문화, 현 상황이 제시하는 여러 가지 요구들에 제자는 어떻게 응답해야 할까요?

🔵 더 알아보기

- 산상수훈(마 5~7장)에는 우리가 일찍이 들어보지 못한 최고의 윤리적 통찰이 담겨 있습니다. 이것을 주의 깊게 공부하십시오. 팔복(마 5:3~12)은 '본질 중의 본질' 입니다. 팔복을 나만의 언어로 표현해 보십시오.

19

그리스도를 둘러싼 논쟁 Mounting Controversy

이에 예수께서 제자들에게 이르시되 누구든지 나를 따라오려거든 자기를 부인하고
자기 십자가를 지고 나를 따를 것이니라 누구든지 제 목숨을 구원하고자 하면 잃을 것이요
누구든지 나를 위하여 제 목숨을 잃으면 찾으리라 (마태복음 16:24~25)

➡ 우리의 모습

인간은 의로운 존재, 존경의 대상을 손아귀에 넣어 움직이고 싶어 합니다. 예수님은 우리의 기존 질서를 위협하는 불변의 존재입니다. 그의 삶의 모습은 우리의 가치와 상충되며, 그의 말씀은 우리의 생활 방식과 충돌을 일으킵니다. 그래서 때로 우리는 예수님을 짐스럽게 생각해 내게서 멀리 떠나가시기를 바랍니다. 심지어 우리에게 오시는 예수님을 거부하고, 웃음거리로 만들고, 급기야는 십자가에 못 박습니다.

✝ 내려놓기

성경 공부를 하기 전에 먼저 하나님께 기도를 드립니다. 아래의 시편 말씀이 좋은 길잡이가 될 것입니다.

> 주의 종을 후대하여 살게 하소서 그리하시면 주의 말씀을 지키리이다 내 눈을 열어서 주의 율법에서 놀라운 것을 보게 하소서 나는 땅에서 나그네가 되었사오니 주의 계명들을 내게 숨기지 마소서 (시편 119:17~19)

이번 주 기도 제목을 구체적으로 적어 기도합시다.

🎧 귀 기울이기

이번 주의 성경 읽기는 좀 특이합니다. 지난 주에 읽었던 마태복음을 다시 읽게 되는데, 전반부를 읽을 때는 특히 가치관의 대결, 종교적 논쟁, 정치적 충돌 등에 유의하며 빨리 읽어 내려 가십시오. 그런 다음 예수님의 수난(예루살렘 입성, 최후의 만찬, 겟세마네 기도, 심문, 십자가 처형, 매장)과 부활에 관한 부분을 읽을 때는 천천히 생각해 가면서 탐독하십시오.

D1 마태복음 1~7장
(예수님의 탄생과 어린 시절, 산상수훈)

D2 마태복음 8~18장(종교적 논쟁)

D3 마태복음 19~25장(예루살렘 입성, 정치적 충돌)

D4 마태복음 26장(최후의 만찬, 배반, 가야바의 심문)
마태복음 27장(빌라도 앞에 선 예수님, 십자가 처형)

D5 마태복음 28장(부활, 지상명령)

D6 교재 내용 '성경의 가르침' 과 '제자의 모습'

🔊 성경의 가르침

예수님을 둘러싼 긴장 관계는 이미 그의 탄생에서 시작합니다. 동방(이방)에서 온 박사들이 "유대인의 왕으로 나신 이가 어디 계시냐(마 2:2)?"라고 물었을 때부터 이미 정치적인 위기가 조성된 것입니다. '나 헤롯 대왕이 바로 유대인의 왕인데, 어느 누가 왕권을 주장한단 말인가?' 그는 자신의 왕위를 위태롭게 하는 다른 경쟁자가 생기는 것을 극도로 두려워했습니다.

마태는 충성을 요구하는 두 왕, 곧 헤롯(그리고 그의 후계자들)과 예수님을 대비시킵니다. 예수님의 탄생 당시 유대의 통치자였던 헤롯 대왕은 피해망상증이 심했습니다. 그는 왕좌를 지키기 위해 자신의 아내뿐만 아니라 세 아들, 장모, 처남, 삼촌과 베들레헴에 있는 두 살 이하의 사내아이들을 모두 죽였습니다. 스룹바벨 성전을 복구하기 시작했고, 가이사랴 항구도시를 세우기도 한 그는 로마 제국의 가장 중요한 통치자 중 하나로, 그의 모든 관심은 자신의 지위를 지키는 데 집중되어 있었습니다.

헤롯 대왕이 죽은 후 그의 아들 헤롯 안디바가 갈릴리와 베레아의 통치자가 되었습니다. 그가 바로 세례 요한을 처형한 헤롯 왕입니다.

한편 이와 대조되는 예수님은 유대 땅 작은 시골 마을에서 태어나 애굽으로 도망한 피난민이었으며(히브리 노예들처럼), 가장 가난한 지역의 일개 목수였습니다. 그는 부(富)도, 정치적 권력도 없었고, 왕의 호칭도 거부했습니다(보통은 메시아를 정치적 지도자로 생각했다.). 베드로는 그를 메시아, 즉 기름 부음을 받은 자라는 뜻의 그리스도로 불렀습니다. 또한 로마 병정들은 예수님의 십자가 위에 '유대인의 왕'이라는 명패를 붙였습니다.(마 27:37)

마태는 강력한 지배자요 로마 제국의 대변인인 헤롯 왕가와 유대인의 참 통치자로서 다윗 왕의 계승자요 하나님의 아들이라는 이중 역할을 담당하신 예수님을 대비시켰습니다. 헤롯 왕가와 예수님 사이의 대조와 충돌은 이 복음서의 처음부터 끝까지 계속됩니다.

베들레헴의 사내아이들을 살해한 헤롯의 행위는 모세가 태어났을 당시 애굽에 있는 히브리 사내아이들을 강에 빠뜨려 죽인 바로의 잔인한 행위를 상기시킵니다. 예수님의 오심이 악의 세력을 날뛰게 만든 것입니다. 이렇게 헤롯의 유아 살해는 우리가 하나님 아들의 탄생을 그저 촛불이나 캐럴(carol)로만 가볍게 넘겨 버릴 수 없게 합니다. 즉 이 사실은 예수님이 정치적 횡포, 전쟁과 유혈 등으로 가득 찬 현실세계에 탄생했음을 일깨워 줍니다.

종교적 논쟁

예수님의 가르침은 즉각적으로 논쟁의 대상이 되었습니다. 왜냐하면 "하나님의 말씀은 살아 있고 활력이 있어 좌우에 날선 어떤 검보다도 예리하여 혼과 영과 및 관절과 골수를 찔러 쪼개기까지 하며 또 마음의 생각과 뜻을 판단(히 4:12)"하기 때

예수님 탄생 당시 팔레스타인의 왕이었던 헤롯 대왕은 죽으면서 왕국을 아들들에게 나눠 주었다. 이 지도는 예수님 당시 팔레스타인을 포함한 로마 정부의 지방들을 보여 준다. 헤롯 대왕의 아들인 헤롯 안디바는 예수님 선교 당시 팔레스타인의 일부를 통치했다.

문입니다. 예수께서는 율법과 예언을 폐하러 온 것이 아니라 완전하게 하기 위해 왔다고 말씀하셨습니다(마 5:17~20). 그러나 그가 율법을 어떻게 해석하셨는지 보십시오. "옛 사람에게 말한 바 살인하지 말라, 누구든지 살인하면 심판을 받게 되리라 하였다는 것을 너희가 들었으나 나는 너희에게 이르노니 형제에게 노하는 자마다 심판을 받게 되고 형제를 대하여 라가(히브리인의 욕설)라 하는 자는 공회에 잡혀가게 되고 미련한 놈이라 하는 자는 지옥 불에 들어가게 되리라(마 5:21~22)." 유대교 지도자들이 "예수가 누구이길래 모세의 율법을 마음대로 바꾸는가? 누가 그에게 이런 권위를 주었는가?"라고 묻기 시작한 것이 놀라울 것이 없습니다.

예수께서는 또 이런 말씀도 하셨습니다. "눈은 눈으로, 이는 이로 갚으라 하였다는 것을 너희가 들었으나 나는 너희에게 이르노니 …… 누구든지 네 오른편 뺨을 치거든 왼편도 돌려대며(마 5:38~39)." 우리가 모세의 율법을 공부할 때, 이는 이로 갚으라는 율법이 정의를 이루고 지나친 복수를 막았다는 것을 배웠습니다. 그런데 지금 예수께서는 불가능한 것처럼 보이는 것을 요구하셨습니다. '수치를 당하고 공격을 받고 해함을 입어도 친절과 사랑과 관대함으로 갚으라.' 그의 말씀은 정의와 관례에 대한 일반적 이해를 뒤집어 버린 것입니다.

종교적 허식과 위선에 대한 예수님의 공격은 매우 신랄했습니다. '왜 우리는 겉치레하는 가면을 쓰는가? 그 옛날 아담과 하와와 같이 왜 자신을 감추려 하는가?'(창 3:7)

마태복음을 읽으면서, 명예나 영광스러운 자리나 외적인 인정만을 추구하는 사람들에 대한 예수님의 통렬한 비난을 주시하기 바랍니다(마 6:1~7). '화 있을진저'라는 구절을 반복하며 외식하는 자들을 비난한 마태복음 23장을 다시 읽고, 아모스 4장 1~5절을 떠올려 보십시오. 예수께서는 십일조도 바쳐야 하지만 의(義)와 인(仁)과 신(信)과 같이 더 중요한 것들을 간과해서는 안 된다고 말씀하셨습니다.(마 23:23)

한편 예수께서는 경제생활의 우선순위도 뒤바꿔 놓으십니다. 우리는 대부분 무엇을 입을지, 무엇을 먹을지에 대해 염려합니다. 그런데 예수께서는 "이는 다 이방인들(하나님의 백성이 아닌 이들)이 구하는 것이라(마 6:32)."고 말씀하셨습니다. '먼저 그의 나라와 그의 의'를 구하면 하나님이 우리를 입히고 먹여 주신다는 말씀(마 6:33)은 돈을 위해 온갖 애를 쓰고 나만을 생각하는 우리 사회에 큰 위협이 아닐 수 없습니다.

종교 지도자들과의 긴장 관계

신약성경을 제대로 이해하기 위해서는 그 당시 영향력이 있었던 네 종류의 종교 집단에 대해 알아야만 합니다.

바리새파: 제사장이 아닌 평신도들로, 회당의 교사였던 랍비가 이들에게서 비롯되었다. 이들은 구전되어 내려오는 전통을 포함한 모든 율법을 해석하고 지키는 데

양귀비꽃은 고대는 물론 오늘날의 이스라엘에도 매우 흔하다. 마태복음 6장 30절에 언급된 '들풀'에는 양귀비꽃도 포함된다.

전념하였다. 회당에서 '모세의 자리'에 앉았고, 성경을 해석하는 권위가 있었다. 이들은 예수님을 교사로만 인정했기에 논쟁이 끊이지 않았다. 신학적으로는 보수적이었으나 신비, 자유, 부활 등에는 여지를 남겨 두었다. 백성에게 대단히 큰 영향을 미쳤다.

에세네파: 두 번째로 큰 종교 집단으로, 전 지역에 고루 퍼져 있었다. 이들은 철저하게 의로운 삶을 살려고 노력했다. 성전에서 일어나는 일들이 모두 잘못되었다고 생각하고, 제사장들도 합법적인 존재가 아니며, 성전은 타락했다고 믿었다. 이들은 매우 엄격하고 보수적인 율법주의자들이었다. 독신생활을 했고, 결혼이나 자녀들(공동체에서 양자로 받아들인 아이들 이외의)을 원하지 않았다. 메시아를 기다리며 기도했고, '마지막 때'가 도래했다고 믿었다.

사두개파: 사독 제사장의 자손들로서, 주로 예루살렘과 여리고에 살던 제사장 가족들이다. 오랜 전통의 부요한 귀족 집단으로, 헬라문화와 로마문화를 받아들였다. 하나님이 선한 자에게 건강과 부로 보상해 주시고, 악한 자를 질병과 빈곤으로 징벌하신다고 믿었다. 천국과 지옥, 부활을 믿지 않았다. 성전 예배와 자신들의 기득권을 보존하기 위해 로마에 협조했다. 예수님의 선교 활동 당시 최고회의 기관이었던 공회(Sanhedrin)를 이들이 장악하고 있었다. 이들의 최고 관심은 성전 예배였다.

열심당(Zealots): 로마의 통치에 격렬히 저항했다. 이들은 항상 반란을 시도했으며, 이를 이끌어 줄 새 왕, 곧 메시아를 기다렸다. 이들은 노예 출신과 광신적 애국자들이었으며, 몇몇 도적 출신도 있었다. 이들에게는 네 가지 신조가 있었다. 첫째, 오직 하나님만을 섬긴다. 둘째, 노예 제도를 반대한다. 셋째, 무력으로 로마에 항거한다(세금을 내지 말고 협력하지 말라. 침상에 칼을 숨겨두고, 메시아의 오심을 대비하라.). 넷째, 노예가 되기보다는 자살일지라도 차라리 죽는 것이 낫다. 가치 있는 목적을 위해서는 죽음을 불사한다.

자, 이제 왜 예수님이 이 종교 집단들과 충돌하게 되셨는지 알아봅시다. 우리가 구약성경에서 배운 내용을 다시 떠올려 보십시오. 아브라함을 비롯한 선조들은 만민의 복이 되기 위해 복을 받았습니다(창 12:2~3). 이스라엘은 열방의 빛이 되어야 합니다(사 42:6). 그러나 이와는 달리 하나님과 가깝다는 것이 교만을 낳았고, 안식일 준수는 하나의 계율이 되었으며, 음식법은 다른 사람들과의 교제를 불가능하게 만들었습니다. 이들은 우주의 창조자이신 하나님이 예루살렘에 있는 성전을 그 처소로 정하셨다고 생각했습니다. 또한 이들은 헬라문화를 멀리했고, 로마 군병들을 멸시했습니다.

예수께서 로마 백부장에게 "내가 진실로 너희에게 이르노니 이스라엘 중 아무에게서도 이만한 믿음을 보지 못하였노라(마 8:10)."고 하셨을 때, 이 말씀은 열심당원들을 분노하게 만들었습니다. 또한 그가 세리 마태의 집에서 부정하다고 규정된 사람들과 식사를 하신 일은 특별히 바리새인들을 들끓게 하기에 충분했습니다. 그들은 음식법을 지키는 데 지나칠 정도로 세심했고, 죄인들과 상대하지 않는 것이 의로움이라고 여겼기 때문입니다(마 9:10~13). 그런데 예수께서는 호세아나 아모스와 같이 변치 않는 참된 사랑은 의식(ceremony)을 뛰어넘는다고 역설하셨습니다.

"나는 인애를 원하고 제사를 원하지 아니하며 번제보다 하나님을 아는 것을 원하노라."(호 6:6)

"내가 너희 절기들을 미워하여 멸시하며 너희 성회들을 기뻐하지 아니하나니 너희가 내게 번제나 소제를 드릴지라도 내가 받지 아니할 것이요 너희의 살진 희생의 화목제도 내가 돌아보지 아니하리라. 네 노랫소리를 내 앞에서 그칠지어다. 네 비파 소리도 내가 듣지 아니하리라. 오직 정의를 물같이, 공의를 마르지 않는 강같이 흐르게 할지어다."(암 5:21~24)

그러나 예수께서는 예언자들보다 한 걸음 더 나아가셨습니다. 그는 의심의 여지없이 죄인들과 버림받은 자들과 소외된 자들을 공동체 안으로 이끄시기 위해 오신 것입니다.

예수님의 이러한 포용은 분란을 몰고 왔습니다. 그 당시 유대인 남자들은 자신이 노예나 이방인이나 여자로 태어나지 않은 것을 감사하는 기도를 날마다 드렸습니다. 반면 마태는 예수께서 가난한 자와 변두리 인생들과 만질 수 없는 환자들과 외국인들에게 관심을 기울이신 것을 강조합니다. 귀신 들린 딸을 고쳐 달라고 간청한 가나안 여인(마 15:21~28)과 문둥병자(마 8:2~3), 로마 백부장과 그의 하인(마 8:5~10), 그리고 세리 마태의 소외된 죄인 친구들을 기억하십시오.(마 9:9~10)

새로운 메시아상(像)

가이사랴 빌립보에서 예수께서 제자들에게 "너희는 나를 누구라 하느냐?"라고 물으셨을 때, 긴장은 더욱 상승하였습니다(마 16:15). 예수님은 이 질문을 던짐으로 두 가지 일을 하시는 것입니다. 먼저 제자들이 그를 메시아로 믿게 하려는 것입니다. 그리고 그와 똑같은 비중으로, 그가 어떤 메시아인지를 분명하게 알려 주려 하신 것입니다. "이 때로부터 예수 그리스도께서 자기가 예루살렘에 올라가 장로들과 대제사장들과 서기관들에게 많은 고난을 받고 죽임을 당하고 제삼일에 살아나야 할 것을 제자들에게 비로소 나타내시니(마 16:21)." 이스라엘 백성은 메시아가 권세자로, 백마를 탄 개선장군으로 오시리라 생각했습니다. 이사야 선지자가 묘사한 메시아를 깨닫지 못했던 것입니다. "그는 멸시를 받아 사람들에게 버림 받았으며 간고를 많이 겪었으며 질고를 아는 자라(사 53:3)." 이러한 메시아의 모습 대신에 이스라엘 백성은 정치적인 승리를 노래하는 시편과 자주독립 국가에 대한 예언자적 약속만을 기억하고 있었습니다.

예수께서는 조심스럽게 예루살렘 입성을 준비하셨습니다. 한편으로 기름 부음을 받은 자로서 하나님의 왕국이 예루살렘에 오게 해야 합니다. 그리고 다른 한편으로는 백성이 그가 어떤 메시아인지를 알게 해야 합니다. 예수께서는 자신이 정치적인 다윗 왕으로서가 아니라 자비롭고 거룩하지만 비난을 받게 될 하나님의 아들이요 사신으로서의 메시아임을 백성에게 보여 주어야 했습니다.

이렇게 그는 스가랴 선지자의 예언을 성취하셨습니다.

"보라 네 왕이 네게 임하시나니 그는 공의로우시며 구원을 베푸시며 겸손하여서 나귀를 타시나니 나귀의 작은 것 곧 나귀 새끼니라."(슥 9:9)

그러나 스가랴 9장 전체를 읽어 보면, 백성이 예수님의 예루살렘 입성을 정치적 메시아의 맥락에서 보았음을 알 수 있습니다.

이미 말씀하셨던 대로 예수님은 예루살렘에 들어오셨습니다. 그가 성전을 깨끗이 하신 일은 이사야나 예레미야, 에스겔이 행했던 것 같은 상징적이며 예언자적인 행위로서, 수백 년 동안 이스라엘에 없었던 일입니다.

예수께서 거룩한 도시 예루살렘을 내려다보며 하신 말씀보다 메시아의 오심을 더 마음에 와 닿게 묘사한 부분은 없습니다. "예루살렘아 예루살렘아, 선지자들을 죽이고 네게 파송된 자들을 돌로 치는 자여, 암탉이 그 새끼를 날개 아래에 모음같이 내가 네 자녀를 모으려 한 일이 몇 번이더냐. 그러나 너희가 원하지 아니하였도다(마 23:37)." 누가복음도 이 일을 기록합니다. "가까이 오사 성을 보시고 우시며 이르시되 너도 오늘 평화에 관한 일을 알았더라면 좋을 뻔하였거니와 지금 네 눈에 숨겨졌도다."(눅 19:41~42)

지금 예수께서 내가 사는 마을이나 도시, 나라를 내려다보고 계신다고 상상해 보십시오. 혹시 울고 계시는 것은 아닙니까? 무엇 때문입니까?

....

....

사면초가

종교 지도자들은 왜 예수님을 두려워했을까요? 만약 예수께서 문제를 일으키면, 로마인들이 이스라엘 백성을 더 강압할 것이 분명해 보였기 때문입니다. '한 사람이 백성을 위하여 죽어서 온 민족이 망하지 않게 되는 것'이 더 낫다고 한 대제사장의 말은 이런 상황 이해에서 비롯된 것입니다(요 11:50). 반란은 모두를 망하게 할 뿐만 아니라 성전 또한 무너뜨릴 것이라는 게 그들의 생각이었습니다.(실제로 후에 로마 군인들은 수백 명의 시민을 십자가에 못 박아 죽였고, 또 어떤 때는 병거로 한꺼번에 2만 명을 짓밟았으며, 마지막에는 전 예루살렘 성을 파괴했다.)

종려주일에 바리새인들이 군중을 진정시켜 달라고 예수께 요청했던 것은(눅 19:39~40) 군중이 평화를 파괴하는 폭동으로 보일 경우 로마 군인들이 많은 사람을 죽일 것을 두려워했기 때문입니다.

누가 예수님을 죽였습니까? 어느 누구도 비난받기를 원하지 않았습니다. 산헤드린은 예수님의 가르침과 신성 모독 때문에 분개했지만, 결국 손에 피를 묻히는 주체는 로마이기를 바랐습니다. 그래서 예수님을 유대교 율법을 범한 죄가 아닌 소요죄로 몰아갔습니다. 한편 빌라도는 세례 요한을 죽인 장본인인 헤롯 안디바에게 이 일을 떠넘기려 했습니다. 그러나 헤롯은 갈릴리로 돌아가게 되었습니다. 빌라도에게 채찍을 맞으며 고문을 받은 예수님은 거의 죽을 지경에까지 이르렀습니다. 예수께서 십자가를 지고 걸어가실 수 없었던 것이 전혀 이상할 것이 없습니다.

산헤드린 지도자들이 예수님을 로마에 대한 반역죄로 몰아 사형을 요구했을 때, 빌라도는 그대로 행하면서도 그 책임을 다시 한 번 종교 지도자들에게 돌렸습니다. '유대인의 왕'이라는 명칭은 또 하나의 정치적 반란분자를 진압했다는 의미였습니다.(빌라도와 헤롯이 이 사건을 겪으며 한통속이 된 사실에 주목하십시오.)

예수께서는 메시아에 대한 잘못된 이해 때문에 자신이 일개 열심당원이요, 정치적 소요자로 간주되어 십자가에 처형당하게 되는 것을 무엇보다 슬퍼하셨을 것입니다.

누가 예수님을 죽였습니까? 모든 사람이 분노로 손을 들었고, 모두가 거짓을 말했으며, 모두가 이기적으로 행동했습니다. 나와 너, 세상의 모든 죄인이 그에게 못을 박았습니다.

📖 제자의 모습

하나님은 예수 그리스도 안에서 이 세상에 오셨고, 힘이 아니라 자발적이며 희생적인 사랑으로 세상 질서를 뒤집어 놓으셨습니다. 그러한 사랑을 경험하는 그리스도의 제자는 기만과 가식을 버리고, 비록 주님과 같은 생활 방식이 세상과의 충돌과 긴장을 가져온다 해도 제자를 만들고 가르치고 세례를 주고 증거하고 치유하는 선교 사역에 희생을 자처하고 헌신해야 합니다.

지금까지 이 성경 공부를 하면서 과거의 질서와 옛 습관에서 벗어나 자유를 얻는 경험을 했습니까? 구체적으로 어떤 자유를 경험했습니까?

_____

_____

어떤 면에서 예수님이 나의 가치관과 생활 방식에 도전해 오십니까?

_____

_____

사회, 경제, 정치 제도에서, 이웃과 친구와의 관계에서, 교회에서, 하나님 나라 공동체의 한사람으로서 직면하게 되는 긴장 관계에는 어떤 것들이 있습니까?

_____

_____

⬡ 더 알아보기

- 성경 사전에서 예수님의 십자가 처형과 관련되었던 사람들을 찾아보고, 그들에 관해 간단히 기록하십시오. 가룟 유다, 가야바, 빌라도, 바라바, 구레네 시몬, 막달라 마리아, 아리마대 요셉, 헤롯 안디바 등입니다.(눅 23:6~12 참조)

- 마태복음 25장에서 우리에게 주신 과업을 기억하며, 이 주간에 아래에 열거한 장소나 사람 중 하나를 정해 꼭 심방하십시오. 병원, 양로원, 형무소, 암환자, 바깥출입이 어려운 이, 장애인, 교회에 다니지 않는 청소년, 복지제도에 의존해 사는 이, 외국인 등. 가능하면 작은 선물을 준비하십시오. 자기만 이야기하려고 하지 말고, 먼저 그들의 말을 잘 들으십시오. 특히 전에 한 번도 가보지 못했던 곳이나 사람을 찾아가십시오. 심방을 통해 경험한 것과 또 자신에 대해 깨달은 것을 다음 시간에 서로 나눌 수 있게 준비하십시오.

20

복된 소식

숨겨진 메시아 The Hidden Messiah

때가 찼고 하나님의 나라가 가까이 왔으니
회개하고 복음을 믿으라 (마가복음 1:15)

⌂ 우리의 모습

예수님의 제자들처럼 우리도 예수님을 제대로 이해하지 못합니다. 때로는 절반쯤 이해
하거나 아예 오해하거나 심지어는 이해하려고 하지 않기까지 합니다. 특히 우리는 "자기를
부인하고 자기 십자가를 지라."는 주님의 부르심 앞에서 눈을 감고 귀를 막습니다. 이 복된
소식이 때로 우리에게는 슬픈 소식처럼 들리기도 합니다.

✤ 내려놓기

성경 공부를 하기 전에 먼저 하나님께 기도를 드립니다. 아래의 시편 말씀이 좋은 길잡
이가 될 것입니다.

> 하나님이여 주의 도는 극히 거룩하시오니 하나님과 같이 위대하신 신이 누구오니
> 이까 주는 기이한 일을 행하신 하나님이시라 민족들 중에 주의 능력을 알리시고
> 주의 팔로 주의 백성 곧 야곱과 요셉의 자손을 속량하셨나이다(셀라)
> (시편 77:13~15)

이번 주 기도 제목을 구체적으로 적어 기도합시다.

✒ 귀 기울이기

가능하다면 앉은 자리에서 마가복음 전체를 한 번 훑어보고, 어떤 내용들이 있는지 대강
정리해 보십시오. 어떤 긴박감과 긴장된 움직임을 느끼게 될 것입니다. 마가가 예수님의 활
동에 초점을 맞추고 있음을 염두에 두십시오. 그리고 '곧바로' 또는 '곧'이라는 마가의 표
현을 눈여겨보십시오. 그런 다음 천천히 마가복음 전체를 다시 읽으십시오.

D1 마가복음 전체를 대충 훑어보라.

D2 마가복음 1~4장(열두 제자를 부르심, 하나님 나라에 관한 비유)

D3 마가복음 5~8장(설교와 치유)

D4 마가복음 9~12장(변화산 체험, 예루살렘 입성, 가장 큰 계명)

D5 마가복음 13~16장(마지막 날의 표적, 최후의 만찬, 십자가 처형, 부활)

D6 교재 내용 '성경의 가르침'과 '제자의 모습'

📖 성경의 가르침

마가복음을 읽으면서 때때로 '이거 전에 한 번 읽었던 건가?' 하는 생각이 들 것입니다. 맞습니다. 이미 마태복음에서 읽은 내용입니다. 마태복음과 마가복음에는 중복되는 이야기가 많습니다. 마태와 누가가 복음서를 쓰기 전에 이미 그들의 손에는 마가복음이 있었을 것입니다. 많은 학자들은 복음서들 중에 마가복음이 제일 먼저 쓰였다고 생각합니다. 마태복음, 마가복음, 누가복음을 특별히 공관복음이라고 부릅니다. 같은 관점에서 보았다는 의미입니다. 이 세 복음서에는 공통되는 자료들이 많습니다.

마가가 특별히 강조하는 것은 하나님의 아들이 하나님 나라를 선포하고 즉각적인 회개를 요구한다는 것입니다. 마가는 열정적인 전도자로서, 그의 복음서는 행동으로 가득 차 있으며 긴박감이 넘칩니다. '바로', '곧'이라는 표현이 27회나 나옵니다. 마가는 또한 예수님이 십자가에 달려 돌아가시고 부활하신 후에도 사람들은 그가 '숨겨진 메시아'였다는 사실을 이해하지 못했음을 보여 줍니다. 그는 예수님의 탄생 기사와 산상수훈, 여러 비유들을 기록하지 않습니다. 그 대신 예수님의 세례로 시작해 부활로 끝을 맺으며, 그 사이의 짧고 강력한 예수님의 선교 활동 기사들을 삽입합니다.

"하나님의 아들 예수 그리스도의 복음의 시작이라(막 1:1)."는 첫 구절이 복음서 전체의 방향을 정해 줍니다. 마가는 세상을 구원하기 위해 보내심을 받은 하나님의 아들, 약속된 메시아의 복음, 즉 '기쁜 소식'에 관해 기록한다고 합니다. 그리고 특히 예수님의 고난이 암시되었을 때, 제자들이 얼마나 둔감했었는지 보여 줍니다.

마가복음을 공부하면서 우리는 예수 그리스도의 권세와 함께, 십자가의 수난과 부활 사건이 있기 전에 그가 누구였으며 그의 선교 활동이 무엇이었는지, 그리고 지금 우리가 받아들일 수 있는 복음이 무엇인지에 초점을 맞출 것입니다.

예수님의 선교 활동은 그의 친척 요한에게 세례를 받음으로써 시작합니다. 예수께서 세례 받으실 때 성령이 그 위에 임했으며, 그것으로 그는 권세 있는 선교 활동을 시작할 준비가 되었습니다.

예수께서는 세례를 받으신 후 광야로 나아가 고독과 들짐승, 사탄(대적자)과 천사와 대면했습니다. 거기서 40일 동안 머물렀는데, 이는 이스라엘 백성의 40년 광야생활을 상징합니다. 그는 광야에서 기도와 금식을 통해 자신이 수행하려는 선교의 본질과 성격을 정립했습니다.

광야에서 돌아온 예수님은 가장 중요하고 핵심적인 첫 설교를 하셨습니다. "때가 찼고 하나님의 나라가 가까이 왔으니 회개하고 복음을 믿으라."(막 1:15)

백성은 장차 하나님의 나라가 임하면, 열방이 "그들의 칼을 쳐서 보습을 만들고 그들의 창을 쳐서 낫을 만들 것이며(사 2:4)", 주린 자가 식물을 얻고 맹인이 눈을 뜨게 된다(시 146편)고 믿었습니다. 그런데 무슨 일이 일어났습니까? 예수께서 이러한 하늘나라의 표적을 보이셨습니다. 그는 눈먼 자에게 빛을 주셨고, 무리를 먹이셨습니다. 예언이 그대로 성취되고 있는 것입니다!

유대인들은 이스라엘뿐만이 아니라 세계만방이 하나님의 통치를 기쁘게 받아들일 수 있게 하나님이 역사하시기를 기대했습니다. 그런데 그 바람과는 달리 나사렛에서 한 젊은 목수가 나타나 "하나님의 나라가 가까이 왔으니 회개하라(막 1:15)."고 외칩니다. 모든 사람은 하나님 나라에 동참하도록 부름을 받았습니다. 즉 새로운 사회, 새로운 통치, 새로운 생활 방식의 시민으로 철저하게 변화되거나 변화시키도록 부름 받은 것입니다.

예수께서는 하나님 나라를 선포하셨습니다. 더 나아가 그 나라로 이끌어 가셨습니다. 그러나 유대인들은 정치적 메시아를 기다리고 있었고, 로마인들은 사회의 혼란과 정치적 반란을 두려워했습니다. 예수께서는 끊임없이 그의 왕국을 선포하셨지만, 백성은 제대로 이해하지 못했습니다.

예수께서는 복음을 선포하고 가르치고 병든 자를 고치시며 하나님의 통치를 선언하셨습니다. 그리고 기도하고, 떡을 떼며, 어린아이를 팔에 안고, 문둥병자를 고치시며 하나님의 통치를 실현하셨습니다. 하나님의 권세와 그의 나라가 예수님의 말씀과 행동 속에 나타난 것입니다. 예수께 특별한 권세가 있다는 데에는 의심의 여지가 없었습니다. 그러나 마가는 그리스도의 부활 후까지도 사람들이 제대로 이해하지 못한 그의 신비한 권세에 강조점을 둡니다. 그들은 하나님 나라의 징표들마저 자신들이 기다리던 정치적 메시아의 징표로 잘못 이해하였습니다.

악령을 몰아내시는 권세

악령을 정복하시는 주님의 권세를 가장 극적으로 표현한 것은 마가복음 5장 1~20절에 기록된 무덤가에 사는 귀신 들린 사람을 고치신 이야기입니다. 그는 자신을 상하게 하고 소리를 지르며 무덤 사이에서 살았습니다. 그리고 자신의 이름을 군대(로마 군대의 단위)라고 했습니다.("내 이름은 군대니 우리가 많음이니이다.")

이 사람의 문제는 무엇이었습니까?

예수께서 더러운 귀신 또는 악령을 몰아내셨을 때, 악령은 자신이 하나님의 권세와 대결했다는 것을 알았으나 사람들은 그것을 이해하지 못했습니다.

육체의 병을 고치시는 권세

예수께서는 각종 병이 든 많은 사람을 고치셨습니다(막 1:34). 그 중 마가복음 1장 40~42절에는 문둥병에 걸린 사람을 고쳐 주신 이야기가 기록되어 있습니다. 치유의 역사는 하나님 나라의 표징이었습니다. 왜냐하면 하나님의 통치가 인정되는 곳에서는 질병마저도 하나님의 능력과 지배 아래 있기 때문입니다.

그런데 신체적인 문제 중 어떤 것은 질병이 아닌 사고로 생기기도 합니다. 또 어떤 것은 날 때부터 나타난 것도 있습니다. 예수님의 치유 사역은 단지 아픈 사람들에게만 한정되지 않았습니다. 마가복음 7장 32~35절에 등장하는 귀먹은 사람은 아픈 데도 없었고, 죄를 짓지도 않았으며, 율법상 부정하지도 않았습니다. 그저 듣지 못하고 말을 분명히 하지 못할 뿐이었습니다. 그러나 예수께서는 그 사람도 온전하게 하셨습니다.

하나님의 아들은 하나님이 본래 의도하셨던 창조의 조화를 회복시키기 위해 일하셨고, 또 지금도 일하십니다. 로마서 8장 21~22절에서 바울은 이를 분명히 선언했습니다. "그 바라는 것은 피조물도 썩어짐의 종노릇한 데서 해방되어 하나님의 자녀들의 영광의 자유에 이르는 것이니라. 피조물이 다 이제까지 함께 탄식하며 함께 고통을 겪고 있는 것을 우리가 아느니라."

죄를 사하시는 권세

예수께서는 모든 병이나 신체장애가 죄로 인한 것이라는 일반적인 생각을 뒤집으셨습니다(요 9:1~3). 그러나 마가복음 2장 1~12절에서 중풍병자의 문제는 죄요, 그에게 필요한 것은 용서로 나타납니다. 그의 친구들은 지붕을 뚫고 이 움직이지 못하는 친구를 예수님이 계신 곳으로 달아 내렸습니다.

죄와 죄책감이 신체적 또는 정서적인 병을 유발할 수 있다고 생각합니까?

....

....

죄를 용서해 주시는 예수님의 권세를 목도한 일이 있습니까? 구체적인 예를 들어 보십시오.

....

....

마가복음은 우리가 용서와 하나님 나라는 서로 떨어질 수 없으며, 예수님은 죄를 용서하는 권세가 있음을 깨닫기를 원하는 것입니다.

안식일의 주인이 되시는 권세

첫 창조설화(창 1:1~2:3)는 하나님을 신뢰하게 하고 7일 중 하루를 쉬도록 가르치기 위해 우리에게 주신 것입니다. 유대인들의 격언에 이런 것이 있습니다. "우리는 안식일을 지키고, 하나님은 우리를 지키신다." 그들에게 안식일보다 중요한 것은 없었고, 또한 안식일과 관련한 율법과 교훈처럼 복잡한 것도 없었습니다. 이러한 율법과 교훈은 안식일을 범하지 못하게 하는 울타리와 같은 것이었습니다. 안식일(금요일 해가 지는 시간부터 토요일 해가 지는 시간까지) 법은 지키기가 힘들고 까다로웠기 때문에 많은 혼란을 불러왔습니다. 그래서 이 날을 지키는 것이 어떤 이에게는 매우 어려운 일이었고, 또 어떤 이에게는 싫증나고 지루한 일이었습니다.

마가복음 3장 1~6절에 안식일을 둘러싼 심각한 질문이 제기됩니다. 유대법은 사람의 생명을 구하기 위해 안식일에 약을 사용하는 것을 허용했습니다. 그러나 손 마른 사람은 안식일이 지나갈 때까지 기다릴 수 있었습니다. 자신을 고발하기 위해 행동 하나하나를 주시하는 사람들에게 예수님은 안식일에 '선을 행하고, 생명을 구하는 것'이 옳은지 옳지 않은지를 물으셨습니다. 그러나 사람들은 대답하지 못했습니다.

이렇게 예수님의 관점은 "안식일이 사람을 위하여 있는 것이요 사람이 안식일을 위하여 있는 것이 아니니, 이러므로 인자는 안식일에도 주인이니라(막 2:27~28)."는 것입니다. '안식일에 선을 행하고, 병을 고쳐 주고, 자비를 베푸는 것이 옳다. 안식일은 인간을 묶는 것이 아니라 회복시키는 것이다.'

초대 기독교인들은 안식일, 즉 일곱째 날에 휴식했으며, 부활의 날, 즉 주중 첫째 날에 예배를 드렸습니다. 그러다가 주후 2세기 초에 와서 주중 첫째 날, 즉 일요일을 안식일로 지키게 되었습니다. 많은 이방인 출신 기독교인들에게 일요일은 '주일(主日, the Lord's day)'이 되었습니다. 반면 유대교 기독교인들은 오랫동안 안식일을 지켰습니다.

주일을 어떻게 보냅니까? 어떤 식으로 휴식하고 재충전하여 새로워집니까?

_____

_____

오늘날 많은 사람들이 안식일을 너무나 소홀히 한다는 목소리가 높습니다. 여기에 대해 어떻게 생각합니까?

_____

_____

자연을 지배하시는 권세

마가는 자연을 지배하시는 예수님의 권세를 몇 차례에 걸쳐 기록하였습니다. 이는 초자연적인 이야기들로, 폭풍을 잔잔하게 하신 일(막 4:35~41)과 물 위를 걸으신 일(막 6:45~52)이 그 좋은 예입니다.

예수님의 말씀은 능력의 말씀이었습니다. "안심하라. 내니 두려워하지 말라(막 6:50)." 마가는 예수님의 제자들이 자신들과 함께 계신 이가 누구인지 이해하지 못했다고 말합니다. 그들은 너무나 놀라 당황하였습니다.

예수께서 오천 명을 먹이신 기적(막 6:30~44)도 그가 자연을 초월하는 권세가 있었다는 증거입니다. 얼마나 명확한 하나님 나라의 징표입니까!

교회에서 성도들과 음식을 나눌 때 무엇을 느낍니까?

_____

_____

헐벗고 굶주린 사람과 음식을 나눌 때는 어떤 것을 느낍니까?

_____

_____

죽음을 지배하시는 권세

예수께서 야이로의 죽은 딸을 살리신 기사(막 5:22~24, 35~43)를 읽으며 두 가지 문제를 제기할 수 있습니다. 첫째, 예수께서는 죽은 자도 다시 살릴 수 있는 권세가 있는가? 둘째, 야이로의 딸이 정말 죽었던 것인가? 마가는 자신이 받은 그대로 이 이야기를 우리에게 전해 줍니다. 초대교회는 예수님의 이러한 권세를 조금도 의심하지 않았던 것입니다.

그런데 마가에게 이보다 더 중요했던 것은 부활에 관한 예수님의 가르침이었습니다. 예수께서는 사두개인들에게 부활을 믿지 않는 것은 잘못이라고 분명히 말씀하셨습니다.(막 12:18~27)

하지만 무엇보다 중요한 것은 마가가 이것을 주님의 부활로 이끌어 간 것입니다. 예수께서 죽음에서 일어나심으로 야이로 딸의 이야기는 더욱 중요하게 되었습니다. 야이로의 딸이 혼수상태였든 아니든, 예수님이 그것을 자는 것으로 표현하셨든 아니든 그것이 중요한 것이 아닙니다. 사람이 죽음에서 일어난 이 사건이 하나님 나라의 또 다른 징표라는 사실에 주목해야 합니다.

죽음을 이긴 예수님의 권세에 대해 어떻게 생각합니까?

....

....

숨겨진 메시아

말씀을 읽으면서, 왜 예수께서 사람들에게 자신에 대해서나 자신이 한 일에 대해 말하지 말라고 경계하셨는지 생각해 보았습니까? 예를 들어, 더러운 귀신들이 "당신은 하나님의 아들이니이다."라고 부르짖었을 때 예수께서는 자기를 나타내지 말라고 그들을 경계하셨습니다(막 3:11~12). 열두 살 난 야이로의 딸을 살리신 후에도 "이 일을 아무도 알지 못하게 하라(막 5:43)."고 하셨습니다. 두로 지경과 시돈으로 들어가셨을 때에도 마찬가지입니다. 성경은 "한 집에 들어가 아무도 모르게 하시려 하나 숨길 수 없더라(막 7:24)."고 전합니다. 베드로가 "주는 그리스도시니이다."라고 고백했을 때에도 예수께서는 "자기의 일을 아무에게도 말하지 말라(막 8:29~30)."고 경계하셨습니다. 또 베드로와 야고보와 요한이 변화산의 경험을 하고 산에서 내려왔을 때에도 "인자가 죽은 자 가운데서 살아날 때까지는 본 것을 아무에게도 이르지 말라(막 9:9)."고 이르셨습니다.

예수님은 왜 자신의 신분과 행동이 일단 신비와 비밀로 남아 있기를 원하셨을까요? 예수님의 영적 능력이 모두 드러났는데도 왜 알리지 말라고 하셨을까요?

더욱이 마가는 예수께서 비유를 사용하심으로써 사람들이 이해하지 못하게 하셨다고까지 암시합니다. 적어도 그는 이렇게 말합니다. "비유가 아니면 말씀하지 아니하시고 다만 혼자 계실 때에 그 제자들에게 모든 것을 해석하시더라."(막 4:34)

예수께서는 사람들이 그가 누구인지 알기를 원하지 않으셨던 것일까요? 아닙니다. 자신에 대해 알기를 간절히 바라셨습니다. 그런데 무엇을 알아야 하는지가 문제입니다. 사람들은 메시아에 대해 올바로 이해해야만 했습니다. 예수께서는 일부 사람들이 생각하듯이 하지 말라고 하면 더 하고 싶어지는 인간의 역심리를 이용하신 것이 아닙니다.

예수께서는 사람들이 그가 누구인지 제대로 이해하지 못하고 있음을 아셨습니다. 그들은 예수님의 권세가 다윗과 같기를 원했지만, 예수께서는 그의 사랑이 그의 힘이 될 것을 아셨습니다. 사람들은 종려나무 가지를 흔들며 그를 왕으로 삼으려 하지만, 그는 겸손히 나귀새끼를 타실 것입니다. 사람들은 예수님의 치유 사역을 마술이나 이적으로 보았으나, 그는 회개와 믿음으로 이끄는 부름이 되기를 바라셨습니다. 예수께서는 쇼를 벌이지도 않았고, 세력을 얻기 위한 수단을 만들지도 않으셨습니다. 오히려 온 세상의 죄를 대속하기 위한 제물로 자신을 바치기 위해 준비하고 계셨습니다.

예수께서는 자신이 누구인지 제자들에게 설명해 주시기 위해 노력하셨습니다. 그러나 제자들마저도 하나님과 그의 관계, 하나님 나라의 본질과 성격, 고난 받는 종의 역할과 권세를 그가 십자가에 달려 돌아가셨다가 부활하실 때까지 이해하지 못했습니다.

이제 예수께서 세상에 자신의 권세를 나타내십니다. 마가복음 14장 36절이 분깃점입니다. 그 이전에는 자신이 직접 무언가를 행하셨지만 겟세마네 동산에서 기도를 마친 후에는 자신을 적의 손에 넘겨주셨습니다.

그들의 전통은 메시아가 감람산에 오셔서 권력을 쥐고 예루살렘에 입성할 것이라고 가르쳤습니다. 그런데 예수께서 그 전통을 바꾸어 놓으신 것입니다.

겟세마네는 '감람틀' 이라는 뜻으로, 예수님은 여기서 기도하시면서 사람들을 복되게 하는 성스러운 기름이 되셨습니다.

예수께서는 사랑의 행위를 보이셨습니다. 그는 자신을 다른 사람들의 손에 넘기셨습니다. 유다가 예수님에게 입을 맞추고, 베드로가 주님을 부인하며, 사람들이 그에게 침을 뱉었을 때, 메시아의 본질은 재해석되었습니다. 네 명의 군인들이 예수님을 십자가에 달기 위해 관습대로 옷을 벗긴 후 머리에 썼던 터번, 허리띠, 신발, 겉옷을 각각 나누어 갖고 속옷은 제비를 뽑아 나누었습니다. 이것은 십자가에 달린 육체처럼 절대적으로 무력해진 상태, 절대적으로 연약한 상태, 발가벗겨져 남김없이 드러나는 사랑을 상징하는 것입니다.

예수께서 십자가에서 "다 이루었다(요 19:30)."고 말씀하신 것은 그가 하나님 사랑의 적극적인 능력과 소극적인 무력함을 동시에 이 세상에 나타내셨음을 뜻한 것입니다. 그는 모든 것을 주셨습니다.

예루살렘 동쪽에 있는 겟세마네 동산에는 감람을 재배하였다. 이 동산 한쪽에서 감람기름을 짰는데 여기서 감람틀, 즉 겟세마네라는 이름이 유래하였다. 예수께서는 종종 이 동산에서 기도하셨다.

▣ 제자의 모습

제자는 메시아를 고난 받는 종으로, 하나님 나라를 사랑의 통치로 이해합니다. 그래서 자기부인과 고난으로 부르는 것이 자신에게 주어진 선교 사명임을 이해하고 받아들입니다.

그렇다면 이러한 메시아의 제자가 감당해야 할 선교 사역은 어떠해야 할까요?

....

....

....

어떤 기독교인이 "나는 예수님을 나의 구원자로는 알지만 나의 주로는 알지는 못한다."고 말했습니다. 그가 의미한 것이 무엇이라고 생각합니까?

....

....

대부분의 사람들은 큰 기업체나 거대한 정치 단체, 또는 막강한 군사 무기를 볼 때 위력을 느낍니다. 반면 그리스도의 권세는 숨겨져 있고 약하고 견고하지 않은 것처럼 보입니다. 그러나 기독교인들은 예수 안에서 위대한 영적 능력을 깨닫습니다. 예수 그리스도의 권능을 체험한 일이 있습니까? 언제, 어떻게 체험했습니까?

....

....

....

예수님의 제자들은 부르고, 용서하고, 구원하는 예수 그리스도의 권세를 나타내는 증인이 될 뿐만 아니라 새로운 하나님 나라의 증표들을 살아 움직이게 하는 공동체가 되어야 합니다. 우리의 신앙 공동체는 하나님의 통치가 전개되고 있음을 세상 사람들에게 보여 주고 있습니까? 어떤 증표들을 행합니까?

....

....

....

🎦 더 알아보기

■ 마태는 세금을 거두는 세리였습니다. 삭개오도 세리였습니다(눅 19:2). 세리 는 무엇을 하는 사람입니까? 그 당시 세리들은 어떻게 인식되고 취급받았습 니까? 성경 사전에서 찾아보십시오.

■ **지금이 사순절이라면……**

사전에서 사순절을 찾아보십시오. 사순절의 뜻은 무엇이며, 그 기간은 얼마 나 되며, 40일이 상징하는 것은 무엇입니까?(막 1:13; 창 7:12; 출 16:35, 34:28; 신 8:2 참조) 사순절 기간 동안 한 주에 한 끼를 금식하며, 그 시간에 기도와 성경 공부를 하고, 모은 돈으로 굶주린 이웃을 위한 특별 헌금을 하는 것은 어떨까요? 전체 모임에서 의논해 보고, 가능하면 함께 실천합시다.

21

작은 자

잃은 자를 찾으시는 하나님
God Seeks the Least, the Last, the Lost

주의 성령이 내게 임하셨으니 이는 가난한 자에게 복음을 전하게 하시려고 내게 기름을
부으시고 나를 보내사 포로 된 자에게 자유를, 눈 먼 자에게 다시 보게 함을 전파하며
눌린 자를 자유롭게 하고 주의 은혜의 해를 전파하게 하려 하심이라 (누가복음 4:18~19)

☞ 우리의 모습

"나는 가난한 사람들을 싫어합니다. 언제나 깨끗하지 않기 때문입니다. 병든 사람이 있
으면 멀찍이 떨어져 있고 싶습니다. 그들에게서 나는 냄새가 싫기 때문입니다. 장애인들과
함께 있으면 왠지 거북해지는 것을 느낍니다. 나는 나와 다른 풍습, 문화, 사고방식을 가진
사람들을 이해하지 못합니다. 그들과 같이 있으면 불편합니다. 나는 우리 아이들이 다니는
교회나 학교에 그런 아이들이 있는 것을 좋아하지 않고, 또 그들과 사귀는 것이 꺼림칙합니
다. 한마디로, 나는 나와 비슷한 사람들과 함께 있는 것이 좋고, 그것을 즐깁니다." 혹시 내
마음의 소리는 아닙니까?

☞ 내려놓기

성경 공부를 하기 전에 먼저 하나님께 기도를 드립니다. 아래의 시편 말씀이 좋은 길잡
이가 될 것입니다.

> 나는 가난하고 궁핍하오니 하나님이여 속히 내게 임하소서 주는 나의 도움이시요
> 나를 건지시는 이시오니 여호와여 지체하지 마소서 (시편 70:5)

이번 주 기도 제목을 구체적으로 적어 기도합시다.

☞ 귀 기울이기

이번 주에는 누가복음을 읽게 됩니다. 전체를 다 다루겠지만 마태복음이나 마가복음과
중복되는 내용들은 빨리 넘어가고, 누가복음에만 특별히 있는 자료들에 초점을 두려 합
니다.

D1 누가복음 1:1~4:13
(예수님의 탄생과 어린 시절, 시험)

D2 누가복음 4:14~9:50(선교 사역 공포, 치유의 기적, 큰자에 대한 변론)

D3 누가복음 9:51~12:59
(70문도의 선교 활동, 기다림과 충성심에 관한 비유)

D4 누가복음 13~15장(잃은 자의 비유)
누가복음 16:1~19:27(청지기와 기도자의 비유, 삭개오)

D5 누가복음 19:28~24:53
(예루살렘 입성, 고난, 부활, 엠마오로 가는 길)

D6 교재 내용 '성경의 가르침'과 '제자의 모습'

누가복음은 사도행전과 짝을 이뤄 본래 두 권으로 되어 있던 책 중 첫 번째 책입니다. 누가복음과 사도행전의 서두를 보면 이 책들이 왜, 또 어떻게 쓰였는지 이해할 수 있습니다. 누가복음 1장 1~4절을 다시 한 번 읽어 보십시오. 데오빌로 각하는 누구입니까? 아마도 사회적으로 유명한 이방인 그리스도인이었던 것 같습니다. 이름 자체는 '하나님이 사랑하는 자' 또는 '하나님의 친구'라는 뜻입니다. 두 번째 책(사도행전)은 어떻게 시작하는지 찾아보십시오.

예수님의 탄생

유독 누가복음에만 예수님의 친척이요 그의 선구자인 세례 요한의 출생 기사가 나옵니다.

"광야에서 외치는 자의 소리가 있어 이르되 너희는 주의 길을 준비하라."(눅 3:4; 사 40:3 참조)

가브리엘 천사가 마리아에게 한 말, 즉 "은혜를 받은 자여, 평안할지어다(눅 1:28)."는 로마 가톨릭교회가 폭넓게 사용하는 기도문의 기초가 되었는데, 마틴 루터는 이 기도를 간단히 "사랑하는 마리아여, 주께서 너와 함께하시도다(눅 1:28)."라고 번역했습니다.

마리아의 송가(눅 1:46~55)에서 마리아는 누가복음의 강조점을 피력했는데, 그것은 가난한 자를 위한 하나님의 위대한 역사입니다.

누가는 목자들의 방문을 기록합니다. 그 당시 밤중에 양 떼를 지키는 일은 힘들고 비참한 직업으로, 나이든 사람들이나 절름발이처럼 몸이 불편한 사람들, 너무 가난하거나 다른 일을 하기에는 너무 어린 소년들이나 하는 일이었습니다. 그런데 마가는 그들이 천사들의 음성

예수님 탄생 당시에 로마를 통치하던 황제 아우구스투스(가이사 아구스도). 그는 제국 내의 흩어진 유대인들이 돈을 보내 예루살렘 성전을 도울 수 있게 허락했다.

을 듣고 구유 앞에 제일 먼저 무릎을 꿇은 '소자'였음을 알려 줍니다.(눅 2:8~20)

마리아와 요셉은 난 지 8일째 되는 날 예수님에게 할례를 행함으로써 유대법과 전통을 지켰습니다(눅 2:21, 아브라함과 언약 백성이 할례 받은 것을 기억하라. 창세기 17:9~14). 그리고 유대법은 아들을 낳으면 40일 후에 결례를 드리게 했는데, 요셉과 마리아는 가난한 자가 양 대신 바치게 되어 있는 반구 둘로 제사를 드렸습니다(눅 2:22~24; 레 12장 참조). 하나님의 어린 양의 어머니는 제물로 드릴 양을 준비할 만큼 넉넉하지 못했던 것입니다.

시므온이 아기 예수님을 품에 안았을 때(눅 2:25~35), 그는 오늘날 눈크 디미티스(Nunc Dimittis, 라틴어 기도문의 첫 구절에서 비롯되었는데, '주여, 이제 당신의 종을 평안히 떠나게 하셨나이다.'라고 번역할 수 있다.)라고 불리는 믿음의 시를 노래했습니다. 이 기도(눅 2:29~32)는 많은 로마 가톨릭과 개신교가 성찬식 때, 그리고 정통교회의 임종식과 장례식 때 기도문으로 사용합니다.

시므온은 또한 그리스도 선교의 '우주성'이라는 누가복음의 주제를 정립하였습니다. "이는 만민 앞에 예비하신 것이요, 이방을 비추는 빛이요, 주의 백성 이스라엘의 영광이니이다."(눅 2:31~32)

누가는 예수님의 족보를 아브라함까지만이 아니라 아담에게까지 거슬러 올라감으로써(눅 3:23~38) 예수님의 선교 사역의 우주성을 재차 강조합니다.

요셉과 마리아가 율법과 전통에 충실했다는 증거는 그들이 지킨 할례와 결례뿐만이 아니라 해마다 유월절을 지키기 위해 예루살렘에 올라간 사실로도 증명이 됩니다(눅 2:41). 해마다 예루살렘에 올라가는 것은 가난한 이들에게 경제적으로 큰 부담이 되었습니다. 로마인들은 유대인에게 '여행세'를 부과했기 때문입니다.

시험

마태복음과 마가복음에서 이미 살펴본 바와 같이 예수께서는 40일 동안 광야에서 금식 기도를 하셨습니다. 누가는 예수님이 받은 시험에 관해 마가보다 더욱 상세히 기록합니다. 이것은 영혼이 산산이 부서지는 시험이

었습니다.

'금식을 그만두라. 돌들로 떡이 되게 하라(눅 4:1~4).' 일용할 양식은 반드시 필요합니다. 그러나 예수께서는 토라(율법)를 기억하고 사탄을 꾸짖으셨습니다. "사람이 떡으로만 사는 것이 아니요 여호와의 입에서 나오는 모든 말씀으로 사는 줄을 네가 알게 하려 하심이니라(신 8:3; 눅 4:4 참조)." 예수님의 선교는 하나님을 향한 영혼의 굶주림을 채워 주는 것이었습니다.

사탄은 또 "이 모든 권위와 그 영광을 내가 네게 주리라. 이것은 내게 넘겨준 것이므로 내가 원하는 자에게 주노라. 그러므로 네가 만일 내게 절하면 다 네 것이 되리라(눅 4:5~7)."고 했습니다. 정치적 개혁이 가난한 자들에게 도움을 줄 수도 있습니다. 그러나 그 대가는 생각해 보았습니까? '에덴동산의 아담과 하와처럼 하나님의 말씀을 믿지 마라. 사울 왕처럼 하나님께 복종하지 마라. 다윗의 욕정에 빠져라. 솔로몬처럼 교만하여 반기를 들어라. 그러면 너는 막강한 제국을 다스릴 수 있다.' 그러나 예수께서는 이 유혹을 단호하게 거절하셨습니다. "기록된 바 주 너의 하나님께 경배하고 다만 그를 섬기라 하였느니라."(눅 4:8; 신 6:13 참조)

예수께서 겸손히 예루살렘에 입성하시기 위해 나귀새끼를 타셨을 때, 그리고 빌라도에게 "내 나라는 이 세상에 속한 것이 아니니라(요 18:36)."고 말씀하셨을 때, 그는 분명히 이러한 비정치적인 맹세를 기억하셨을 것입니다. 유대인들은 정치적인 지도자를 원했습니다. 그러나 예수께서는 세상을 구원할 구주로 오셨습니다.

그 다음에는 사탄도 성경 말씀을 인용했습니다. '권능의 표를 보여 보아라! 성전 꼭대기에서 뛰어내려라. 군중을 사로잡아라.' 시편 기자의 말처럼 사탄은 "하나님이 너를 위하여 그 사자들을 명하사 너를 지키게 하시리라(눅 4:10; 시 91:11 참조)."고 유혹했습니다. '복음을 전파하기에 얼마나 좋은 기회인가!' 사탄의 유혹은 치밀했습니다. 아마 보통 사람이라면 분명히 믿었을 것입니다.

"아니다." 그러나 예수께서는 다시 한 번 토라의 말씀을 인용하셨습니다. "주 너의 하나님을 시험하지 말라(눅 4:12; 신 6:16 참조)." 성경은 그다음 일을 이렇게 기록합니다. "마귀가 모든 시험을 다 한 후에 얼마 동안 떠나니라(눅 4:13)." 이는 사탄이 그를 넘어뜨릴 또 다른 기회를 기약했다는 의미입니다.

예수님의 전 생애를 생각해 보십시오. 사탄이 기다렸던 '다른 적절한 기회'는 구체적으로 언제였을까요? 자신의 생각을 적어 봅시다.

이 돌은 성전 남서쪽 모퉁이에 있는 담 밑에서 발견되었는데, 성전 꼭대기에서 떨어진 것이다. 겉면에 '나팔 부는 곳'이라는 글귀가 새겨져 있는데, 안식일이나 거룩한 날 제사장이 그 날의 시작과 끝을 알리기 위해 나팔을 분 장소였다는 것을 말하는 것 같다. 마귀는 예수님에게 하나님의 아들임을 증명하기 위해 성전 꼭대기에서 뛰어내릴 것을 종용하며, 그러면 하나님이 사자들을 보내어 지키실 것이라고 유혹했다.

그리스도인들은 언제나 예수께서 이처럼 어려운 시험을 당하신 사실을 알게 된 것을 감사하게 생각합니다. 그의 이러한 경험은 우리가 어려움에 직면했을 때 큰 도움을 주기 때문입니다. 히브리서 기자는 이를 극적으로 표현했습니다. "우리에게 있는 대제사장은 우리의 연약함을 동정하지 못하실 이가 아니요, 모든 일에 우리와 똑같이 시험을 받으신 이로되 죄는 없으시니라. 그러므로 우리는 긍휼하심을 받고 때를 따라 돕는 은혜를 얻기 위하여 은혜의 보좌 앞에 담대히 나아갈 것이니라."(히 4:15~16)

고향 나사렛에서

예수님 시대의 유대교에는 두 가지 형태의 집회가 있었습니다. 하나는 제사를 위한 성전 예배요, 다른 하나는 전 세계에 흩어져 있는 유대인들이 성경을 공부하던 회당 집회였습니다.

예수께서는 '늘 하시던 대로(눅 4:16)' 그의 고향 마을에 있는 회당에 가셨습니다. 그리고 이사야서에 나오는 메시아에 관한 유명한 구절을 찾아 읽으셨습니다. 예수께서 가난한 자와 앉은뱅이와 눈먼 자와 눌린 자들에게 선교의 초점을 두신 것을 눈여겨보십시오. 여기까지는 아무런 문제가 없었습니다. 그런데 예수께서 기름 부음 받은 메시아로서 자신의 역할이 무엇인지 표명하고, 이제 그 때가 이르렀다는 사실을 공포하시자 사람들이 동요하기 시작했습니다. 메시아가 자기 백성에게 배척을 받는다 해도 그의 선교는 전 세계로 퍼져 나갈 것임을 강조하기 위해 예수께서는 엘리야를 대접했던 사렙다 과부와 엘리사에게 고침을 받은 수리아의 나아만 장군을 상기시켰습니다(눅 4:24~27). 이 말을 들은 사람들은 분노했고, 그를 죽이려고 했습니다(눅 4:28~30). 예수님의 선교 사역은 이렇게 시작되었습니다.

사마리아 사람들

사마리아 사람들은 수세기에 걸쳐 이방인 이웃과 잡혼을 한 이스라엘의 후손이라는 것을 기억할 것입니다. 그들은 북왕국에 살면서 수없이 침략군에게 약탈을 당했고, 예루살렘에 올라갈 수 없게 금지되기도 했습니다. 또 사마리아인들은 가나안 옛 도시인 세겜 근처 그리심 산에서 오랫동안 예배를 드린 반면, 남쪽에 살던 유대 사람들과 이스라엘 정통 후손들은 예루살렘에서 드렸기 때문에 남과 북 사이에 편견이 생겨났습니다.

예수님 당시 사마리아인과 유대인 사이의 악감정은 극에 달했습니다. 북쪽에서 예루살렘으로 여행하는 유대인들은 사마리아 땅을 밟지 않기 위해 일부러 요단 강 동편으로 돌아 다녔습니다. 사마리아인들은 성경의 첫 다섯 권인 율법서 토라만 사용했는데, 이것만 직접 하나님께로부터 받은 것이라고 믿었기 때문입니다. 또 그들은 유월절에 출애굽기 12장에 나오는 절차 그대로 유월절 양을 잡아 제사를 드렸습니다. 유대인들과 사마리아인들은 서로를 증오했습니다.

예수께서 갈릴리를 떠나 '예루살렘을 향하여 올라가기로 굳게 결심하시고' 길을 나섰습니다. 그런데 사마리아 지역을 통과해 가는 길을 택하셨습니다. 당시로서는 놀라운 일이 아닐 수 없었습니다. 그러나 사마리아 사람들은 예수께서 예루살렘으로 가는 길이었음을 알았기에 그를 맞아들이지 않았습니다(이들의 편견은 양쪽 모두에 책임이 있었다.). 제자들은 자신들을 냉대하는 사마리아인들 위에 하늘의 불을 내려 태워 버리기를 바랐으나 예수께서는 오히려 그들을 꾸짖으셨습니다.(눅 9:51~56)

어떤 율법사가 찾아와 "내 이웃이 누구이니까(눅 10:29)?"라고 물었을 때, 예수께서는 예루살렘과 여리고 사이 길가에서 강도 만난 사람의 이야기를 해 주셨습니다. 강도 만난 사람이 죽었습니까? 만약 그렇다면 시체를 만진 유대인은 의식상 부정하게 되었을 것입니다. 그 옆으로 지나가던 제사장이 그를 도와주었습니까? 레위인은 어땠습니까? 강도를 만나 쓰러져 있는 그를 누가 도와주었습니까? 바로 유대인들이 증오하던 혼혈인 사마리아 사람이었습니다(눅 10:29~37). 예수께서는 의도적으로 사마리아인을 택해 이 이야기의 영웅으로 만드신 것입니다.

그 후에 예수께서는 길가에 서서 "부정하다, 부정하다."고 외치는 나병환자 열 사람을 고쳐 주셨습니다. 그런데 그 중 한 사람만이 돌아와 예수께 감사를 드렸는데, 그는 사마리아인이었습니다(눅 17:16). 사람이 고통과 비극과 심각한 질병을 경험하면 사회적 장벽이 무너집니다. 후에 우리는 예수님의 피도 이러한 장벽들을 무너뜨리는 것을 보게 될 것입니다.

여인들

모든 복음서가 증언하듯이, 예수께서는 사랑과 친절로 여인들을 대했으며 그들의 존엄성을 인정하셨습니다. 특별히 누가복음은 여인들에 대한 예수님의 태도를 강조합니다. 또한 세례 요한과 예수님의 탄생 기사들에 등장하는 엘리사벳, 마리아, 안나를 영적으로 성숙하고 능력 있는 여인들로 표현합니다.

예수께서 나인이라는 마을에서 과부의 외아들을 살려 주셨는데, 누가복음은 이 일을 이렇게 기록합니다. "주께서 과부를 보시고 불쌍히 여기사 울지 말라 하시고(눅 7:13)." 또한 많은 죄를 짓고 예수님 발 앞에서 눈물을 흘리던 또 다른 여인은 용서받았을 뿐만 아니라 바리새인들에게 사랑의 깊은 뜻을 가르쳐 주는 본보기가 되었습니다.(눅 7:36~50)

예수님과 제자들을 따라다니며 돈과 음식을 대고 용기를 불어넣어 주던 몇몇 여인들이 있었던 것은 확실해 보입니다. 일곱 귀신이 나간 막달라 마리아, 헤롯 안디바의 청지기 구사(Chuza)의 아내인 요안나(당시 유명했던 여인)와 수산나, 그 밖에 다른 여러 여인들이 자기들의 소유로 그들(예수님과 제자들)을 섬겼습니다.(눅 8:1~3)

마르다의 동생 마리아는 이제 여인들까지 포용한 이 사회 혁명의 일각을 잘 표현하였습니다. 당시에는 일반적으로 남자들만이 율법과 예언서들에 관해 토론했습니다. 욥이 건강할 때 성문에 앉아 다른 남자들과 더불어 깊은 문제들을 놓고 토론했다고 피력했던 것이 생각납니까(욥 29:7~12)? 잠언 31장에 나오는 이상적인 여인은 집안일을 하면서 "그의 남편은 그 땅의 장로들과 함께 성문에 앉으며 사람들의 인정을 받"는 것을 자랑스럽게 여겼습니다.(잠 31:23)

그러나 마리아는 주의 발치에 앉아 그의 말씀을 들었습니다(눅 10:39). 마르다의 비난에 예수께서는 "마리아는 이 좋은 편을 택하였으니 빼앗기지 아니하리라(눅 10:42)."고 대답하셨습니다.

예수께서는 여자의 역할을 어떻게 정의하십니까?

....

....

잃은 자

잃은 자에 관한 비유들은 누가복음 15장에 기록되어 있습니다. 잃은 양, 잃은 동전, 탕자 이야기(어떤 사람은 이것을 '기다리는 아버지의 비유'라고 부른다.) 등입니다. 유대인들의 눈에는 세금을 징수하기 위해 로마인들과 계약을 맺은 세금 징수원들과 세리들이 가장 심각한 '잃은 자'였습니다. 이들은 로마 통치에 야합하는 자들로 간주되어 배척을 받았습니다.

누가복음 전체에서 언제 세금 징수원들이 특별히 예수님의 선교에 포함되었는지 찾아보십시오. 삭개오와 레위인, 또 기도하러 성전에 들어간 바리새인과 세리의 비유

등을 꼼꼼히 살펴보십시오. 세리의 이야기들을 찾아보고, 각각에 자신의 의견을 달아보십시오.

누가복음 3:12~13

....

누가복음 5:27~39

....

누가복음 18:9~14

....

누가복음 19:1~10

....

🔟 제자의 모습

우리는 두 가지 면으로 작은 자, 나중 된 자, 잃은 자들에 관심할 수 있습니다. 하나는 이런 범주에 속하는 사람들에 대해 생각하는 것입니다.

오늘날 가난한 자들은 누구입니까?

....

사회적으로 버림받은 사람들은 누구입니까?

....

나와 우리 교회는 이들을 신앙 공동체의 은혜와 친교로 이끌기 위해 어떤 일들을 합니까?

....

....

이렇게 소외 계층을 품을 때 어떤 비난을 받을 것이라고 생각합니까?

....

교회에서 여성들이 남성들과 똑같은 대우를 받습니까? 이 성경 연구 모임에서는 어떻습니까? 모임 내의 참여와 존중, 나눔에 관해 솔직하게 느낌을 기록해 보십시오.

....

....

작은 자와 나중 된 자, 잃은 자들에 관심하는 또 한 가지 방법은 나 자신을 그 집단에 포함시키는 것입니다. 우리 중 누군가는 여인입니다. 우리 대부분은 이방인입니다. 우리 중에는 가난한 사람도 있습니다. 우리는 모두 병들어 누웠던 경험이 있습니다. 더러는 알코올중독 또는 약물 복용자였을 수도 있습니다. 공개적으로 수치를 당한 경험이 있는 사람도, 감옥살이를 했던 사람도 있을 수 있습니다. 이혼한 사람도 있고, 배우자와 사별한 사람도 있으며, 결혼을 하지 않은 독신도 있습니다. 이들은 흔히 사회에서 냉대를 받습니다. 바울은 고린도교회 교인들에게(그리고 우리에게) 이렇게 말했습니다. "형제들아, 너희를 부르심을 보라. 육체를 따라 지혜로운 자가 많지 아니하며, 능한 자가 많지 아니하며, 문벌 좋은 자가 많지 아니하도다. 그러나 하나님께서 세상의 미련한 것들을 택하사 지혜 있는 자들을 부끄럽게 하려 하시고, 세상의 약한 것들을 택하사 강한 것들을 부끄럽게 하려 하시며, 하나님께서 세상의 천한 것들과 멸시 받는 것들과 없는 것들을 택하사 있는 것들을 폐하려 하시나니 이는 아무 육체도 하나님 앞에서 자랑하지 못하게 하려 하심이라."(고전 1:26~29)

살아오면서 버림받음, 수치, 단절, 부정(unclean) 등의 경험을 한 적이 있습니까? 그때의 느낌은 어떠했습니까? 그러한 감정을 극복할 수 있게 도와준 것은 무엇입니까?

....

....

깊이 들여다보십시오. 그리스도의 제자는 부와 권세와 특권이 자신을 구원해 줄 수 없음을 압니다. 제자는 마음속 깊이 예수 그리스도의 은혜가 절실히 필요함을 압니다. 또한 하나님은 특별히 버림받은 자, 변두리 인생, 과부, 고아, 심신 장애인들에게 관심을 쏟으신다는 것을 압니다. 그래서 제자는 작은 자와 나중 된 자, 잃은 자를 위한 하나님의 선교를 중시하고 이에 동참합니다.

◎ 더 알아보기
- 4복음서에 기록된 예수님의 심문과 십자가 처형과 부활 기사들을 비교해 보십시오. 그리고 각각의 독특성을 기록하십시오.

생명을 주시는 주 Lifegiver

내가 온 것은 양으로 생명을 얻게 하고 더 풍성히 얻게 하려는 것이라 (요한복음 10:10)

🔁 우리의 모습

산다는 것이 무의미할 때가 많습니다. '나는 무엇을 위해 사는 것일까? 이 순간에도 그저 죽어 가고 있는 것뿐인가?' 주위의 다른 사람들에게 가까이 가려고 노력하지만, 종종 느끼는 소외감은 떨쳐 버릴 수 없습니다. 우리는 어떻게 나와 그리고 이웃과 평화를 유지하며 행복하면서도 풍성한 열매를 맺는 삶을 살 수 있을까요?

✝ 내려놓기

성경 공부를 하기 전에 먼저 하나님께 기도를 드립니다. 아래의 시편 말씀이 좋은 길잡이가 될 것입니다.

> 하나님이여 주의 인자하심이 어찌 그리 보배로우신지요 사람들이 주의 날개 그늘 아래에 피하나이다 그들이 주의 집에 있는 살진 것으로 풍족할 것이라 주께서 주의 복락의 강물을 마시게 하시리이다 진실로 생명의 원천이 주께 있사오니 주의 빛 안에서 우리가 빛을 보리이다 (시편 36:7~9)

이번 주 기도 제목을 구체적으로 적어 기도합시다.

👂 귀 기울이기

우리는 두 주간에 걸쳐 요한복음을 두 부분(1~12장과 13~21장)으로 나누어 공부할 것입니다. 앞부분에서는 풍성하고 영원한 생명에 대해, 뒷부분에서는 예수 그리스도께서 약속하신 성령에 대해 공부합니다.

요한복음 전체를 단숨에 읽어 내려가면 이 위대한 복음서만의 힘을 느낄 수 있을 것입니다. 만일 읽는 데 시간이 더 필요한 사람이라면 하루에 두 장씩만 읽으십시오. 요한복음을 읽으면서 떡, 물, 빛, 생명, 목자, 문 등의 상징에 유의하십시오. 또 빛과 어두움, 진리와 거짓, 생명과 죽음, 사랑과 미움 등의 대조적 개념도 눈여겨보십시오.

D1 요한복음 전체 또는 요한복음 1~2장(말씀이 육신이 되심, 가나에서의 첫 이적)

D2 요한복음 3~4장(거듭남, 사마리아 여인)

D3 요한복음 5~6장(병든 자를 고치심, 생명의 떡)

D4 요한복음 7~8장(생수, 세상의 빛)

D5 요한복음 9~10장(눈먼 자를 고치심, 선한 목자)

D6 요한복음 11~12장(나사로, 예루살렘 입성, "빛을 믿으라")
교재 내용 '성경의 가르침'과 '제자의 모습'

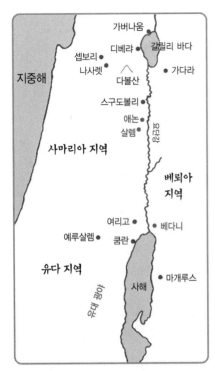

애논, 살렘, 베다니는 세례 요한이 활동하던 지역이다. 요한복음 1장 28절의 '요단 강 건너편 베다니'는 예수님이 세례를 받은 곳으로 추정되는데, 마리아와 마르다와 나사로가 살던 베다니(요 11:1)와는 다른 곳이다. 그들이 살던 곳은 예루살렘 근처 요단 강 서쪽이었다.

📖 성경의 가르침

복음서 기자들은 전기문학 작가들이 아니었습니다. 오히려 그들은 독자들이 하나님의 아들을 알고 따르게 도와주려 한 복음 전도자들이었습니다. 요한은 특히 그랬습니다. 그에게는 사건들의 시간적 순서 따위가 중요하지 않았습니다. 그보다는 어떤 이야기 뒤에 숨어 있는 의미를 찾으려고 노력했습니다.

니고데모와 우물가의 여인은 우리 이웃의 낯익은 사람들을 대변하는 것같이 보입니다. 니고데모는 교회의 재정부장이나 사회단체의 회장쯤이 될 것입니다. 우물가의 여인은 동네 카페의 웨이트리스 정도로 생각할 수 있습니다.

요한복음의 서문(1:1~18)은 나중에 다시 다루게 되므로 일단은 그냥 가볍게 넘기고, 우선 여기서는 생명과 죽음의 문제를 생각해 봅시다.

대부분의 사람들은 육체적인 죽음과 생명에 대해서만 생각합니다. 창세기에 나오는 뱀이 말한 죽음과 생명은 바로 그것이었음을 상기하십시오. 그러나 '아담과 하와가 죽었다.'고 할 때의 그것은 '내적인 죽음'을 말하는 것이었습니다. 죄책감, 수치, 두려움, 고독, 소외, 가식 등은 그들이 와해되어 가고 있다는 증거들이었습니다. 그들은 우리가 이 과의 서론에서 읽었던 것 같은 영적인 암흑세계, 곧 '에덴의 동쪽'으로 쫓겨나게 되었습니다.

그러므로 생명을 주시는 그분은 오셔서 지금 여기에, 또한 무의미함이 도사린 인간의 내면에 생명을 주십니다. 생명은 죽은 후에 주어지는 선물이 아니요, 지금 믿는 자에게 주시는 선물입니다.

마르다가 죽은 오라비의 무덤 곁에 서서 "주는 그리스도시요, 세상에 오시는 하나님의 아들이신 줄 내가 믿나이다(요 11:27)."라고 고백했을 때, 그의 안에 생명이 탄생하였습니다. 두려움이 신뢰로, 고독이 교제로, 가식이 솔직함으로 바뀌게 되었습니다. 하나님이 아담과 하와 안에서 보기 원하셨던 것들이 마르다에게 일어나고 있었던 것입니다.

죽은 나사로가 일어남으로 형성된 극적인 대립 구도를 주의 깊게 살펴보십시오. 예수께서는 이 사건을 통해 자신이 죽음까지 다스릴 수 있는 주이심을 제자들에게 가르치려 하셨습니다. 그런데 다른 사람들은 이 일로 분개하였습니다. 바리새인들은 예수님의 말씀으로 다시 살아났다는 나사로를 보기 위해 군중이 몰려드는 것을 알고 기분이 상했습니다. 그래서 대제사장은 나사로까지 죽이려고 모의했는데, 그것은 이 일 때문에 많은 유대인들이 예수님을 믿게 된 까닭이었습니다.(요 12:9~11, 17~19)

요한복음 11장을 주의 깊게 읽으면, 마르다가 선물로 받은 영적 생명이 나사로가 선물로 받은 육신의 생명보다 중요함을 알 수 있습니다. 나사로는 언젠가는 육신의 죽음을 다시 경험하게 되지만, 마르다는 예수께서 영원히 죽지 않는다고 하신 그 영원한 생명을 선물로 받은 것입니다.

마태는 제자들이 하나님의 아들 안에 나타난 그분의 의를 알기를 원한 반면, 요한은 사람들이 하나님의 아들 안에서 하나님의 생명, 풍성한 생명, 영원한 생명을 발견하기를 바랐습니다.

우리는 이제 니고데모에게 필요했던 것이 무엇인지 더욱 분명히 이해할 수 있습니다. 그는 우리 대부분의 그리스도인들보다 여러 면에서 더 나은 유대인이었을 것입니다. 그는 율법을 준수했습니다. 그러나 그의 속사람은 텅 비어 있었습니다. 그가 갈급했던 것은 종교가 아니라 하나님이었습니다. 예수께서는 니고데모가 생명으로 태어나야 하는데, 그것은 거듭나고 위로부터 나는 것이라고 말씀하셨습니다.(요 3:3)

우물가의 여인

지금도 야곱의 우물에 가면 물을 마실 수 있습니다. 이 우물은 깊이가 105피트나 되는데, 고대 세겜 땅 근처에 위치해 있습니다. 세겜은 때로 수가라고 번역되었는데, 이 곳은 종교와 정치의 중심이었습니다. 여호수아는 세겜에서, 이스라엘 족장 지도자들과 함께 시내 산에서 맺은 언약을 새롭게 하였습니다. 그리고 그보다

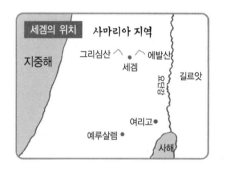

훨씬 전, 예수님이 오시기 2천여 년 전에는 아브라함과 이삭과 야곱이 거기서 가축을 키웠습니다. 야곱은 세겜 근처에 밭을 사서 우물을 파고, 그것을 아들 요셉에게 주었습니다. 후에 요셉의 뼈가 세겜에 묻혔습니다(수 24:32). 그 곳은 또한 사마리아의 중심이었습니다.

예수께서는 해가 뜨기 전에 유다를 떠나 갈릴리를 향해 급히 북쪽으로 가셨습니다. 야곱의 우물에 다다랐을 때는 이미 한낮이었습니다.

우리가 아는 대로 유대인들은 사마리아 사람들과 상종하지 않으려 했습니다. 사마리아 사람이 있으면 만나는 것을 피하기 위해 길을 돌아서 갈 정도로 싫어했습니다. 율법을 철저히 지키는 유대인이 걸어가는 길에 만약 사마리아인의 그림자가 덮이면 부정하게 되기에 그 유대인은 성전에 올라가 자신을 정결케 해야 했습니다. 유대인들이 '사마리아 사람' 이라는 말을 사용했을 때에는 그들을 저주하는 말을 덧붙이고 땅에 침을 뱉었습니다. 때로 사마리아 사람들은 유대인을 따라와 그의 발자국 위에 짚을 깔고 불을 지르기도 했습니다. 선한 제거, 그들의 발자취조차 없애 버린다는 의미였습니다.

예수께서는 한쪽으로는 사마리아인들의 성전이 위치하여 오랫동안 예배처가 되었던 그리심 산을 바라볼 수 있고, 또 다른 한쪽으로는 여호수아가 제단을 쌓았던 에발 산을 바라볼 수 있는, 적의로 가득한 지역에 앉으셨습니다. 마침 그 때 한 사마리아 여인이 물을 길러 우물가로 다가왔습니다.

대립 감정이 팽팽히 맞서 있는 이 땅에서 예수께서는 그 사마리아 여인에게 마실 물을 좀 달라고 청하셨습니다. 여인은 방어적인 태도로 "당신은 유대인으로서 어찌하여 사마리아 여자인 나에게 물을 달라 하나이까(요 4:9)?"라고 물었습니다.

예수께서는 "네가 만일 하나님의 선물(생명)과 또 네게 물 좀 달라 하는 이가 누

구인 줄 알았더라면 네가 그에게 구하였을 것이요, 그가 생수를 네게 주었으리라(요 4:10)."고 말씀하셨습니다. 그러나 그 여인의 대답은 전혀 엉뚱한 곳으로 나아갔습니다. 그는 물질적인 세계에서 죽어 가고 있었습니다. 그에게는 영적인 이해가 전혀 없었습니다. 그는 요컨대 이렇게 말했습니다. "선생님, 나는 매일 2마일이나 되는 길을 걸어 여기까지 오고, 다시 그 길을 돌아갑니다. 만일 내가 여기까지 와서 물을 길어가지 않아도 되는 길을 선생님이 아신다면 알려 주십시오. 정말 알고 싶습니다."

예수께서는 생명의 문제로 대화를 이끄셨습니다. "가서 네 남편을 불러 오라(요 4:16)." 여인은 남편이 없다고 대답했습니다. 예수께서는 그의 사정을 이미 다 아시고 "너에게 남편 다섯이 있었고 지금 있는 자도 네 남편이 아니니 네 말이 참되도다(요 4:18)."라고 말씀하셨습니다.

왜 이 여인이 한낮에 물을 길러 왔는지 생각해 본 적이 있습니까? 마을의 다른 여인네들은 선선한 저녁에 물동이를 머리에 이고 이 우물가로 모여들었습니다. 서로 안부를 묻고, 동네 소문에 웃고 떠들며 물을 길어갔습니다. 하지만 예수님을 만난 이 여인은 그들이 오기 전, 뙤약볕이 한창 내리쬐는 한낮에 우물가에 왔습니다. 그는 그 마을에서조차 격리되고 따돌림을 받는 사람이었던 것입니다. 그는 고독 속에서 죽어 가고 있었습니다.

이제 이 여인은 종교에 대해 언급하며 다시 한 번 생명의 문제를 수면 밑으로 밀어 넣습니다. 많은 사람들이 하나님을 직접적으로 다루지 않아도 되도록 종교에 대해 이야기하기를 하고 싶어 합니다. 비록 이 여인은 격식을 차리는 모임에서도, 예배처에서도 환영받지 못할지라도 예배드릴 장소에 관해 토론하기를 원했습니다.

여인은 지혜롭게도 "메시아, 곧 그리스도라 하는 이가 오실 줄을 내가 아노니 그가 오시면 모든 것을 우리에게 알려 주시리이다(요 4:25)."라고 말했습니다. 그의 말에 예수께서는 간단히 대답하셨습니다. "네게 말하는 내가 그라(요 4:26)." 그 순간, 생의 기적이 이 여인에게 찾아왔습니다. 그래서 물동이를 내려놓고 동네로 달려가 기쁨에 넘쳐 "내가 행한 모든 일을 내게 말한 사람을

와서 보라(요 4:29)."고 외쳤습니다.

이 여인은 실로 오랜만에 어린아이처럼 기쁘게 뛰었습니다. 그리고 실로 오랜만에 사람들 앞에 나서서 부끄러움 없이 말할 수 있었습니다. 갑자기 이 여인은 생명수를 마시고 있었습니다. 요한은 이 죽어 가던 여인의 증언으로 "그 동네 중에 많은 사마리아인이 예수를 믿는지라(요 4:39)."고 기록합니다.

이제 요한복음의 증언은 흥분으로 부풀어 오릅니다. "아들도 자기의 원하는 자들을 살리느니라(요 5:21)." "내 말을 듣고 또 나 보내신 이를 믿는 자는 영생을 얻었고 심판에 이르지 아니하나니 사망에서 생명으로 옮겼느니라."(요 5:24)

요한복음 3장 16절은 복음의 축소판이라고 불려 왔습니다. "하나님이 세상을 이처럼 사랑하사 독생자를 주셨으니 이는 그를 믿는 자마다 멸망하지 않고 영생을 얻게 하려 하심이라." 바로 지금 여기에서 사마리아인과 여인과 생의 실패자가 영원한 생명수를 마실 수 있습니다.

죄와 고통

지금까지 우리는 죄와 고통, 악행과 질병, 위법 행위와 징벌 등의 관계를 놓고 씨름해 왔습니다. 우리는 경험을 통해, 또는 성경을 공부함으로써 죄는 무서운 결과를 초래한다는 것을 압니다. 그런데 욥의 시대와 같이 예수님의 시대에도 사고와 상해와 질병이 모두 죄에서 비롯한다는 것이 통념이었습니다. 어떤 때는 예수님도 죄와 병을 연결시켜 말씀하셨습니다. 예수께서 38년 동안이나 앓던 사람을 고쳐 주시고는 "보라, 네가 나았으니 더 심한 것이 생기지 않게 다시는 죄를 범하지 말라(요 5:14)."고 말씀하신 것이 그 예입니다.

그러나 어떤 경우에는 아무런 설명도 없습니다. 하나님이 욥에게 시원한 답을 주시지 않은 것처럼 예수께서도 설명을 해 주지 않으셨습니다. 그러나 그는 분명히 죄와 여러 가지 비극적인 일들을 분리시키셨습니다.

요한복음 9장에서 요한은 극적인 치유의 이적을 기록합니다. 제자들은 예수께 물었습니다. "랍비여, 이 사람이 맹인으로 난 것이 누구의 죄로 인함이니이까? 자기니

이까, 그의 부모니이까(요 9:2)." 제자들은 그가 눈이 먼 것이 어느 누구의 죄 때문이라고 전제했습니다.

하지만 예수께서는 날 때부터 눈먼 그 사람을 보시며 "이 사람이나 그 부모의 죄로 인한 것이 아니라 그에게서 하나님이 하시는 일을 나타내고자 하심이라(요 9:3)."고 분명히 말씀하셨습니다.

누가복음은 이 논쟁을 더욱 심각하게 다룹니다. 갈릴리 출신의 어떤 사람들은 빌라도의 명으로 성전에서 제사를 드리는 중에 동물과 함께 살해당하였습니다. 이 갈릴리 사람들이 이같이 해를 받았으니 모든 갈릴리 사람보다 죄가 더 있는 것일까요? 예수님은 대답하셨습니다. "너희에게 이르노니 아니라."(눅 13:1~3)

수세기에 걸쳐 사람들은 고통의 문제를 놓고 씨름했습니다. 신명기는 아비의 죄가 아들에게로 삼사 대까지 이른다고 말합니다(신 5:9). 때로는 이것이 사실입니다. 그러나 에스겔은 부모의 죄가 아니라 각자가 그 자신의 죄에 책임을 져야 한다고 역설합니다. "속담에 이르기를 아버지가 신 포도를 먹었으므로 그의 아들의 이가 시다고 함은 어찌 됨이냐. ······ 너희가 이스라엘 가운데에서 다시는 이 속담을 쓰지 못하게 되리라."(겔 18:2~3)

인생은 모호한 점이 참 많습니다. 또한 고통의 원인을 언제나 설명할 수는 없습니다. 모든 것이 죄의 결과라고 하는 사람들은 예수님의 생각에서 벗어난 사람들입니다. 또 하나님에게 모든 책임을 돌리는 것도 잘못된 생각입니다. 예수께서는 예언자들의 깊은 생각에서 암시되었던 놀라운 통찰력을 보여 주십니다. 고난이나 상처, 질병, 비극은 창조적인 사랑의 기회가 된다는 것입니다. 예수님의 말씀에 다시 귀를 기울여 보십시오. "이 사람이나 그 부모의 죄로 인한 것이 아니라 그에게서 하나님이 하시는 일을 나타내고자 하심이라(요 9:3)." 왜 의로운 사람이 고난을 당할까요? 우리는 그 이유를 알 수 없습니다. 그러나 고난은 하나님의 이름으로 고난 받는 이들을 섬길 수 있는 좋은 기회가 됩니다.

비극은 또한 회개와 구원을 위한 기회입니다. "너희에게 이르노니 아니라. 너희도 만일 회개하지 아니하면 다 이와 같이 망하리라."(눅 13:3, 5)

앞에서 언급한 대로 고난의 매순간은 비통에 빠져 허우적댈 것인지, 아니면 하나님을 신뢰하며 창조적인 태도로 역경을 극복해 좋은 결과를 가져올 것인지 결단하게 합니다. 또한 다른 사람들의 고난은 우리가 사랑 가운데서 그들을 돌보아 줄 수 있게 하며(이것은 예수님의 사역을 돕는 것이다.), 그보다 더 불행한 일들이 우리에게 떨어지지 않도록 죄에서 돌아서게 할 수도 있습니다.

불신자들과의 충돌

우리는 지금까지 새로운 생명과 빛과 치유의 역사를 강조했습니다. 그러나 요한복음은 또한 예수께서 영적 어두움과 죽음에 맞서고 계심을 보여 줍니다. 다른 복음서, 특히 마태복음에 고조되는 긴장 관계가 기록되어 있는 것처럼, 요한복음에는

예수님은 요한복음 10장 1~18절에서 스스로를 '선한 목자'라고 부르셨습니다. 이 명칭은 목자가 어깨에 양을 메고 가는 모습을 환기시킨 것이다. 양의 다리를 잡고 어깨에 메고 걸어가면 온순하게 가만히 있었기 때문에 그렇게 운반하는 것이 상례였다.

생명과 죽음 사이의 충돌이 기록되어 있습니다. 요한복음을 읽을 때, '유대인들(예, 요 7:1)' 이라는 용어는 창조주 하나님의 주권을 거부하는 세상을 대변하는 것임을 분명히 염두에 두기를 바랍니다.

예수께서는 자신을 하나님이 광야에서 히브리인들에게 주신 만나에 비유하셨습니다. "나는 생명의 떡이니 내게 오는 자는 결코 주리지 아니할 터이요, 나를 믿는 자는 영원히 목마르지 아니하리라(요 6:35)." 예수 그리스도는 믿는 사람들의 일용할 양식이 될 것입니다. 만나를 먹은 사람은 결국 죽었으나(육신적 죽음), 예수 그리스도를 받아먹고 사는 사람은 결코 죽지 않을 것입니다.(영적 죽음, 요 6:49~51)

그 다음에는 언약 백성에 관한 물음이 등장합니다. 유대인들은 아브라함의 후손이요, 선택된 백성이며, 할례 받은 백성이요, 모세의 율법을 받은 백성이며, 성별된 백성이었습니다. 그러나 예수께서는 그들도 다른 모든 사람처럼 죄의 종이 되었다고 말씀하셨습니다. "나도 너희가 아브라함의 자손인 줄 아노라. 그러나 내 말이 너희 안에 있을 곳이 없으므로 나를 죽이려 하는도다."(요 8:37)

어두움이 맹렬한 기세를 떨치고 있었습니다. 육신의 할례만으로는 충분하지 않았습니다. 예언자들이 말했듯이 구원을 받으려면 마음의 할례가 필요했습니다. "그 정죄는 이것이니 곧 빛이 세상에 왔으되 사람들이 자기 행위가 악하므로 빛보다 어둠을 더 사랑한 것이니라."(요 3:19)

서문

자, 이제 우리는 요한복음의 서문을 이해할 준비가 되었습니다(요 1:1~18). 예수님은 하나님 아버지께로부터 오신 말씀입니다. 하나님이 천지를 창조하실 때 말씀으로 하신 그대로 지금은 아들 안에서 말씀하십니다. 우주를 만들었던 그 창조 에너지와 사랑이 이제는 육신이 되었습니다. 예수 그리스도 안에서 하나님은 첫 창조를 회복하십니다.

학자들은 성경을 풀이할 때 '주석(엑세게테, exegete)' 이라는 용어를 사용합니다. 본문의 뜻을 해석하고 드러낸다는 뜻입니다. 요한은 예수님의 역할이 바로 하나님을 나타내는(exegete) 것이라고 합니다. "본래 하나님을 본 사람이 없으되 아버지 품 속에 있는 독생하신 하나님이 나타내셨느니라."(요 1:18)

◙ 제자의 모습

요한은 그리스도의 제자란 어두움에 덮인 세상에서 빛을 발견하고, 기근이 든 세상에서 영적 양식과 생명수를 찾은 사람이요, 혼돈과 무의미의 세상에서 의미를 찾고, 길을 잃고 외로운 세상에서 방향과 공동체를 발견한 사람이라고 합니다. 즉 제자는 예수 그리스도 안에서 생명을 체험하는 사람입니다.

예수 그리스도 안에서 내가 찾은 '생명'이 무엇인지 적어 보십시오.

....

....

....

그리스도 안에서 찾은 생의 의미와 목적은 무엇입니까?

....

....

고난(자신의 것이든 다른 사람들의 것이든)이 하나님께 영광을 돌릴 수 있는 기회가 된다는 것은 그리스도의 제자에게 하나의 도전이 됩니다. 어디에서 이러한 기회를 발견할 수 있을까요?

....

....

....

◉ 더 알아보기

- 기독교 역사에서 큰 논쟁을 일으켰던 이단설 중 하나로 초대교회에 있었던 마르시온 이단설을 들 수 있습니다. 그들은 구약성경을 거부했으며, 이 세상을 악한 것으로 이해했습니다. 또한 예수님은 어디까지나 영적인 존재였지 육신적인 존재가 아니었으며, 그저 사람처럼 보인 것이라고 했습니다. 기독교 사전에서 이에 대한 내용을 찾아 읽고, 그의 생각을 요한복음에 나타난 예수님과 비교해 보십시오. 또 사도신경이 어떻게 마르시온 이단을 거부하는지 주의 깊게 살펴보십시오.

- 요한은 예수 그리스도를 독자들에게 설명하기 위해 여러 가지 상징과 대조법을 사용합니다. 상징마다 그리스도가 누구이며, 그를 받아들이는 사람들의 삶에 그리스도가 가져다주는 의미가 무엇인지 다소의 차이점이 있습니다. 요한복음을 읽으면서 그러한 상징과 대조의 목록을 만들고, 그것들이 오늘을 사는 그리스도인들에게는 어떠한 의미로 해석될 수 있을지 적어 보십시오.

23

이 과의 주제

확신

보혜사 Advocate

나는 포도나무요 너희는 가지라 그가 내 안에, 내가 그 안에 거하면
사람이 열매를 많이 맺나니 나를 떠나서는 너희가 아무것도 할 수 없음이라 (요한복음 15:5)

⬆ 우리의 모습

우리는 종교 이상의 것을 원합니다. 또한 하나님을 우리의 삶에 살아 계신 현존으로 경험하기를 바랍니다. 종교적인 의식을 행하거나 선해지려고 노력하는 것만으로는 어딘가 부족한 것만 같습니다. 그래서 개인적인 체험을 하고 영적 능력을 얻기를 갈망합니다.

ⓘ 내려놓기

성경 공부를 하기 전에 먼저 하나님께 기도를 드립니다. 아래의 시편 말씀이 좋은 길잡이가 될 것입니다.

> 여호와여 내 마음이 교만하지 아니하고 내 눈이 오만하지 아니하오며 내가 큰 일과 감당하지 못할 놀라운 일을 하려고 힘쓰지 아니하나이다 실로 내가 내 영혼으로 고요하고 평온하게 하기를 젖 뗀 아이가 그의 어머니 품에 있음 같게 하였나니 내 영혼이 젖 뗀 아이와 같도다 (시편 131:1~2)

이번 주 기도 제목을 구체석으로 적어 기도합시다.

🎧 귀 기울이기

이번 주에 읽을 성경 말씀은 복음서 전체에서 제자로서의 삶을 가장 강하게 요구한 부분이라고 할 수 있습니다. 이러한 요구에 응할 수 있도록 성령의 임재와 능력이 약속되어 있음을 주시하십시오.

요한복음 연구를 마치면서 다시 한 번 배운 것을 되새기며, 요한복음이 공관복음, 즉 마태복음, 마가복음, 누가복음과 다른 점이 무엇인지 기억하십시오. 예를 들어 요한복음은 영원한 생명을 강조한 반면, 공관복음은 하나님의 나라를 강조한다는 점 등입니다.

D1 요한복음 13~14장
(제자들의 발을 씻기심, 보혜사의 오심)

D2 요한복음 15~16장
(참 포도나무, 진리의 영)

D3 요한복음 17~18장
(제자들을 위한 예수님의 기도)

D4 요한복음 19~20장
(십자가 처형, 부활, 제자들 앞에 나타나심)

D5 요한복음 21장
(바닷가에 나타나심, 베드로에게 주신 교훈)
요한일서 1~5장
(사랑하라, 하나님은 사랑이시라)

D6 교재 내용 '성경의 가르침'과 '제자의 모습'

🔟 성경의 가르침

오직 요한만이 예수님이 제자들의 발을 씻기신 이야기를 기록하였습니다. 이 강력한 상징적 행위는 논쟁과 다툼과 긴장 가운데서 행해졌습니다. 방 밖에서는 악한 세력들이 어떻게든지 예수님을 해치려고 애쓰고 있습니다. 방 안에서는 유다의 마음이 이미 주님을 배반했습니다. 그리고 제자들은 하나님 나라에서 누가 제일 큰지로 서로 언쟁을 하고 있습니다.(눅 22:24~27)

오늘날 손님이 찾아오면 문을 열어 주고, 외투를 걸어 주고, 손을 씻을 수 있게 안내하고, 시원한 음료를 대접하듯이, 옛날 유대인들은 찾아온 손님의 먼지 묻은 발을 주인이나 종이 닦아 주었습니다. 그러나 예수님의 이 사랑의 행위가 담은 의미는 그의 십자가 처형 후에야 비로소 제자들에게 충분히 나타났습니다.

예수께서는 계속해서 인자는 섬기기 위해 왔다는 사실을 보여 주셨고, 제자들에게도 남을 섬기라고 촉구하셨습니다(요 13:1~15). 그리고 하나님 나라에서는 섬기는 자가 가장 큰 자임을 행동으로 분명히 보여 주셨습니다.

그러므로 그리스도의 제자인 우리도 영광스러운 자리를 찾기보다 항상 겸손히 남을 섬겨야 합니다.

성령의 약속

복음서들은 자주 성령에 관해 언급합니다. 세례 요한은 "나는 너희에게 물로 세례를 베풀었거니와 그는 너희에게 성령으로 세례를 베푸시리라(막 1:8)."고 선언했습니다. 예수께서 세례를 받으실 때 성령이 '비둘기 같이(막 1:10)' 그 위에 내려오셨습니다. 또한 누가는 이렇게 기록했습니다. "너희가 악할지라도 좋은 것을 자식에게 줄 줄 알거든 하물며 너희 하늘 아버지께서 구하는 자에게 성령을 주시지 않겠느냐."(눅 11:13)

요한복음에서 예수께서는 위로자요 보혜사요 간구자인 성령을 주신다고 약속하십니다. 이 성령이 곧 진리의 영입니다(후에 바울 서신에서는 예수 그리스도의 영이라고 한다.). 성령은 제자들이 길을 걸을 수 있게 도와주실 것입니다. 왜냐하면 예수께서 자신을 '길이요 진리요 생명(요 14:6)' 이라고 하셨기 때문입니다.

제자들은 예수께서 지상 목회를 하며 이루어 놓으신 것보다 더 큰 일을 할 것입니다(요 14:12). 왜냐하면 예수께서는 아버지께로 돌아갈 것이요, 아버지께서는 보혜사 성령을 보내 우리와 늘 함께 있게 하실 것이기 때문입니다.(요 14:16)

마가복음에서 제자들이 이 모든 일을 얼마나 이해하기 어려워했는지 기억합니까? 그들은 너무나 많은 것들을 그들은 제대로 받아들이지 못했습니다. 많은 사람들은 유다가 예수님을 배반한 것이 예수님의 메시아 이해를 그가 제대로 깨닫지 못했기 때문이라고 생각합니다. 우리는 여전히 많은 것을 배우고 알아가야 합니다. 그런 우리를 위해 예수님은 약속하셨습니다. 성령께서 "너희에게 모든 것을 가르치고, 내가 너희에게 말한 모든 것을 생각나게 하시리라."(요 14:26)

예수께서 가르치셨던 것들 대부분이 십자가 처형과 부활 이후, 그리고 오순절에 성령이 제자들 위에 내린 후에야 분명해졌습니다. "내가 하나님의 성전을 헐고 사흘 동안에 지을 수 있다(마 26:61; 요 2:19~21 참조)." "모세가 광야에서 뱀을 든 것같이 인자도 들려야 하리니(요 3:14)." 구약의 예언도 새로운 의미를 갖게 되었습니다. '메시아는 이새의 줄기에서 나온 한 가지였다(사 11:1~2). 고난 받는 종이 '우리 무리의 죄악(사 53:6)' 을 스스로 짊어지셨다.'

어린 양

세례 요한은 예수님을 보았을 때 "보라, 세상 죄를 지고 가는 하나님의 어린 양이로다(요 1:29)."라고 외쳤습니다. 당시에 사람들은 이 말의 의미를 깨닫지 못했습니다. 십자가 처형과 부활 이후, 예수께서 자신을 희생 제물로 바치신 후에야 비로소 제자들은 성령의 도우심으로 그것을 깨달아 이렇게 말했을 것입니다. "오 하나님, 이것이 바로 세례 요한이 의미했던 것이군요."

요한복음 15장에서 제자들은 예수님과 더욱 긴밀한 관계로 들어갑니다. 예수님은 선생이요, 인자요, 하나님의 아들이요, 기름 부음을 받은 자요, 메시아였습니다. 그러나 이제 새로운 영적 결속의 관계가 드러납니다.

"나는 포도나무요 너희는 가지라."(요 15:5)

마태복음, 마가복음, 누가복음에서 예수께서는 그의 본을 따라 사랑과 회심의 역사를 행하도록 제자들을 훈련시키셨습니다. 그리고 이제 요한복음에서, 보혜사의 오심으로 그들은 그러한 일들을 해낼 수 있는 능력을 얻게 됩니다. 하나님의 말씀과 영으로 채워질 때, 포도나무 가지들은 열매를 풍성하게 맺을 것입니다.

깃발이 펄럭이는 어린 양의 상징은 흔히 '승리의 어린 양'이라고 불렸다. 이는 하나님의 어린 양의 희생을 뜻하며, 그리스도께서 사망을 이기신 것을 상징한다.

예수께서 "너희는 내가 일러준 말로 이미 깨끗하여졌으니(요 15:3)"라고 하심은 어떤 의미일까요? 새로운 의와 새로운 정결이 주님으로부터 옵니다. 그의 말씀과 그의 영은 정결함을 가져옵니다. 우리는 더 이상 겉은 회칠한 것처럼 깨끗하나 속은 죽은 자의 뼈로 가득 찬 외식하는 자가 되지 않을 것입니다. 이제 예수님 안에서 우리는 깨끗하다고 선언되었습니다. 이 말을 믿으십시오! 문둥병자가 제사장 앞에 나아가 병이 나아 깨끗해졌음을 선언 받았듯이, 우리는 우리의 대제사장이신 그리스도 앞에 나아가 완전하고 깨끗해졌다는 선언을 받습니다. 우리는 믿음의 공동체의 일원으로 회복되었습니다.

그리스도의 계명은 사랑입니다. "사랑은 여기 있으니 우리가 하나님을 사랑한 것이 아니요 하나님이 우리를 사랑하사 우리 죄를 속하기 위하여 화목 제물로 그 아들을 보내셨음이라(요일 4:10)." 그리스도의 사랑은 우리의 본이 되며 동시에 동기가 됩니다.

마지막 지시

"처음부터 이 말을 하지 아니한 것은 내가 너희와 함께 있었음이니라. 지금 …… 내가 떠나가는 것이 너희에게 유익이라. …… 가면 내가 그를(보혜사) 너희에게 보내리니 그가 와서 죄에 대하여, 의에 대하여, 심판에 대하여 세상을 책망하시리라 (요 16:4~8)." 이제 우리는 성령의 깨우침으로 예수 그리스도를 알고 이해하게 됩니다. 예수님의 사도들도 성령이 그들의 눈을 뜨게 해 주실 때까지 모든 것을 이해하지 못했습니다. '때는 악해 너희는 회당에서 쫓겨나고 흩어지고 죽임을 당할 것이다.' 그러나 그리스도의 약속은 시대의 악함을 능가합니다. "세상에서는 너희가 환난을 당하나 담대하라. 내가 세상을 이기었노라(요 16:33)." 이것은 무엇을 의미할까요? 이 세상에서 어려움을 당하지 않게 된다는 의미일까요? 아닙니다. 고난 가운데 서조차 기뻐할 수 있다는 것입니다. 왜냐하면 마지막 승리는 하나님께 속했기 때문입니다.(롬 8:31~39 참조)

예수님의 기도

요한복음 17장에 기록된 예수님의 기도는 '대제사장의 기도'라고 불립니다. 왜냐하면 이 기도에서 예수께서는 자신을 세상 죄를 위한 완전한 희생 제물로 바치셨고, 또 하나님의 나라를 위해 세상을 이기도록 제자들을 봉헌하셨기 때문입니다. 예수님의 이 기도는 세 부분, 즉 자신을 위한 기도, 제자들을 위한 기도, 전 교회를 위한 기도로 나눌 수 있습니다.

요한복음 17장 1~5절에서 예수께서는 자신을 위해 기도하십니다. 여기서 그는 이 세상에 오기 위해 떠나셨던 하늘의 영화를 다시 찾을 수 있게 되기를 바라십니다. 이제 십자가에서 "다 이루었다(요 19:30)."고 말씀하실 때가 가까웠습니다. 순종하는 인자로서의 메시아의 역할(아담과 하와에게 있었어야 할 태도)은 평화와 치유와 용서와 의의 본을 보여 주었으며, 그것으로 우리는 하나님 나라의 삶이 어떠할지를 알 수 있게 되었습니다. 예수께서는 고난 받는 종으로서 그의 선교 사명을 다하셨습니다(이것은 이스라엘이 맡은 종의 역할이기도 하다.). 예수께서는 하나님이 그에게 주신 과업을 완성하셨습니다. 그는 하나님의 뜻에 온전히 순종한 역사상 첫 사람이 되셨습니다.

둘째 부분인 17장 6~19절은 제자들을 위한 기도입니다. "그들을 보전하사 우리와 같이 그들도 하나가 되게 하옵소서(요 17:11)." 예수께서는 마음과 목적의 일치 없이는 그들의 선교가 실패할 수밖에 없다는 것을 아셨습니다. 예수님의 이 제사장적 목회 기도는 에큐메니컬 운동(교회 일치 운동)의 기본 사상이 되었습니다. 모든 그리스도인은 어느 곳에 있든지 모두 하나가 되고 조화를 이루어야 합니다.

기독교인들이 택함을 받은 것은 남을 섬기기 위함입니다. 기독교인들은 따로 떨어져 고립된 사람들이 아닙니다. "내가 비옵는 것은 그들을 세상에서 데려가시기를 위함이 아니요, 다만 악에 빠지지 않게 보전하시기를 위함이니이다. …… 아버지께서 나를 세상에 보내신 것같이 나도 그들을 세상에 보내었고(요 17:15~18)." 이렇게 예수께서는 제자들이 맡겨진 사명을 이루기 위해 무장되도록 기도하십니다.

마지막 부분인 17장 20~26절은 전 교회를 위한 기도입니다. 예수께서는 그들이 하나가 되고, 만물을 창조하신 아버지의 영과 말씀이 육신이 되신 아들의 영으로 채워져 '세상으로 아버지께서 나를 보내신 것을 믿게(요 17:21)' 하고, 또 '세상으로 알게(요 17:23)' 하기를 바라십니다. 세상의 기초가 생기기 전, 하나님이 욥에게 말씀하셨듯이 새벽 별들이 기뻐 노래하기 전에(욥 38:7), 창조물에 대한 하나님의 사랑이 말씀 안에 나타났습니다. 이제 예수께서는 하나님이 이 사랑을 모든 신자를 통해 전 세계에 나타내시기를 기도합니다. 이는 그의 모든 제자들이 하나가 되고, 그것으로 세상이 하나 된 사랑의 증언을 목도할 수 있게 되기를 바라는 기도였습니다. 혹여 교파적인 교만이 예수님의 이 위대한 기도를 흐려 놓지는 않습니까? 하나 되지 못하는 것이 우리의 증언 사명에 얼마나 큰 방해물이 됩니까?

요한복음의 고난 기사

요한복음은 겟세마네에서의 경험을 기록하며 배신과 체포에 초점을 둡니다. 베드로는 이 위기에 대처할 만한 준비가 되어 있지 않았습니다. 그는 예수님이 발을 씻기실 때 당황했고, 주님이 체포되실 때에는 종의 귀를 자를 만큼 분노했으며, 예수님의 제자 중 하나가 아니냐는 질문을 받았을 때에는 그를 부인하고 저주

했습니다.

예수께서는 유다를 잃었듯이 베드로도 잃어버릴 순간에 처했던 것일까요? 마가복음을 보면 부활 후 천사가 세 여인에게 나타나 "가서 그의 제자들과 베드로에게 이르기를 예수께서 너희보다 먼저 갈릴리로 가시나니 전에 너희에게 말씀하신 대로 너희가 거기서 뵈오리라 하라(막 16:7)."고 합니다. 이 때 베드로는 이미 제자가 아니었을까요? 십자가 처형으로 인한 혼란의 한복판에서 베드로는 예루살렘을 떠나 옛 직업을 찾아 다시 갈릴리 바다로 갔습니다. 요한복음 21장을 보면 부활하신 예수께서 갈릴리에 있는 베드로와 다른 제자들에게 나타나셨습니다. 이 위대한 기사를 자세히 읽어 보십시오. 부활하신 예수께서는 떡과 물고기로 조반을 만들어 제자들에게 주셨습니다. 그리고 떡을 떼면서 다시 한 번 자신을 제자들에게 알리셨습니다. 요한복음 21장 15~23절에서 베드로에게 어떤 일이 일어났는지 주시하십시오. 베드로는 닭이 울기 전에 주님을 세 번이나 부인했습니다. 예수께서는 그를 시몬이라 부르시면서(제자가 된 후 얻은 베드로라는 이름을 사용하지 않으셨다. 그는 이제 '바위'가 아니었던 까닭이다.) 세 번이나 동일한 질문을 하셨습니다. 제자가 되기 전의 생활로 돌아간 그를 다시 부르시기 위해 예수께서는 그의 예전 이름을 사용하신 것입니다.

"요한의 아들 시몬아, 네가 이 사람들보다 나를 더 사랑하느냐?" "주여, 그러하외다." 그러면 "내 양을 먹이라." "요한의 아들 시몬아, 네가 나를 사랑하느냐?" "그러하외다." "내 양을 치라." 예수께서 세 번째 물으셨습니다. "요한의 아들 시몬아, 네가 나를 사랑하느냐?" 베드로는 예수님을 세 번 모른다고 부인했습니다. 예수님의 요구도 세 번 반복되었습니다. 베드로는 세 번 주님을 배신했습니다. 그와 마찬가지로 주님의 용서도 세 번이었습니다. 예수께서는 베드로가 앞으로 당할 순교에 관해 말씀하신 후, 3년 전 갈릴리 바닷가에서 베드로를 부르실 때 사용했던 표현을 반복하셨습니다. "나를 따르라."(요 21:19)

만일 유다가 다른 제자들과 같이 다시 갈릴리로 돌아갔다면 어떤 일이 일어났을지 생각해 본 적이 있습니까? 예수께서 그에게 뭐라고 말씀하셨을까요?

아직도 '옛사람'인 베드로는 '예수의 사랑하시는 그 제자' 요한에게 어떤 일이 일어나게 될지 알기를 원했습니다. 대부분의 사람들처럼 그도 남에게 어떤 일이 일어나는지 지켜보고 있었습니다. 하나님의 섭리는 신비롭습니다. 어떤 제자는 위험 속에 뛰어들 수 있지만, 다른 제자는 그러지 못합니다. 어떤 사람은 선교사로 가고, 다른 이는 집에 있으면서 주일학교 아이들을 가르칩니다. 예수님은 다른 이의 일을 궁금해 하는 베드로에게 이렇게 대답하셨습니다. "네게 무슨 상관이냐. 너는 나를

따르라!"(요 21:22)

부활에 대한 두 가지 소고 ? 마리아는 처음에는 그가 예수님인지 몰랐습니다. 그의 몸은 재생한 몸이 아니라 부활한 몸이었습니다. "나를 붙들지 말라. 내가 아직 아버지께로 올라가지 아니하였노라(요 20:17)." 언제 막달라 마리아가 그를 알아보았는지 주의 깊게 살펴보십시오. 바로 예수께서 그의 이름을 부르셨을 때입니다. 하나님은 항상 그의 백성의 이름을 부르십니다. 그 까닭은 우리가 모두 그의 자녀요, 그의 양이기 때문입니다. 주님이 우리의 이름을 부르실 때, 우리는 그가 살아 계심을 알게 됩니다.

마태가 "가서 모든 족속으로 제자를 삼아(마 28:19)"라는 주님의 의탁의 말씀을 기록한 것처럼, 요한도 비슷한 사명의 말씀을 기록합니다. "아버지께서 나를 보내신 것같이 나도 너희를 보내노라. 이 말씀을 하시고 그들을 향하사 숨을 내쉬며 이르시되 성령을 받으라. 너희가 누구의 죄든지 사하면 사하여질 것이요, 누구의 죄든지 그대로 두면 그대로 있으리라(요 20:21~23)." 전능하신 하나님이 우리 안에 선교의 영을 불어넣어 주실 때, 우리는 하나님이 살아 계심을 알게 됩니다.

🔟 제자의 모습

기독교의 '확신'의 교리가 뜻하는 것은 기독교인은 자신이 사랑받는 존재일 뿐 아니라 풍성하고 영원한 생명을 얻게 된 사실을 마음에 확신할 수 있다는 것입니다. 즉 제자는 풍성하고 영원한 생명에 대한 내적 확신이 있습니다.

우리에게는 그리스도의 제자가 하나님의 자녀라는 세 가지 증거가 있습니다. 바로 성령, 세례의 물, 그리고 그리스도의 피입니다. 이 세 가지는 우리에게 확신을 가져다줍니다.

대부분의 종교가 형식과 허울뿐인 기만과 피상의 세상에서 우리는 그리스도의 제자로서 바울과 같이 고백할 수 있습니까? "내가 믿는 자를 내가 알고, 또한 내가 의탁한 것을 그 날까지 그가 능히 지키실 줄을 확신함이라."(딤후 1:12)

나에게는 확신이 있습니까? 자신의 느낌을 어떻게 표현하겠습니까?

....

....

영적 능력의 증거를 찾아보십시오.
다른 사람의 생활에서

....

....

교회생활에서

....

....

나 자신의 삶에서

....

....

📀 더 알아보기

■ 니고데모에게 어떤 일이 일어났는지 알고 있습니까? 요한복음에 그의 이름 이 세 번 언급되는데 찾아보십시오(3:1~21; 7:45~52; 19:38~42). 제자로서의 그의 모습을 기술해 보십시오.

■ '성육신' 이라는 항목을 성경 사전이나 기독교 사전에서 찾아보십시오. 그것 은 무엇을 뜻합니까?

■ '성도의 교제(Koinonia)' 라는 항목을 찾아보십시오. 수세기 동안 기독교인들 은 성도의 교제를 할 때 요한일서 1장 9절을 고백했습니다. 그리고 가톨릭에 서는 지금도 고백합니다. 이 성경 연구 모임에서 자신에게 있는 죄의식과 고 통을 어느 정도 솔직히 다른 사람들과 나눌 수 있습니까? 자신의 잘못이나 고민을 솔직히 고백하고 마음의 깨끗함을 느낄 수 있는 상대가 있습니까?

■ 제자에 관한 비유

예수께서 말씀하신 비유 중에는 제자와 제자의 삶에 관한 것이 많습니다. 복 음서들에 있는 비유들을 찾아보고, 그에 담긴 제자에 관한 교훈이 무엇인지 아래에 적어 보십시오.

복음서의 비유들	비유의 의미

성령의 폭발적인 능력
The Explosive Power of the Spirit

오직 성령이 너희에게 임하시면 너희가 권능을 받고 예루살렘과 온 유대와
사마리아와 땅 끝까지 이르러 내 증인이 되리라 (사도행전 1:8)

⬆ 우리의 모습

우리는 하나님을 믿지만 믿음의 능력은 너무나 적습니다. 복음을 증거하고, 병을 고치
고, 사람들을 복음으로 돌아오게 하고, 봉사하고, 사회를 변화시키기를 원하지만 우리는
그저 평범하기 그지없는 사람입니다. 영적 생명력이 부족하다는 것입니다.

⚙ 내려놓기

성경 공부를 하기 전에 먼저 하나님께 기도를 드립니다. 아래의 시편 말씀이 좋은 길잡
이가 될 것입니다.

> 하나님은 우리에게 은혜를 베푸사 복을 주시고 그의 얼굴빛을 우리에게 비추사 주
> 의 도를 땅 위에, 주의 구원을 모든 나라에게 알리소서 (시편 67:1~2)

이번 주 기도 제목을 구체적으로 적어 기도합시다.

👂 귀 기울이기

어떤 면에서 볼 때, 사도행전이 누가복음 바로 뒤에 위치했다면 여러 모로 큰 도움이 되
었을 것입니다. 이 두 책은 같은 저자가 쓴 작품이기 때문입니다. 누가복음은 예수 그리스
도의 선교 사역을 기록하였고, 사도행전은 그 이후의 일인 초대교회의 활동을 증언했습니
다. 그럼에도 공관복음서와 네 번째 복음서인 요한복음을 한데 묶어 놓은 데에는 그만한 이
유가 있습니다. 마태복음, 마가복음, 누가복음은 예수님의 생애와 선교 활동을 전하기 위
해 공통적인 방법과 자료를 사용했고, 그 반면 요한복음은 예수님을 메시아로 제시하며 다
른 세 복음서에는 없는 자료들을 포함시켰습니다.

사도행전을 읽기 전에 누가복음을 한 번 훑어보는 것이 좋습니다.

D1 사도행전 1~2장(오순절)

D2 사도행전 3~5장(베드로와 요한, 바나바)

D3 사도행전 6~8장(스데반, 빌립)

D4 사도행전 9~11장(사울의 회심, 고넬료)

D5 사도행전 12:1~15:35(야고보의 처형, 베드로의 수감, 바울과 바나바의 전도 여행)

D6 교재 내용 '성경의 가르침'과 '제자의 모습'

성경의 역사

4 B.C.	예수님의 탄생
A.D. 10	바울의 출생
A.D. 29-30	예수님의 십자가 처형
A.D. 30-31	스데반의 순교
	바울의 회심
A.D. 44-49	예루살렘 공회

📖 성경의 가르침

사도행전은 크게 두 부분으로 나눌 수 있는데, 앞부분은 예루살렘과 그 근교를 중심으로 한 초대교회에 관심을 기울이고, 뒷부분은 바울과 그의 선교팀의 활동에 초점을 둡니다. 사도행전은 교회가 예루살렘에서 시작하여 로마로까지 퍼진 과정을 설명합니다. 연못에 던져진 돌멩이처럼 교회의 증언은 파장을 만들고, 그것은 멀리 번져 이방세계에까지 이릅니다.

사도행전에는 초대교회의 성령의 역사라는 소제목을 붙일 수 있습니다. 사도행전의 저자는 성령의 인도로 이루어진 교회의 놀라운 역사를 되돌아봅니다. 사도행전을 읽으면서 우리는 그 당시에 도대체 교회라는 것이 있었을지 의아할 수도 있겠지만, 당시의 신자들은 하나님의 역사로 교회가 존재하게 되었음을 확신했습니다.

사도행전의 저자는 일반적으로 선교 여행에 종종 바울과 동행했던 누가라는 이방인 의사라고 알려져 있는데, 그는 골로새서 4장 14절과 디모데후서 4장 11절에 언급되어 있습니다.

오순절

어느 집단이든 그것이 어떻게 시작되었는지 기억할 필요가 있습니다. 왜냐하면 그것이 곧 그 집단의 장래 모습을 결정해 주기 때문입니다. 우리는 흔히 교회의 생일이 오순절이라고 말합니다. 그러나 그러한 주장은 부분적으로만 옳습니다. 물론 오순절에 강력한 믿음과 열정이 새롭게 폭발한 것은 사실이지만 신앙 공동체는 그보다 훨씬 오래 전인 아브라함과 사라에게까지 거슬러 올라갑니다. 그리고 그 공동체는 메시아에 대한 기대 속에 연연히 지속되었습니다.

예수께서는 분명히 성령이 열두 제자들에게만이 아니라 모든 믿는 자에게 주어질 것이라고 가르치셨습니다. "오직 성령이 너희에게 임하시면 너희가 권능을 받고."(행 1:8, '권능'은 헬라어로 dunamis인데, dynamic, dynamite의 어근이다.)

그래서 그들은 다락방에서 인내하며 기다렸습니다. 열한 제자는 여자들과 예수의 어머니 마리아와 예수의 아우들과 더불어 마음을 같이하여 오로지 기도에 힘썼습니다(행 1:14). 남자들과 여자들, 가족과 친구들, 사도들과 다른 제자들 사이에 존재한 일체감과 조화를 잘 살펴보십시오. 사도행전 2장 1절에서 그들의 일체감은 재차 강조되었습니다. "오순절 날이 이미 이르매 그들이 다 같이 한 곳에 모였더니."

오순절은 유월절로부터 50일째 되는 날, 첫 열매의 축제일로서 유대교의 거룩한 날이었습니다. 그리고 오늘날 기독교인들은 기독교 공동체에 선교의 열정을 붙여 준 성령의 폭발적인 능력을 회상하기 위해 부활절로부터 50일이 되는 날을 오순절로 지킵니다.

우리는 어떻게 극적인 종교적 체험을 설명할 수 있을까요? 누가는 '급하고 강한 바람 같은 소리', '불의 혀처럼 갈라지는 것(행 2:2~3)' 등의 상징적 표현들을 사용했습니다. 그러자 사람들은 세계 각국의 언어와 같은 각종 언어로 말을 하기 시작했습니다. 바벨탑의 이야기가 완전히 뒤바뀐 것입니다. 죄는 의사소통을 단절시켰지만 성령은 그것을 회복시켰습니다. 이 경험은 처음으로 방언을 말했다는 점에서 중요한 사건이 아닙니다. 그보다는 믿음의 사람들을 세계 선교에 나서게 했다는 데 그 중요성이 있습니다.

그들은 황홀한 상태에 있었으나 술에 취한 것은 아니었습니다. "때가 제 삼 시니(행 2:15)", 즉 아침 9시의 일입니다. 예수께서 심문을 받으시는 동안 자기는 예수라는 사람을 알지도 들어보지도 못했다고 맹세했던 베드로가 이제 예루살렘 시가지 한복판에 서서 설교를 했습니다. 베드로에게 권능이 임한 것입니다.

베드로는 회개를 호소한 요엘의 말을 인용함으로써 설교를 시작하였습니다. "여호와의 날이 …… 이제 임박하였으니(욜 2:1)." 요엘의 말에는 다소 묵시적인 색채가 있습니다. '말세가 다가오니 회개하라.' 베드로는 요엘이 말한 것이 지금 일어나고 있다고 외쳤습니다.(행 2:16~21)

그 다음에 베드로는 예수께서 십자가에 달리셨지만 죽음에서 다시 살아나셨다고 선포했습니다. 그의 설교를 듣던 이들은 "마음에 찔려 …… 우리가 어찌할꼬(행 2:37)."라고 물었습니다. 베드로의 대답과 하나님 말씀에 귀를 기울이는 사람들을 향한 우리의 대답은 동일합니다. "너희가 회개하여 각각 예수 그리스도의 이름으로 세례를 받고 죄 사함을 받으라. 그리하면 성령의 선물을 받으리니(행 2:38)." 설교를 들은 사람들 중에 무려 3천 명이 그 날 세례를 받았습니다.

그러나 여기서 반드시 주목할 것은 그들이 곧 소집단으로 나뉘어 가정에서 모이게 되었다는 사실입니다. 그들은 교회당이 없었기 때문에 거의 매일 개인 집에서 모였습니다. 그들이 모여 무엇을 했는지 자세히 보십시오. "그들이 사도의 가르침을 받아 서로 교제하고 떡을 떼며 오로지 기도하기를 힘쓰니라(행 2:42)." 오늘날로 말하면 속회나 구역 예배처럼 가정에서 모여 성경 공부를 하고, 삶을 서로 나누고(친교, 공동체), 떡을 떼며, 함께 기도했다는 것입니다.

하나님 나라의 이적과 증표가 나타났습니다. 그들은 이기적인 상태에서 벗어나 가진 것을 서로 나누어 쓰고 없는 자들에게 주었습니다. 성전에 올라갔고, 안식일을 지켰으며, 거의 매일 가정 방문을 하여 하나님을 찬양했습니다. 이 장엄한 증언을 보십시오. "또 온 백성에게 칭송을 받으니 주께서 구원 받는 사람을 날마다 더하게 하시니라."(행 2:47)

이제 예수께서 약속하셨던 일이 일어납니다. 제자들도 예수께서 행하셨던 하나님 나라의 표적을 행할 수 있게 된 것입니다. 베드로와 요한은 날 때부터 앉은뱅이인 사람을 일으켰습니다(행 3:1~10). 치유는 간증의 기회요, 회개로의 부름이 되었습니다(행 3:11~26). 베드로와 다른 제자들은 예수 안에 죽은 자의 부활이 있다고 백성을 가르치고 전함으로 다시 한 번 담대함을 보여 주었습니다(행 4:2). 사두개인들은 부활 신앙을 가르치지 않았기에 베드로와 요한은 어려움을 당했습니다. 그러나 성령이 충만했던 베드로와 요한은 계속 담대하게 그리스도를 전했습니다. "우리는 보고 들은 것을 말하지 아니할 수 없다(행 4:20)." 그들이 결국 석방되어 온 교회가 기뻐할 때, 이들은 시편 2편을 나름대로 해석하여 노래하고 찬양했습니다.(행 4:25~26)

그들은 더 이상 겨우 십일조만 바치는 사람들이 아니었습니다. 이제 그들은 "무엇을 먹을까, 무엇을 마실까…… 무엇을 입을까(마 6:25)." 하는 걱정에서 해방되었습니다. 가진 것을 서로 나누어 썼고, 자기 재산을 자기 것이라고 하지 않았습니다. 그 때 초대교회의 큰 일꾼 바나바가 등장하였습니다. 원래 이름은 요셉이었으나 사도들이 그에게 '바나바('권위자'라는 뜻)'라는 이름을 붙여 주었습니다(행 4:36). 그는 레위 지파의 후손이요, 이방인들이 사는 구브로에 살았기 때문에 헬라어를 썼습니다. 그는 자신의 밭을 팔아 전액을 사도들의 발 앞에 바쳤습니다(행 4:36~37). 기독교 역사에서 우리는 이러한 사람을 종종 보게 되는데, 그 때마다 교회는 새로운 힘을 얻고 더욱 부흥하였습니다.

후에 바나바는 바울이 성장하도록 도와주고, 그에게 지도권을 주며, 용기를 북돋웠습니다. 또한 교회가 이방 기독교인들을 포용할 수 있게 계속 노력하였습니다. 바나바와 바울이 젊은 마가라 하는 요한의 일로 의견차가 생겨 결별했을 때, 바나바는 요한 마가를 택해 그를 도와주었습니다.

이제 바나바와 대조를 이루는 경우를 살펴보겠습니다. 아나니아와 삽비라의 이야기입니다. 그들은 땅을 팔아 땅값의 일부만 사도들에게 가져왔습니다(행 5:1~11). 그럼 문제는 돈이었을까요? 아닙니다. 그들이 땅을 팔아 꼭 다 바쳐야 할 의무는 없었습니다. 그렇다면 왜 그들은 베드로와 성령의 책망을 받고 둘 다 즉사하게 되었을까요? 이유는 그들이 거짓말을 했기 때문입니다. 교회는 거짓과 속임수를 용납할 수 없습니다. 거짓은 가정과 교회와 사업과 심지어 나라까지도 무너뜨립니다. 새로 형성된 기독교 공동체는 그처럼 투명했고, 서로 숨기는 것 없이 정직했으며, 주는 기쁨으로 가득 찼기 때문에 그 안에 온갖 치유와 용서와 회심이 자리하고 있었습니다. 그런데 이 때 선악과를 취해 먹으려 하는 '또 다른 아담과 하와'가 나타난 것입니다. "너희가 어찌 함께 꾀하여

주의 영을 시험하려 하느냐. 보라, 네 남편을 장사하고 오는 사람들의 발이 문 앞에 이르렀으니 또 너를 메어 내가리라(행 5:9)." 베드로의 이 말은 옳았습니다. 그들이 죽지 않으면 교회가 죽을 것이기 때문입니다.

스데반

교회의 구성원은 천사가 아니라 사람입니다. 교회는 예수님과 같이 되어 가는 과정에 있는 불완전한 제자들의 모임입니다. 초대 신앙 공동체의 구성원들은 궁핍한 사람들에게 있는 것을 나누어 주었습니다. 과부들을 돌보는 것은 그들의 특별한 관심사였습니다. 그런데 그들 중 더러는 유대 본토박이들로서 아람어를 사용했고, 전통적으로 헬라어와 헬라문화에 저항해 왔던 사람들이었습니다. 나머지는 다른 지역에 살던 사람들로서 헬라어를 사용하는 헬라계 유대인들이었습니다. 바나바와 사울도 헬라계 유대인이었으며, 스데반도 마찬가지였습니다.

그런데 과부들에게 먹을 것을 나누어 주는 일을 맡았던 사람들이 유대 기독교인들을 편애했던 것 같습니다(행 6:1). '매일의 만나'가 과부들에게 골고루 돌아가지 않았던 것입니다. 열두 사도(유다 대신 맛디아가 사도로 선택됨, 행 1:15~26)는 곧 모든 지체를 불러 이 문제를 해결고자 했습니다.

사도들은 기도와 설교와 가르치는 일에 전념할 필요가 있었습니다. 그러기에 다른 사람들이 이 문제를 책임져야 했습니다.

그래서 열두 사도들은 성령이 충만하고 칭찬을 듣는 남자들 중에 일곱 집사를 택해 먹을 것을 나누어 주는 일을 맡게 했습니다(행 6:2~6). 그런데 우리는 이 일곱 집사들이 모두 헬라파 교인이었다는 사실에 주목할 필요가 있습니다. 즉 불평하는 사람들 중에서 선택한 것입니다. 모세의 장인 이드로가 일(노동)의 분배에 관해 모세에게 충고했던 것을 기억합니까?(출 18:13~27)

일곱 집사가 선택되자 불평이 없어졌습니다. "하나님의 말씀이 점점 왕성하여 예루살렘에 있는 제자의 수가 더 심히 많아지고 허다한 제사장의 무리도 이 도에 복종하니라."(행 6:7)

스데반은 기독교의 첫 순교자였습니다. 그는 성령으로 충만해 과부들에게 먹을 것을 나누어 주는 일을 할 뿐만 아니라 복음도 전하기 시작했습니다. 그의 설교는 '부활의 안목'으로 히브리 역사를 재조명했습니다. 그는 예언자들처럼 유대인들을 '목이 곧고 마음과 귀에 할례를 받지 못한 사람들(행 7:51)'이라고 정죄했습니다. 그가 하늘을 우러러보며 "인자가 하나님 우편에 서신 것을 보노라(행 7:56)."고 외쳤을 때, 유대인들은 크게 분노했습니다. 그들은 결국 종교 공회가 사형 선고를 내릴 수 없다는 로마법을 무시하고 스데반을 돌로 쳐 죽였습니다.(행 7:58)

스데반의 기도는 예수님의 기도를 그대로 되풀이했습니다. "주 예수여, 내 영혼을 받으시옵소서(행 7:59; 눅 23:46 참조)." "주여, 이 죄를 그들에게 돌리지 마옵소서."(행 7:60; 눅 23:34 참조)

사울(바울)

사도행전 8장 1절에서 우리는 사울에 대한 이야기를 접하게 됩니다. 사도행전 22장 3~16절과 26장 9~18절, 그리고 갈라디아서 1장 13~17절을 참고하여 아래의 질문에 답해 보십시오.

사울의 배경은 어떠했습니까?

어떤 학자들은 성경에 나오는 사울의 회심은 순간적인 것이 아니었다고 말합니다. 그들이 뜻하는 바가 무엇이라고 생각합니까? 이 주장에 동의합니까?

왜 사울은 선교사가 되기에 적합하지 않은 사람처럼 보였을까요?

바울의 약점 중 어떤 것이 그의 선교 활동에 장점이 되었습니까?

이방인

기독교가 유대인의 한 종교 단체 이상이 되려면 이방인들에게 전파되어야 했습니다. 사도행전을 통해 누가는 성령이 제자들을 움직여 기독교가 퍼져 나가는 모습을 보여 주었습니다. 수천 명이 기독교인이 되었는데, 사도행전에는 그 일부만이 소개되었습니다.

왜 누가는 빌립이 에디오피아 내시를 개종시킨 사건을 기록했을까요?(행 8:26~39)

··

··

베드로가 욥바에서 본 환상은 무엇을 의미할까요?(행 10:9~16)

··

··

안디옥은 초대 기독교의 중심지였습니다. 그 곳에서 어떤 일들이 일어났을지 생각해 본 적이 있습니까? 자신의 생각을 적어 보십시오(행 11:19~30). (신자들이 최초로 '그리스도인'이라고 불린 곳이 안디옥이었다.)

··

··

이방인을 위한 선교를 둘러싼 이견으로 교회는 큰 위기에 봉착하게 되었습니다. 이 때문에 사도들의 공회가 예루살렘에서 열렸습니다. 당시에 보수적인 유대계 기독교인들은 어떤 태도를 취했습니까?

··

··

바나바와 바울 등 헬라계 기독교인들의 견해는 무엇이었습니까?

··

··

보수적인 성향이 있었던 유대계 기독교인 베드로는 욥바에서 이상한 환상을 보았습니다. 예수님의 형제 야고보도 보수주의자들과 접촉하였으나 위대한 화해를 통해 복음이 헬라와 로마세계에 전파되게 하는 중요한 계기를 마련하였습니다. 지도자들의 동의를 얻은 야고보의 제안은 무엇이었습니까?(행 15:13~21)

··

··

공회는 이방인 기독교인들에게는 할례를 요구하지 않아도 되지만(이는 바울과 바나바의 주장이기도 했다.) 어떤 특정한 것들은 금하도록 결정한 것에 유의하십시오.

📖 제자의 모습

제자는 매일의 삶에서 성령의 임재와 능력을 체험합니다. 그에게는 능동적인 응답과 피동적인 응답이 모두 요구됩니다. 때로 예수께서는 우리에게 일어나 어떤 행동을 취하라고 하십니다. "와서 나를 따르라(막 10:21)." 또 때로는 기다리고 기도하라고 하십니다. "너희는 위로부터 능력으로 입혀질 때까지 이 성에 머물라(눅 24:49)." 예수께서는 세례 때 성령을 받으신 후에, 그리고 40일 동안 광야에서 금식하고 기도하며 기다리신 후에 선교사역을 시작하셨습니다. 개인주의적이고 행동을 우선하는 신앙인인 우리는 너무나 자주 성령의 능력을 받기 위해 기다리지도, 함께 기도하지도 않습니다.

이 성경 연구 모임은 성도의 교제를 통해 솟아나는 성령의 능력을 경험하고 있습니까? 우리 가운데 어떤 의견차이가 있습니까? 모두가 적극적이고, 돕기를 원하며, 배우는 데 열심입니까, 아니면 불평불만이 많습니까?

··

··

지금도 나의 삶에 임하여 능력으로 역사하시는 성령을 느낍니까?

....

....

우리 교회는 어떻습니까? 치유와 증거와 봉사와 거듭남이 일어나고 있습니까?

....

....

교회를 다시 살리기 위해 성령께서 능력 주시기를 바라며 기도해 본 적이 있습니까?

....

....

개신교 기독교인들인 우리에게는 유대계 기독교인들처럼 귀한 전통이 있습니다. 그 중에 어떤 것들은 전도를 위해 양보할 수 있고, 또 어떤 것들은 양보할 수 없습니다. 우리는 어떤 전통을 양보할 수 있을까요?

....

....

반드시 지켜야 할 신앙과 실천은 어떤 것들입니까?

....

....

....

◉ 더 알아보기

■ 수없이 많은 기독교인들이 일찍이 박해를 받고 옥에 갇히고 죽임을 당했으나 성경에는 순교자들에 대한 이야기가 많지 않습니다. 성경 사전에서 '순교자'를 찾아보십시오.

25

이 과의 주제

회심

복음 전파 The Gospel Penetrates the World

유대인과 헬라인들에게 하나님께 대한 회개와 우리 주 예수 그리스도께 대한
믿음을 증언한 것이라 (사도행전 20:21)

⬆ 우리의 모습

우리는 잘 알지 못하는 사람들이나 다른 종교인들에게 우리의 신앙에 관해 증언하는 것
을 불편해합니다. 심지어 가족이나 친한 이웃 앞에서도 하나님에 대해 언급하기를 꺼려합
니다. 사람들이 자신의 신앙이나 관습이 도전을 받을 때 별로 좋아하지 않을 것이라고 생각
하기 때문입니다. 뿐만 아니라 그들이 우리와 같은 사람이 되는 것을 나 자신이 진정으로
원하는지 분명치 않기 때문입니다.

ℹ 내려놓기

성경 공부를 하기 전에 먼저 하나님께 기도를 드립니다. 아래의 시편 말씀이 좋은 길잡
이가 될 것입니다.

> 나는 주의 힘을 노래하며 아침에 주의 인자하심을 높이 부르오리니 주는 나의 요
> 새이시며 나의 환난 날에 피난처심이니이다 나의 힘이시여 내가 주께 찬송하오리
> 니 하나님은 나의 요새이시며 나를 긍휼히 여기시는 하나님이심이니이다
> (시편 59:16~17)

이번 주 기도 제목을 구체적으로 적어 기도합시다.

🎧 귀 기울이기

교회는 예수 그리스도의 복음을 들고 지중해 세계를 넘어 로마에까지 퍼져 나갔습니다.
가지고 있는 성경책에 지도가 있다면 성경 본문에 등장하는 도시와 지역을 찾아보십시오.
복음이 전파된 여러 지역에서 그것이 어떻게 받아들여졌는지 잘 살펴보십시오.

성경을 읽기 전에 '성경의 가르침'에 있는 질문들을 살펴보고, 해당 내용을 특별히 눈여
겨 읽으십시오.

D1 사도행전 15:36~18:28(마게도냐로 가는 바울, 아덴과 고린도에서의 전도)

D2 사도행전 19~20장(에베소에서의 바울)

D3 사도행전 21~23장(예루살렘으로 돌아온 바울, 체포, 공회 앞에서의 변호)

D4 사도행전 24~26장(가이사에게 상소하는 바울, 아그립바 앞에서의 변호)

D5 사도행전 27~28장(로마로 가는 길에 만난 풍랑과 파선)

D6 에베소서 1~4장(지식을 초월하는 사랑, 은혜)
교재 내용 '성경의 가르침'과 '제자의 모습'

📖 성경의 가르침

성령의 인도를 받은 바울의 활동이 사도행전의 나머지 부분을 차지합니다. 그의 선교 사역과 수없이 많은 다른 사람들의 활동을 통해 복음은 도보로 또는 말과 배를 타고 생소한 지역으로 퍼져 나갔습니다. 헬라어는 광범한 지역에서 사용되었으며, 로마가 만들어 놓은 도로들과 로마의 평화 정책은 그 어느 때보다도 여행을 용이하게 하였습니다.

유대인의 공동체와 회당은 거의 모든 곳에 존재하였습니다. 그래서 여행하는 유대인들은, 비록 그가 기독교인이라도 (적어도 처음에는) 환대를 받았습니다.

이처럼 내적인 동기와 외적인 기회의 결과로 복음은 전 세계로 침투해 들어갔습니다. 바울이 그 길을 개척했고, 사도들을 포함한 많은 사람들이 사방으로 흩어지게 되었습니다. 예루살렘에서 시작하여 다른 지역으로 점차 확산된 기독교인에 대한 박해는 그들이 한 지역에서 다른 지역으로 급하게 옮겨 다녀야 하는 원인이 되었습니다. 그들은 마치 바람이 들불을 번지게 하듯이 사방으로 퍼져 나갔습니다.

초기에는 바나바와 바울이 한 팀을 이루어 활동했습니다. '위로의 아들(son of encouragement)'이라는 별칭이 붙은 바나바는 젊은 기독교인인 바울을 키워 주었으나, 곧 바울은 강한 지도력으로 주도권을 장악했습니다. 그 후 둘 사이에 불화가 일어나게 되었는데, 이들의 불화는 오히려 복음 전파에 큰 도움을 주는 결과를 가져왔습니다(행 15:36~41). 바나바는 조카 요한 마가와 동행하기를 원했지만 바울은 이를 거절했습니다. 아직 나이 어린 요한 마가가 이전에 그들과 함께 전도 여행을 하다가 집 생각을 견디지 못해 급기야 이탈했던 일이 있었기 때문이었습니다. 결국 해결책은 하나, 바울과 바나바가 헤어지는 것이었습니다. 그래서 바나바는 요한 마가를 데리고 구브로로 가고, 바울은 실라를 데리고 소아시아로 떠났습니다.

바울과 그의 동행인들은 빌립보에서 행했던 것처럼 도시로 들어가 복음을 전파했습니다. "이 성에서 수일을 유하다가 안식일에 우리가 기도처가 있는가 하여 문밖 강가에 나가 거기 앉아서 모인 여자들에게 말하더니(행 16:12~13)." 수세기 동안 유대인들은 안식일이 되면 마을이나 도시 한곳에 모여 시편을 노래하고 기도를 드리고 성경을 공부하고 토론하고 그들이 누구인지 기억했는데, 흔히 강가를 택해 이를 행했습니다. 다시 말해 건물 없는 비공식적 회당이 된 것입니다. 이러한 모임에는 종종 하나님을 두려워하는 사람들, 또는 유일하고 참되신 하나님을 예배하기 원하는 이방인들이 참석하기도 했습니다.

떠돌이 행상이요 이방인으로서 하나님을 두려워하던 루디아가 그 자리에 있다가 바울의 설교를 듣고 개종하여 가족과 함께 세례를 받았습니다. 그리고 바울과 실라에게 자신의 집에 머물기를 간청했습니다.

데살로니가에는 제대로 된 회당이 있었습니다. 바울은 늘 하던 대로 그 곳에서도 회당을 찾아갔습니다(예수께서도 복음은 먼저 유대인들에게 왔다고 하시지 않았는가?). 그리고 삼 주 동안이나 머물면서 "성경을 가지고 강론하며 뜻을 풀어 그리스

바울의 1차 여행

바울의 2차 여행

바울의 3차 여행

로마로 가는 길

도가 해를 받고 죽은 자 가운데서 다시 살아나야 할 것을 증언하고 이르되 내가 너희에게 전하는 이 예수가 곧 그리스도라."고 전했습니다(행 17:2~3). 여기서 말하는 성경은 구약성경을 의미한다는 것을 기억하십시오. 이 때까지 신약성경은 전혀 쓰이지 않았습니다. 이번에도 많은 사람들이 개종을 하였습니다. 소수의 유대인들과 '경건한 헬라인의 큰 무리와 적지 않은 귀부인' 들이 바울과 실라를 좇았습니다.(행 17:4)

바울 당시 지중해를 항해하던 로마 상선. 사도행전은 로마로 향하는 바울의 선박 여행을 생생하게 기록하고 있다.

아덴에서는 바울이 아레오바고, 즉 철학자들이 모여 토론하기를 좋아했던 시의회 앞에서 설교를 했습니다(행 17:22~31). 여기서는 비록 큰 성과를 얻지는 못했으나 그래도 몇몇 사람들이 복음을 받아들이게 되었습니다.

반면 고린도에서는 큰 성공을 거두었습니다. 고린도는 항구 도시로서 선원, 짐꾼, 상인, 노예, 매춘부, 로마인, 헬라인, 유대인 등 각 지역에서 모여든 사람들로 혼잡했습니다. 한마디로 여러 인종이 뒤섞여 사는 도시였습니다. 어떤 사람들은 이곳을 하수처리장이라고 부르기까지 했습니다. 아프로디테 신전에는 1천 명의 매춘부가 있었습니다. 이런 곳에서 교회를 시작하다니!

바울은 고린도에 이르러서는 아굴라와 브리스길라 가정에 머물렀습니다. 아굴라는 바울처럼 천막을 만드는 사람이었습니다. 이처럼 바울은 직업이 같은 유대인 가정과 친분을 맺어 사역을 시작했습니다. "안식일마다 바울이 회당에서 강론하고 유대인과 헬라인을 권면하니라."(행 18:4)

사도행전을 읽다 보면, 바울과 그의 동역자들이 계속해서 어려움을 당하였음을 알 수 있습니다. 바울이 전도 활동을 시작한 도시들을 하나하나 짚으며, 그러한 어려움이 생기게 된 원인을 알아보십시오.

빌립보(행 16장)

_____

바울과 실라의 투옥을 통해 간수를 구원하신 하나님의 역사를 주목하여 살펴보십시오(행 16:25~34). 바울은 사람들을 개종시키기 위해 유대 유산, 헬라어, 천막 기술, 율법에 대한 지식, 로마 시민권 등 온갖 것을 사용했습니다. 그는 고린도교회에 보낸 편지에서 여러 사람에게 "내가 여러 사람에게 여러 모습이 된 것은 아무쪼록 몇 사람이라도 구원하고자 함이니(고전 9:22; 9:19~23을 읽어라.)."라고 설명했습니다.

데살로니가(행 17:1~9)

_____

베뢰아(행 17:10~15)

_____

아덴(행 17:16~34)

별로 큰 충돌은 없었으나 큰 성과도 없었습니다. 바울에 대해 무관심했다는 것이 적절한 표현일 것입니다. 그러나 사도행전 17장 34절("몇 사람이 그를 친하여 믿으니")을 놓치지 마십시오.

고린도(행 18:1~17)

에베소(행 18:18~19:41)

바울의 자기변호를 들으면 바울뿐만 아니라 예수 그리스도에 관해서도 많은 것을 배우게 됩니다. 그는 법정에서의 심의 과정을 사람들을 개종시키는 기회로 사용했습니다. 경험이 많고 탁월한 아그립바 왕은 "네가 적은 말로 나를 권하여 그리스도인이 되게 하려 하는도다(행 26:28)."라며 바울의 말을 막았습니다.

바울은 로마 시민이었습니다. 모두가 부러워하는 로마 시민권을 소유하려면 자유로운 로마 시민으로 태어나거나 돈을 주고 사거나 로마 제국을 위해 군사적·사회적 공헌을 해야 했습니다. 바울의 아버지가 어떻게 하여 로마 시민이 되었는지 알 수는 없으나 그가 로마 시민으로 태어난 자신을 자랑스럽게 여겼음은 분명합니다.

왜 바울이 마지막에 로마 시민으로서의 자신의 권리를 주장했을까요? 그가 판단을 잘못한 것일까요? 아그립바 왕이 가이사랴에 있는 베스도 총독에게 "이 사람이 만일 가이사에게 상소하지 아니하였더라면 석방될 수 있을 뻔하였다(행 26:32)."고 하지 않았습니까? 그는 2년 동안의 시달림과 구류에 지쳤던 것일까요, 아니면 로마를 통해 스페인에까지 복음을 전파하려 했던 것일까요? 제국의 심장부인 로마와 세계의 끝(스페인)까지 간다는 것은 복음 전도자에게 위대한 동기요, 중요한 상징이 됩니다. 바울은 스페인까지는 가지 못했습니다. 그러나 로마에서의 그의 증언과 수감되어 있는 동안 교회들에게 보낸 서신들, 그리고 로마에서의 순교는 기독교 운동을 세계 곳곳으로 퍼지게 하였습니다.

사도행전의 마지막 구절에서 누가는 하나님의 섭리에 대해 언급합니다. 여러 도시에서 노여움을 받은 결과 로마로 보내졌던 바울은 다른 사람들에게 풍성하고 영원한 삶을 줄 수 있는 큰 기회를 오히려 기뻐하며 하나님께 감사했습니다. "바울이 온 이태를 자기 셋집에 머물면서 자기에게 오는 사람을 다 영접하고 하나님의 나라를 전파하며 주 예수 그리스도에 관한 모든 것을 담대하게 거침없이 가르치더라."(행 28:30~31)

에베소에 보낸 편지

에베소서는 오직 에베소에 있는 교회만이 아니요 모든 교회를 향해 쓴 편지입니다. 그리스도의 복음을 받아들인 사람들은 개인적이고 고립된 생활을 하기 위해 구원받은 영혼들이 아닙니다. 하나님은 지금도 본래 계획하셨던 새로운 인간성, 새로운 조화를 만들어 가십니다. "그 기쁘신 뜻대로 우리를 예정하사 예수 그리스도로 말미암아 자기의 아들들이 되게 하셨으니(엡 1:5)." 하나님은 온 우주의 부조화를 없애기 위해 일하십니다. 수많은 언어가 난무하는 (또 서로 증오하는) 이 세상 한복판에서 그리스도는 모든 장벽을 허무시고 모두를 하나 되게 하십니다.

에베소서에서 이 복음은 하나의 비밀처럼 작고 은밀하게 전해집니다. 이 비밀을 아는 사람은 없습니다. 오직 믿는 자들만이 압니다. "그 뜻의 비밀을 우리에게 알리신 것이요, 그의 기뻐하심을 따라 그리스도 안에서 때가 찬 경륜을 위하여 예정하신 것이니 하늘에 있는 것이나 땅에 있는 것이 다 그리스도 안에서 통일되게 하려 하심이라."(엡 1:9~10)

하나님은 어떻게 이 일을 이루실까요? 우리가 상상할 수 없는 방법, 즉 예수님의 피로 성취하십니다. 성경에서 그리스도의 피는 시종일관 그리스도의 영원한 사랑, 특히 갈보리에서의 사랑을 뜻합니다.

바울은 인간 사이의 분열을 이기고 뛰어넘는 그리스도의 사랑의 능력을 목격하였습니다. 사마리아인과 유대인이 함께 기도하고, 이방인과 유대인이 함께 떡을 때며, 남자와 여자가 함께 일하고 예배드리는 것을 보았습니다. 바사인과 로마인과 헬라인과 유대인과 자유인과 노예들이 함께 십자가 앞에 무릎 꿇는 것을 보았습니다.

"그(예수 그리스도)는 우리의 화평이신지라. 둘로 하나를 만드사 원수 된 것, 곧 중간에 막힌 담을 자기 육체로 허시고 …… 원수 된 것을 십자가로 소멸하시고(엡 2:14~16)." 그리스도의 피는 우리를 하나로 묶어 줍니다. 바울은 바로 이 복음을 위해 그의 삶을 바쳤던 것입니다.

🖵 제자의 모습

제자는 열방을 예수 그리스도에게로 이끌기 위해 증인이 됩니다. 바울은 사람들을 하나님 앞으로 인도하기 위해 자신의 모든 인간관계와 배경과 문화 등 온갖 것을 사용했습니다. 우리가 전도하는 데 사용할 수 있는 자원에는 어떤 것들이 있을까요? 기혼인가, 미혼인가, 혹은 독신인가? 도시에 사는가, 시골에 사는가? 부자인가, 가난한가? 나이가 많은가, 적은가? 전에 알코올 중독자였는가? 직장을 잃은 적이 있는가? 이혼한 경험이 있는가? 학교를 중퇴한 적이 있는가? 어떤 특별한 종교적 경험이 있는가?

나는 어떤 사람입니까? 자기 자신을 돌아보면서 사람들을 예수 그리스도 앞으로 인도하는 데 도움이 될 만한 점들을 찾아보십시오.

에베소서는 유대인들과 이방인들이 그리스도 안에서 하나가 되었다고 말합니다. 우리 신앙 공동체 안에서 이러한 조화가 이루어지고 있습니까? 더 나아가 나와는 다른 종족, 다른 나라, 다른 연령, 다른 사회 계층의 사람들까지도 이 조화로움에 포함시킬 마음이 있습니까? 만약 이것이 하나님께서 예수 그리스도를 통해 이루고자 하시는 일이라면, 나는 어떻게 협력할 수 있겠습니까?

🖲 더 알아보기

- 기독교인들의 하나 됨을 경험하기 위해 개인이나 단체로 로마 가톨릭, 헬라 정교회, 오순절 교회, 또는 다른 교파 교회를 방문해 함께 예배를 드립시다. 느끼고 경험한 것을 기록하십시오.
- 성경에 나오는 사람들을 논할 때 우리는 때와 사건과 전달하려는 사상 등을 기억할 필요가 있습니다. 사전에서 디모데, 요한 마가, 루디아, 아볼로, 실라, 아그립바 왕, 브리스길라와 아굴라, 누가 등을 찾아보고, 그들에 관해 한두 문장씩 기록해 보십시오.

믿음으로 이루어지는 올바른 관계
Put Right With God Through Faith

그러므로 우리가 믿음으로 의롭다 하심을 받았으니
우리 주 예수 그리스도로 말미암아 하나님과 화평을 누리자 (로마서 5:1)

이 과의 주제

칭의(稱義)

🔄 우리의 모습

누구나 살면서 한 번쯤은 일부러 하나님께 반항을 해 보려 한 적이 있을 것입니다. 그리고 내가 원하는 것, 내게 좋은 것을 합니다. 하나님과 정면으로 맞서는 것입니다. 또 어떤 때는 그와는 반대로 철저한 '종교인'이 되어 버립니다. 하나님께 인정을 받기 위해 백방으로 애를 씁니다. 헌신하고 봉사합니다. 그러나 안타깝게도 번번이 실패입니다. 다른 사람은 물론 나 자신과의 평화마저 깨뜨리고 맙니다.

✝ 내려놓기

성경 공부를 하기 전에 먼저 하나님께 기도를 드립니다. 아래의 시편 말씀이 좋은 길잡이가 될 것입니다.

> 여호와여 주의 인자하심이 하늘에 있고 주의 진실하심이 공중에 사무쳤으며 주의 의는 하나님의 산들과 같고 주의 심판은 큰 바다와 같으니이다 (시편 36:5~6)

이번 주 기도 제목을 구체적으로 적어 기도합시다.

👂 귀 기울이기

초대교회가 생각한 로마서의 중요성은 신약성경 안에서의 이 책의 위치가 잘 말해 줍니다. 로마서는 바울 서신들 중 더 먼저 기록된 다른 책들을 제치고 맨 앞에 자리하고 있습니다. 즉 기록 시기보다는 로마서의 내용과 길이가 정경에서의 위치를 결정하였음은 의심의 여지가 없습니다.

D1 로마서 1~2장(심판받을 유대인과 이방인)

D2 로마서 3~4장(믿음으로 의롭다 함을 얻음)

D3 로마서 5~8장(아담과 그리스도, 율법과 죄, 성령 안에서의 생명)

D4 로마서 9~11장(이스라엘과 이방인을 위한 구원, 돌감람나무의 접붙임)

D5 로마서 12~16장(그리스도의 몸, 서로 사랑하라, 강한 자와 약한 자, 로마 방문 계획)

D6 교재 내용 '성경의 가르침'과 '제자의 모습'

🔲 성경의 가르침

바울이 로마서를 기록했을 때, 그는 이미 풋내기 선교사가 아니었습니다. 온갖 고난을 통해 단련되고, 기도와 설교로 다듬어졌으며, 기독교 신앙을 명확히, 그리고 설득력 있게 설명할 수 있는 전성기에 도달해 있었습니다. 그는 고린도에서 로마서를 썼는데, 고린도교회에서 가르치고, 예루살렘에 있는 가난한 자들을 위해 모금을 하며, 땅 끝까지 복음을 전파하기 위해 로마와 스페인에까지 갈 꿈을 꾸고 있었습니다.

마틴 루터는 로마서를 '가장 순수한 복음'을 담은 책이요, '신약성경 중 가장 중요한 부분'이라고 했습니다. 로마서는 어거스틴, 마틴 루터, 존 칼뱅, 존 웨슬리, 칼 바르트 등에게 큰 영향을 미쳐 교회 갱신을 가져왔습니다. 지금도 많은 사람들은 로마서를 이 세상에서 가장 중요한 신학서로 생각합니다.

죄와 칭의

바울의 로마서를 이해하기 위해 우리는 먼저 창세기 1~11장을 기억할 필요가 있습니다. 구원의 정상을 이해하기 위해서는 죄의 심연을 알아야 하기 때문입니다.

바울은 우리가 단지 나쁜 짓을 하는 것이 문제가 아니라 하나님과 조화를 이루지 못하는 것이 문제라고 합니다. 아담과 하와와 사울 왕은 하나님께 불순종했습니다. 우리도 마찬가지입니다. 가인과 다윗 왕은 감정과 정욕에 못 이겨 죄를 범했습니다. 우리도 그렇습니다. 솔로몬 왕과 바벨탑을 세웠던 사람들은 오만하고 자만심이 넘쳤습니다. 우리도 다르지 않습니다.

이방인들도 핑계를 댈 수 없습니다. 바울의 말처럼, 이 우주를 바라보는 것만으로도 그들은 위대하고 영화로우신 창조주 하나님의 본질을 볼 수 있었기 때문입니다. 이방인들을 포함해 우리는 모두 양심이 있고, 옳고 그른 것을 판단할 수 있으며, 하나님이 계신 것을 압니다. 우리는 모두 정죄를 면할 수 없습니다.

유대인들은 모세의 율법을 받았지만 지키지 않았습니다. 다림줄이 벽이 굽은 것을 보여 주듯이 율법은 그들의 죄를 보여 주었습니다. 한 걸음 더 나아가 많은 유대인들이 이방인들의 잘못이라고 정죄하던 일들을 자신들도 저지르고 있었습니다. 바울은 그들의 마음이 자만과 어리석음으로 가득 찼고, 자기중심적이라고 기록했습니다.

결과적으로 모든 남자와 여자, 양심의 법을 받은 이방인과 모세의 율법을 받은 유대인이 다 죄인임이 드러났습니다. 바울은 이렇게 역설합니다. "무릇 율법 없이 범죄한 자는 또한 율법 없이 망하고 무릇 율법이 있고 범죄한 자는 율법으로 말미암아 심판을 받으리라(롬 2:12)." 그 까닭에 그는 시편 기자의 말을 인용합니다.

"의인은 없나니 하나도 없으며 깨닫는 자도 없고 하나님을 찾는 자도 없고 다 치우쳐 함께 무익하게 되고 선을 행하는 자는 없나니 하나도 없도다."(롬 3:10~12; 시 14:1~3 참조)

죄는 우리를 소용돌이 속으로 몰아넣습니다. 먼저 우리는 하나님에 대한 진리를 거짓으로 생각하고, 창조주보다 피조물을 예배하고 섬깁니다(롬 1:25). 뒤틀린 관계 속에서 살 때 하나님은 우리를 자기 마음의 욕정대로 살게 내버려두십니다. 독이 있는 우물에서는 쓴 물이 나오게 마련입니다. 바울은 인간 서로 남을 해치는 부패한 사고와 행동의 심각한 결과들을 열거합니다. 결국 우리의 삶은 점점 악화되어 자기 자신이 악한 행동을 할 뿐만 아니라 악을 행하는 다른 이들을 칭찬하게 되는 데까지 이르게 됩니다.(롬 1:32)

하나님은 행동을 취하시지 않을 수 없었습니다. 인간은 자기중심적인 삶 때문에 노예 상태에서 스스로 벗어날 수 없었습니다. 병은 너무나 만연하였고, 분리 현상은 너무나 심각하고, 영적 관계는 너무나 왜곡되었습니다. 인간은 한없이 무력해졌습니다. 그러기에 하나님은 어떤 행동을 취하셔야만 했습니다.

이러한 상황에서 예수님이 해결책으로 오셨습니다. 바울은 그것을 설명하려고 노력합니다. 그는 '구속(Redemption, 롬 3:24)'이라는 용어를 사용합니다. 구속(救贖)은 노예를 사서 자유하게 만들어 준다는 의미입니다. 바울은 이것을 "값으로 산 것이 되었으니(고전 6:20)"라는 말로 표현했습니다.

히브리인들이 애굽에서 노예로 있을 때 하나님은 그의 백성을 '구속하셨습니다.' 호세아는 종의 값을 지불함으로써 자신의 아내를 구속했고 자유인이 되게 하여 다시 그의 아내로 삼았습니다. 그리고 예수 그리스도는 죄인들을 구속하십니다.

우리는 누구의, 무엇의 노예가 되었습니까? 자기중심, 이기주의의 노예가 아닙니까? 노예 됨의 결과는 오직 파멸입니다. 그러나 우리는 값을 주고 산 바 되었고, 자유인이 되었습니다.

바울은 '그의 피로 말미암는 속죄'라는 표현을 사용합니다(롬 3:25). 제물로 바쳐진 양의 피를 애굽에 있던 히브리인들의 문설주에 뿌림으로써 그 가정의 첫 아들이 죽음을 모면했듯이, 그리스도의 피가 우리 마음의 문설주에 뿌려짐으로써 악이 우리를 파멸시킬 수 없게 되었습니다. 하나님의 진노가 하나님의 백성을 해치지 않고 지나가게 된 것입니다.

로마서 3장 21~26절을 읽고 그 의미를 묵상한 후, 자신만의 표현으로 다시 써 보십시오.

....

....

바울이 사용하는 또 다른 용어는 그리스도의 '의로운 행위'입니다(롬 5:18). 그는 예수께서 이 세계 역사를 통해 아무도 하지 못했던 것을 하셨다고 이해했습니다. 즉 예수께서는 아버지와 올바른 삶의 관계를 이루셨습니다. 분열되고 깨진 인류 가운데서 예수께서는 "나와 아버지는 하나이니라."고 말씀하셨습니다(요 10:30). 예수께서는 온 인류가 기다렸던 것을 이루셨습니다. 그는 순종의 삶을 사셨고, 십자가에서 마지막으로 "다 이루었다(요 19:30)."고 말씀하셨습니다. 그리스도는 순종하심으로써 적군의 한가운데에 돌파구를 만들어 그를 따르는 자들이 그 사이로 걸을 수 있게 하셨습니다.

바울이 사용한 용어들 중 가장 유용한 것은 아마도 '의롭다 하심(Justify)'일 것입니다(롬 5:1, 9). 하나님은 예수 그리스도 안에서 우리를 의롭다 하시고, 올바르게 하십니다. 인쇄업자 중에는 이 단어의 의미를 아는 사람도 있을 것입니다. 인쇄 과정에서는 이 용어를 '정판'이라고 하는데, 이는 소판을 한 다음에 잘못된 활자를 바꾸거나 페이지를 조정하는 것을 말합니다. 오늘날 컴퓨터의 조판 프로그램은 이러한 작업을 자동으로 하게 되어 있으나 손으로 조판하는 경우에는 활자 사이에 적당한 간격을 만들고 여백을 일정하게 함으로써 글자들이 제자리에 있고 전체적으로 조화를 이루게 만듭니다. 이렇게 볼 때 의롭다는 것은 순수함이나 선함보다는 올바른 관계, 즉 하나님과 이웃과의 조화된 상태를 의미하는 것입니다.

우리가 믿음 안에서 이러한 하나님의 역사를 받아들일 때, 우리 안에는 일종의 죽음이 발생하게 되는데, 그것은 자기중심의 죽음을 뜻합니다. 세례를 통한 죽음이 바로 그것을 상징합니다. 그리고 부활은 값을 주고, 보혈의 피로 우리를 사신 새 주인을 모시고 우주의 창조자와 올바른 관계 속에서 의롭다 함을 얻고 세례를 받을 때 일어납니다.

아브라함은 할례를 받기 전에 하나님을 믿었습니다. "아브라함이 하나님을 믿으매 이것이 저에게 의로 여기신 바 되었느니라(롬 4:3; 창세기 15:6 참조)." 할례는 언약의 '증표'이지 언약 그 자체는 아니었습니다. 그러므로 이방인인 우리도 예수 그리스도 안에서 믿음을 통해 하나님의 참된 백성으로 접붙임 됩니다. 이제 우리는 히브리 조상들과 더불어 언약의 자녀들로서 두려움 없이 미래를 향해 걸어갈 수 있습니다. 우리는 복을 받았으며 세상의 복이 될 준비가 된 것입니다.

믿음으로 받은 은혜는 우리를 하나님의 아들과 딸로 만듭니다. 이것이 바로 하나님이 처음부터 줄곧 원하신 것입니다. 그는 우리가 로봇이 되는 것도, 반항하는 탕자가 되는 것도 원하지 않으십니다. 우리는 하나님의 자녀들이기 때문에 그의 상속자이며, 그가 자기 자녀들을 위해 준비하신 모든 것을 물려받을 수 있습니다.(롬 8:14~17)

이제 우리는 전에 알지 못했던 것들을 알게 되었습니다.

이제 우리는 하나님 앞에서 신분이 달라졌다는 것을 압니다.

이제 우리는 고난이 창조적이고 긍정적인 힘이 될 수 있음을 이해합니다.

이제 우리는 새로운 인류의 한 구성원이 되었습니다.

이 우주에 우리가 예수 그리스도 안에서 얻을 최후 승리를 방해할 세력은 없습니다.

이스라엘의 회복

오늘날 많은 사람들이 구약성경과 유대교는 우리에게 적합하지 않으니 모두 파기해야 하지 않느냐고 생각합니다. 그러나 그렇지 않습니다. 우리는 이 성경 연구를 통해 구약성경의 뿌리 없이 복음을 이해할 수 없음을 알게 되었습니다.

유대인들과 예수님의 관계를 우리는 어떻게 이해해야 할까요? 바울은 그들이 예수님을 메시아로 받아들이지 않았기에 복음이 이방인에게 전달될 수 있었다고 말합니다. 모든 것을 통해 선을 행하시는 하나님은 인간을 구속하기 위해 예수님의 십자가를 쓰셨고, 구원의 문을 전 세계를 향해 여시기 위해 유대인의 거부를 사용하셨습니다.

그렇다면 우리는 하나님의 은혜를 증언함으로써 유대인들을 하나님 앞으로 인도하기 위해 노력해야 하는 것일까요? 그렇습니다. 우리는 그리스도의 복음을 전하여 모든 사람을 구원으로 이끌어야 합니다. 그러나 유대인들이 우리의 영적 조상이라는 사실은 잊지 말아야 합니다. 바울은 이 관계를 잘 이해하도록 돕기 위해 감람나무를 비유적으로 사용합니다(롬 11:13~24). 이방신자의 가지들(여러분과 나)은 감람나무(이스라엘)에 접붙여진 존재들이기에 자긍할 근거가 없습니다. 실제로, 오만을 부리면 하나님은 우리도 잘라 버리십니다.(요 15:1~11과 비교)

하나님은 그 택한 백성을 구원하실까요? 그렇습니다. 바울은 이방인들이 아브라함에게 주어진 약속의 상속자가 되는 것을 이스라엘이 보게 될 때, 그들은 믿음 안에서 그리스도에게로 돌아설 것이라고 말합니다. 이렇게 됨으로써 유대인과 이방인 모두를 위한 하나님의 계획이 이루어질 것입니다(롬 11:11~32). 이제 우리도 새로운 언약 속에서 만민의 복이 되기 위해 복을 받습니다.

펜은 갈대를 꺾어 만들고 검정 잉크는 나무진이나 기름에 그을음을 섞어 만드는 것이 바울 시대에 흔히 쓰던 방법이었다. 잉크병은 진흙으로 만들었다.

은혜와 평강

바울은 보통 독자들에게 은혜와 평강을 전함으로써 편지를 시작했습니다. 평강은 히브리어로 '샬롬'인데, 이것은 조화된 상태를 말합니다. 즉 하나님과 이웃, 그리고 자기 자신과 하나가 되는 것입니다. 전 우주는 지금도 인간의 불순종으로 파괴된 창조 일곱째 날의 그 평강을 찾아 신음합니다. 그리스도와 내재하는 성령을 통한 평안은 모든 기독교인에게 모든 것이 선하게 이루어질 것이라는 확신을 가져다줍니다. 사랑은 두려움을 내쫓으며 완전한 평강을 이루어 줍니다.

그 평강 속에서 우리는 결코 혼자가 아니요, 또 패배하지 않는다는 것을 압니다. 또한 하나님이 우리를 돌보시고 우리의 길을 인도해 주실 것을 확신합니다(신학자들은 이것을 하나님의 섭리라고 부른다.). "우리가 알거니와 하나님을 사랑하는 자, 곧 그의 뜻대로 부르심을 입은 자들에게는 모든 것이 합력하여 선을 이루느니라(롬 8:28)." 어떤 피조물이라도 우리를 하나님의 사랑에서 끊을 수 없다(롬 8:39)는 사실을 믿으면 우리에게는 내적 평강이 임합니다.

은혜는 예수님 안에서 표현되고 계시된 하나님의 희생하고 받아들이고 용서하는 사랑입니다. 바울은 늘 은혜를 먼저 언급하는데, 은혜가 평강의 원천이기 때문입니다. 은혜는 예수님의 전 생애와 죽음과 부활에서 끊임없이 흘러나오는 아무런 조건 없는 사랑입니다. 구원받는 것은 한 사람의 영혼을 이 은혜에 내맡기는 것을 의미합니다. 그러므로 기독교인들은 이렇게 노래합니다. "나 같은 죄인 살리신 주 은혜 놀라워." 이 찬송은 노예 상인이었던 존 뉴턴이 회심한 뒤에 쓴 것으로, 잃은 자를 찾으시는 하나님의 사랑에 힘입어 발견하게 된 죄인의 기쁨을 그립니다. "잃었던 생명 찾았고 광명을 얻었네."(새찬송가 305장)

🔲 제자의 모습

바울의 서신에는 '그러므로'라는 접속사가 자주 나오는데, 그것은 안팎으로 움직이는 문과 같습니다. '그러므로' 앞에는 예수 그리스도 안에 나타난 하나님의 위대한 역사가 있습니다. 그리고 '그러므로' 다음에는 기독교인의 책임이 자리합니다. 자비로운 주인에 의해 자유하게 된 노예와 같이 사랑과 감사에서 우러나오는 섬김의 생활이 반드시 뒤따라야 한다는 것입니다. 그러므로 제자는 그리스도 안에 나타난 하나님의 용서의 사랑을 신뢰하고 받아들이며 사랑과 감사로 그분을 섬깁니다.

"그러므로 우리가 믿음으로 의롭다 하심을 받았으니 우리 주 예수 그리스도로 말미암아 하나님과 화평을 누리자(롬 5:1)." "그러므로 형제들아 …… 너희 몸을 하나님이 기뻐하시는 거룩한 산 제물로 드리라(롬 12:1)." 우리는 믿음을 통해 은혜로 구원을 받았습니다. 그리고 이제 필요한 것은 우리의 달라진 삶입니다. 용서의 사랑을 받아들여야 합니다. 하나님이 하시는 일을 믿음의 행위로 긍정해야 합니다.

로마서 12~15장을 읽고 기독교인의 생활에 필요한 요소들을 찾아내 목록을 만들어 보십시오(12:6~8의 특별한 은사들은 제외하라.). 자신이 더 키우고 발전시켜야 할 요소들을 표시해, 여기에 기록하십시오.

....

....

이 과에서 우리는 심오한 내용이 담긴 책을 공부했습니다. 그러나 로마서는 유식한 사람뿐만 아니라 배우지 못한 사람도 똑같이 그리스도 안에서 은혜와 평강으로 이끌었습니다. 이 사실에 대해 어떻게 생각합니까?

....

....

믿음으로 의롭다 함을 받는 것이 무엇을 의미하는지 자신의 말을 표현해 보십시오. (롬 3:21~26을 다시 읽어라.)

....

....

🔖 더 알아보기

■ 마틴 루터나 존 웨슬리의 생애를 공부하면서, 로마서가 어떻게 그들의 삶을 변화시켰는지, 어떻게 은혜와 평화를 경험하게 하는 기초가 되었는지 알아보십시오.

바울 서신(Paul's Letters)

바울 서신들은 일반적으로 동일한 요소를 같은 순서로 언급합니다. 각 서신들을 비교하고, 그 형식과 내용에서 공통점과 차이점을 찾아 다음에 기록하십시오. 로마서, 고린도전후서, 갈라디아서, 빌립보서, 데살로니가전서, 빌레몬서를 살펴보십시오.

발신자와 수신자, 그리고 인사말(이 부분의 독특한 형식은 무엇인가?)

감사 또는 기도(하나님께 무엇을 감사하는가?)

서신의 내용(전하려는 메시지는 무엇이며, 어떠한 결과를 기대하는가?)

특정인들에 대한 인사와 축복(그의 인사와 축복의 특징은 무엇인가?)

27

이 과의 주제

사랑

격동 속에 처한 교회 A Congregation in Ferment

힘써 남을 사랑하고 성령의 선물을 간절히 구하십시오
(고린도전서 14:1, 공동번역)

⊙ 우리의 모습

우리는 세속적인 생활양식에서 떠나기를 싫어합니다. 세상의 삶에는 기독교의 교훈과 다른 것들이 많습니다. 그런데 신앙을 가지고 그리스도와의 교제를 시작한 후에도 나 자신을 포함한 대부분의 사람들이 여전히 다투고, 편을 가르고, 자기중심적으로 살아갑니다. 그래서 교회는 우리가 생각했던 것처럼 완전하지 않습니다.

ⓘ 내려놓기

성경 공부를 하기 전에 먼저 하나님께 기도를 드립니다. 아래의 시편 말씀이 좋은 길잡이가 될 것입니다.

> 여호와여 나를 살피시고 시험하사 내 뜻과 내 양심을 단련하소서 주의 인자하심이 내 목전에 있나이다 (시편 26:2~3)

이번 주 기도 제목을 구체적으로 적어 기도합시다.

⊙ 귀 기울이기

바울이 고린도교회에 보낸 편지들은 내용면에서 볼 때 신학과 교리에 관한 것보다는 교회생활에 관한 것을 더 많이 다룹니다. 초대교회의 생활과 교회에서 일어나는 문제들을 해결하기 위한 바울의 의견과 제안들을 눈여겨보십시오. 고린도교회가 겪었던 문제들 중에는 오늘 우리의 교회에서도 그대로 반복되는 것들이 많습니다.

D1 고린도전서 1~4장(하나님의 동역자들)

D2 고린도전서 5~7장(고린도교회의 문제들)

D3 고린도전서 8~11장(지식과 사랑, 주의 만찬)

D4 고린도전서 12~14장(다양한 은사와 한 성령, 사랑은 가장 큰 은사)

D5 고린도전서 15~16장(부활, 마지막 인사) 고린도후서 3~5장(새 언약의 사역자들)

D6 교재 내용 '성경의 가르침'과 '제자의 모습'

📖 성경의 가르침

바울은 고린도교회에 몇 차례에 걸쳐 편지를 썼습니다. 그 편지들을 후에 하나로 묶어 놓은 것이 오늘날의 고린도전후서라는 견해가 성경학자들 사이에 지배적입니다. 고린도교회도 물론 바울에게 편지를 보낸 적이 있습니다(고전 7:1). 바울이 고린도교회 교인들을 사랑했다는 것을 그의 편지에서 엿볼 수 있습니다. 그는 고린도교회를 자신이 낳은 영적 자녀로 표현합니다. 직접 찾아가 보기도 했고, 인편으로 특별히 소식을 전한 일도 있으며, 어려운 상황에 있는 예루살렘교회를 도와 달라고 교인들에게 부탁도 했습니다. 바울은 고린도교회를 다시 방문해 직접 권면과 격려를 하려 했으나 사정상 이 서신으로 대신해야 했습니다. 고린도전후서가 우리에게 특별히 중요한 이유는, 부모가 자식을 가르치듯 바울이 고린도교회를 영적으로 지도하는 내용이 담겨 있기 때문입니다.

고린도의 사회적 배경을 기억하는 것이 고린도교회가 겪었던 문제의 성격을 이해하는 데 도움이 됩니다. 고린도는 중요한 항구도시였습니다. 무역이 활발했으며 많은 배들이 정박하는 곳이었기 때문에 배에 물자를 대는 상업이 번창하였습니다. 고린도는 아덴처럼 세련되지도 않았으며, 로마처럼 권력의 중심지도 아니었고, 또한 예루살렘처럼 거룩한 도시도 아니었습니다. 그저 고린도는 무역과 상업의 중심지로 알려져 있었습니다.

따라서 각양각층의 사람들, 즉 노예, 로마 군인, 헬라인, 페르시아인, 수리아인들이 오며가며 한 번씩 거쳐 가는 도시였습니다. 그래서 이 곳에서는 인간이 상상도 할 수 없는 모든 형태의 비도덕적인 일이 행해졌습니다. 우상에게 제물로 바쳐졌던 고기가 시장에서 거래되었고, 신전에 고용된 창녀들도 있었습니다.

고린도교회에는 유대교에서 개종한 몇몇 유대인과 하나님을 두려워하는 소수의 비유대교인들(유대인이 된 것은 아니지만 유대교의 하나님을 믿는 이들)이 있었습니다. 그러나 대부분은 이교도 신앙에서 개종한 이방인들이었습니다. 당연히 이들은 모세 오경의 가르침에 익숙하지 않았습니다. 성 윤리, 안식일 준수, 십일조, 음식에 관한 율법, 나그네 대접, 믿는 사람들 간의 결혼, 술 취하지 않음, 율법 준수 또는 장로들의 권위에 대한 순종 등을 제대로 알지 못했습니다.

이러한 세계에 복음이 전해졌습니다. 교회가 시작되었다는 것 자체가 이미 기적이었지만, 교인들은 많은 것을 배워야 했습니다.

하나 됨

치열한 경쟁이 지배하는 상업의 세계, 각양각색의 습관과 가치가 범람하는 이곳에 다툼이 일어났다는 것은 놀랄 만한 일이 아닙니다. 바울이 "너희 가운데 분쟁이 없이 …… 합하자."고 권면했으나 허사였습니다. 교인들은 자신이 아볼로에게, 베드로에게, 바울에게, 혹은 예수님에게 속했다며 당파를 지어 서로 자랑하고 다투었습니다. 이러한 실정을 보고 바울은 안타까워하지 않을 수 없었습니다. 바울이 십자가를 졌습니까, 아니면 아볼로였습니까? 아닙니다. 예수 그리스도가 십자가를 지지 않았습니까! 그리스도는 결코 나뉘지 않습니다.(고전 1:13)

교인들 중에는 기독교에 대해 다른 사람보다 잘 안다고 해서 교만해진 이들도 있었습니다. 자신이 창립 교인이라는 것, 유대 경전을 알고 있다는 것, 교육 수준이 높다는 것 등을 들어 우월함을 내세웠을 것입니다. 또 영지주의에 영향을 받은 몇 몇 사람들은 자신이 남들이 모르는 특별한 비밀, 즉 구원에 이르게 하는 '지식'을 알고 있다는 것을 큰 자랑거리로 삼았을 것입니다.

이와 같은 분열 상황에 바울은 놀라움을 금치 못했습니다. 누가 똑똑한 자이고, 누가 율법사이며, 누가 변론가입니까? 사실 하나님은 단순하고 평범한 사람들을 들어 쓰셔서 참된 믿음과 사랑을 보여 주십니다. "형제들아, 너희를 부르심을 보라. 육체를 따라 지혜로운 자가 많지 아니하며 능한 자가 많지 아니하며 문벌 좋은 자가 많지 아니하도다. 그러나 하나님께서 세상의 미련한 것들을 택하사 지혜 있는 자들을 부끄럽게 하려 하시고, 세상의 약한 것들을 택하사 강한 것들을 부끄럽게 하려 하시며, 하나님께서 세상의 천한 것들과 멸시 받는 것들과 없는 것들을 택하사 있는 것들을 폐하려 하시나니 이는 아무 육체도 하나님 앞에서 자랑하지 못하게 하려 하심이라(고전 1:26~29)." 바울은 고린도교회 교인들에게 "여러분은 아직도 육적인 사람들이고, 세속적인 인간의 생활을 하고 있는 것이 아니고 무엇이겠습니까?"라고 물었습니다(고전 3:3, 공동번역). 이것을 알고 있다면 "왜 여러분은 세속적인 사람들처럼 서로 파를 지어 시기하고 다투고 있습니까?"

바울은 그리스도 안에서 하나 됨을 여러 가지 비유로 표현했는데, 고린도전서 12장에서는 사람의 지체로, 고린도전서 3장에서는 건물로 표현했습니다. 교회의 과제는 여러 다른 지체가 연결되게 하며, 서로 보완하며, 존경과 겸손으로 지체를 세우는 것입니다.

고린도전서 3장 21~23절에 강력한 메시지가 기록되어 있습니다. '너희는 자신 없고 불안한 사람처럼 지나치게 자랑할 것 없다. 만물이 모두 너희에게 속했기 때문이다. 사도들도 너희 것이요, 성경도 너희 것이요, 우주도 너희 것이다. 생명도 너희 것이다. 너희가 죽음의 지배를 받는 것이 아니라, 죽음이 너희의 지배를 받는다. '너희는 그리스도에게 속해 있고, 그리스도는 하나님께 속해 있기에' 미래가 너희 것이다.'

성(性)

고린도교회가 경험한 성 윤리 문제를 한 번 상상해 보십시오. 바울은 개종한 이들이 유대교나 기독교가 금하는 행동을 하는 것을 절대로 허락하지 않는다고 예루살렘 회의에서 공표했습니다. 고린도전서 5~7장을 읽고, 아래 문제들에 대한 바울의 의견을 기록해 봅시다.

- 계모와 동침하는 아들

- 창녀와 관계함
- 간통
- 결혼
- 부부간의 성 관계
- 비신자와의 결혼
- 바울과 같은 독신생활
- 할례 받은 자
- 할례 받지 않은 자
- 재혼(배우자와 사별 후)

바울은 이 문제들을 다루면서 복음이라는 목표에 걸림돌이 되는 어떤 것도 원하지 않았습니다. 그는 또한 그리스도가 곧 재림한다는 믿음에 영향을 받았습니다. 독신생활에 대한 바울의 진술에 주목하며, 마태복음 29장 10~12절에 기록된 예수님의 교훈을 읽어 보십시오. 그는 이 문제에 대해 매우 조심스러운 반응을 보였습니다. "내가 주께 받은 계명이 없으되 주의 자비하심을 받아서 충성스러운 자가 된 내가 의견을 말하노니 내 생각에는 이것이 좋으니 곧 임박한 환난으로 말미암아 사람이 그냥 지내는 것이 좋으니라(고전 7:25~26)." 그런 후 이렇게 덧붙입니다. "나도 또한 하나님의 영을 받은 줄로 생각하노라."(고전 7:40)

어떤 이들은 바울이 성을 비기독교적이며 영적인 것이 아니라고 여겼다는 결론을 내리기도 하지만 그렇지 않습니다. 그는 유대인들이 일반적으로 믿었던 것과 마찬가지로 성생활은 하나님이 부부에게 준 선물이라고 생각했습니다. 전도서 기자의 말을 들어 봅시다. "네 헛된 평생의 모든 날, 곧 하나님이 해 아래에서 네게 주신 모든 헛된 날에 네가 사랑하는 아내와 함께 즐겁게 살지어다. 그것이 네가 평생에 해 아래에서 수고하고 얻은 네 몫이니라."(전 9:9)

독신으로서 강하고 독립적인 성격의 바울도 부부간의 성생활에 대해 잘 이해하고 있었습니다. 부부는 특별한 이유가 없는 한 서로 성생활을 거절하지 말라고 가르쳤습니다. 다만 기도하기 위해 서로 합의하여 필요에 따라 얼마 동안 피할 수는 있다는 예외를 두었습니다. 그렇지만 이러한 경우에도 기간이 너무 길어지지 않게 하라는 조언을 잊지 않았습니다.(고전 7:3~5)

그렇다면 왜 바울은 독신생활을 강조하였을까요? 복음을 위한 열심 때문입니다. 가정생활은 많은 시간과 에너지를 요구합니다. 그리고 바울은 자신의 모든 에너지를 사람들을 그리스도에게로 인도하는 데 쓰기를 원했습니다. 그리고 다른 사람들도 그렇게 하기를 바랐습니다.

여성

어떤 이들은 그 당시 사회상을 잘못 이해한 결과 이 문제에 대해 바울을 올바로 이해하지 못합니다. 고대 근동 사회에서 여성은 남성들이 이야기하는 동안 뒷방에 들어가 조용히 있는 존재이든지, 아니면 거리의 행실 나쁜 여성이든지 둘 중 하나였습니다. 그런데 갑자기 교회가 혁명적인 일을 시작했습니다. 남성과 여성이 함께 기도하고, 간증하며, 같이 전도하고 일했습니다. 브리스길라는 여성으로서 아볼로에게 성령의 길에 관해 가르치기도 했습니다. 그런데 이와 같은 새로운 자유를 제대로 감당하지 못하는 여성들도 있었습니다. 그들은 마치 거리의 여인들처럼 머리를 치장했습니다. 그리고 아직 성경의 가르침을 잘 모르는 다른 여인들은 마치 스펀지처럼 이러한 풍조를 따라하는 데 열광하였습니다. 그들은 사회규범을 파괴하고 회중 전체를 자극하며 끊임없이 질문을 해댔습니다. 이와 같은 여성들에게 바울은 잠잠하라고 한 것입니다. 그리고 궁금한 것이 있으면 집에 가서 조용히 남편에게 물어보라고 권했습니다.

고린도교회의 모습을 상상해 보십시오. 교인들은 **성찬예식**에 참여하는 동안 술에 취하기 일쑤였고, **공동 식사** 때는 앞에 있는 음식을 마구 집어먹곤 했습니다(그 당시에는 공동 식사와 성찬식이 아직 분리되지 않았다.). 격렬한 종교 체험과 방언을 했습니다. 여성들은 새로운 자유의 세계에서 거의 제어가 되지 않았습니다. 바울은 부부관계에서 질서, 상호 존중, 올바른 행동 규범을 강조했습니다.

기독교가 가져온 이러한 사회적 혁명은 오순절 다락방의 경험과도 같았습니다. 남성과 여성이 주 안에서 교제하게 되었습니다. 해 아래 새로운 일이 일어난 것입니다.

바울은 갈라디아교회 교인들에게 이렇게 말했습니다. "너희는 유대인이나 헬라인이나 종이나 자유인이나 남자나 여자나 다 그리스도 예수 안에서 하나이니라(갈 3:28)." 상호간의 사랑과 존경이 바로 열쇠였습니다.

음식 옆 여백:

> 주의 만찬과 애찬이라고 불리는 공동 식사는 동시에 행해졌다. 바울은 고린도전서 11장 17~22절에서 교인들이 이 식사를 남용하고 있음을 기술하였다.

음식

고린도교회 교인들은 유대교의 음식에 관한 율법에서는 자유로웠지만(다만 동물의 피를 생으로 먹는 것은 금했다.), 우상에게 제물로 바쳤던 짐승들이 종교적인 문제가 되었습니다. 물론 이 새로운 기독교인들은 헬라 신을 섬기는 신전에 가서 제사를 드리지 않았습니다. 예식의 일부로서 제물로 바쳤던 고기를 먹으러 모여드는 축제에도 가지 않았습니다. 그러나 우상에게 제물로 바쳤던 짐승의 고기가 대부분 시장에서 매매되고 있었습니다. 교인들의 딜레마는 과연 이 고기를 먹어야 하는지, 먹지 말아야 하는지의 문제였습니다. 바울은 물론 세상에 우상이란 것은 아무것도 아니라고 가르쳤습니다(고전 8:4). 그렇기에 제물로 바쳐졌던 고기도 음식에 불과하다고 했습니다. 그런데 헬라 종교에서 개종한 사람들 중 몇몇은 이런 고기를 먹는 것은 여전히 헬라 신을 숭배하는 것이라고 생각했습니다.

바울은 이 문제를 해결하는 데 핵심이 되는 것은 바로 사랑이라고 했습니다. '만약 당신이 얻은 새로운 자유로 다른 사람을 넘어지게 한다면 결과적으로 당신은 교회를 세우지 않는 것이다.' "만일 음식이 내 형제를 실족하게 한다면 나는 영원히

고기를 먹지 아니하여 내 형제를 실족하지 않게 하리라."(고전 8:13)

우리는 술을 마시는 문제도 이와 유사한 관점에서 해답을 찾을 수 있습니다. 예수님도 유대 식사법에 따라 술을 마신 일이 있고, 바울도 술 취하지 말라고 가르쳤으나 필요에 따라 술을 조금 마셔 보라고 디모데에게 권한 일도 있습니다(딤전 5:23). 그러나 알코올중독을 이기려는 사람 앞에서, 그리스도인의 절제하는 삶을 살기 위해 고군분투하는 사람 앞에서 술을 하는 것은 '마음이 약한 자를 넘어지게 하는 일'과 다를 바가 없습니다. "모든 것이 가하나 모든 것이 유익한 것은 아니요, 모든 것이 가하나 모든 것이 덕을 세우는 것은 아니니(고전 10:23)." 그리스도와 이웃에 대한 사랑이 기독교인이 누리는 자유의 근본이 되어야 합니다.

방언

모든 신앙 부흥 운동에는 강력한 성령의 역사가 뒤따랐습니다. 사람들은 방언으로 기도했습니다. 마태복음, 누가복음, 요한복음에는 이러한 경험에 대해 특별한 언급이 없지만, 고린도교회에는 이런 일이 일어났습니다. 심지어 바울도 자신이 방언을 한다고 이야기했습니다. 그러나 그에게 중요한 것은 사랑이었습니다. 그의 가장 큰 관심은 교회를 자라게 하는 것이었습니다. 고린도전서 12~14장을 주의 깊게 읽어 보십시오. '사랑의 장'이라고 불리는 13장이 그 중간에 있는데, 특별히 방언에 관한 문제를 다룹니다.

고린도전서 12장 1~11절, 27~31절을 다시 읽어 봅시다. 그리고 이제 주목하십시오. 바울은 "내가 또한 제일 좋은 길을 너희에게 보이리라."고 말합니다. 설교보다 나은 것이 무엇입니까? 병을 고치는 것보다 훌륭한 것이 무엇입니까? 기적을 행하거나 방언을 하는 것보다 좋은 것이 무엇입니까? 그렇습니다! 바로 사랑입니다. '내가 방언을 하고 …… 예언을 하고 …… 모든 믿음을 가졌다 하여도 …… 사랑이 없으면 나는 아무것도 아니다(고전 13:1~2).' 그러므로 바울이 역설하는 메시지의 정점은 14장 1절입니다. "힘써 남을 사랑하라."(공동번역)

바울 자신도 방언을 했습니다. 그러나 이 사실이 교회 안에 혼란을 가져오거나 복음을 바로 이해하지 못하게 방해하는 일이 되지 않기를 바랐습니다.

그런데 이것이 교회에 유익이 되었을까요? "교회에서 네가 남을 가르치기 위하여 깨달은 마음으로 다섯 마디 말을 하는 것이 일만 마디 방언으로 말하는 것보다 나으니라(고전 14:19)." 이렇게 아무도 상처받지 않고, 질서와 사랑이 교회 안에 회복되었습니다. 그리고 새로 믿기로 작정한 사람들을 자라게 돕는 일이 우선권을 차지하게 되었습니다.

사후 생명

고린도전서 15장을 자세히 읽어 봅시다. 여기에 등장하는 어떤 이들은 부활이 없다고 했습니다. 또 다른 이들은 부활이 어떤 식으로 일어날지, 그리고 어떤 종류의 몸으로 변화할지 궁금해 했습니다. 이에 대한 바울의 가르침은 이것입니다. '부활 없이 복음은 있을 수 없다.' 만약 복음이 없으면 우리는 여전히 죄 가운데 죽어 있었을 것입니다. 복음이 없으면 아담과 하와는 아직도 에덴 밖 어딘가에서 불순종하며 방황하고 있을 것입니다.(고전 15:12~19)

바울에게 부활은 복음의 핵심입니다. 만약 그리스도가 실패하셨다면 용서를 전하는 설교도 있을 수 없습니다. 만약 그리스도가 죽었다면 새로운 삶에 대한 소망도 없습니다. 만약 그리스도가 죽어 영원히 스올에서 잠들게 되었다면 하나님과 함께하는 영원한 기쁨에 대한 믿음도 존재하지 않습니다. "그리스도께서 다시 살아나신 일이 없으면 너희의 믿음도 헛되고 너희가 여전히 죄 가운데 있을 것이요, 또한 그리스도 안에서 잠자는 자도 망하였으리니 만일 그리스도 안에서 우리가 바라는 것이 다만 이 세상의 삶뿐이면 모든 사람 가운데 우리가 더욱 불쌍한 자이리라."(고전 15:17~19)

바울은 그리스도께서 우리 죄를 위하여 죽으셨다고만 말하지 않았습니다. "그는 또한 다시 사셨습니다. 승리하셨습니다!" 그리스도는 십자가에서 돌아가심으로써 우리를 용서하셨고, 이 용서야말로 우리에게 궁극적인 의미를 부여해 줍니다. 용서하는 힘이야말로 하나님의 권위를 말해 주는 것입니다. 예수 그리스도의 부활은 사망의 힘을 이기고 부활하는 그 길로 우리를 이끕니다. 예수님을 죽음에서 일으키신 권능이 우리도 죽음에서 일으킬 것입니다. 그리스도께서 살아 계시면 우리도 살게 될 것입니다. 죄는 삼킨바 되었고 우리는 사망을 더 이상 무서워하지 않게 되었습니다.

복음을 받아들인 사람에게는 그리스도께서 죽음을 이미 지나간 과거의 사건으로 만들어 버리셨기 때문입니다. 그는 결코 죽음을 맛보지 않을 것입니다. 죽음이 그의 삶을 더 이상 주관하지 못합니다. 믿는 사람은 바로 이 승리를 그리스도와 함께 영위한다고 복음은 말합니다. 믿는 사람은 그리스도와 함께 죽었으며, 또한 그리스도와 함께 죽음에서 다시 살았습니다. 이제 믿는 사람은 죽음의 독침이 없어졌기에 죽음을 두려움 없이 대할 수 있습니다. 죽음이 삶의 주인이 아니라, 예수님이 우리의 주이십니다.

📖 제자의 모습
제자는 서로 사랑합니다.

우리 모임이 어떤 재능과 능력을 받았는지 생각해 봅시다. 남성과 여성이 동등하게 존경을 받습니까? 나 자신이 사랑 안에서 자라고 있다는 것을 어떻게 알 수 있습니까? 다른 교인들에게 영적으로 영향을 준 일이 있습니까?

성령의 은사는 다양합니다. 몇 주 동안 기도하면서 자신이 받은 은사는 무엇인지 모임의 조언을 들어보십시오. 특별히 고린도전서 12장을 읽고 은사에 대한 자신의 생각을 정리해 보십시오.

....

....

어떤 면에서 볼 때, 부활을 믿는 것은 하나님께 항상 새로운 기회와 가능성이 있다는 의미입니다. 하나님은 우리가 어떤 상황에 처하든지 창조적으로 극복해 나갈 길을 열어 주십니다. 더 이상의 기회가 없는 것 같은, 삶의 막다른 골목에 다다른 것 같은 경험을 한 적이 있습니까?

....

....

그 때 하나님이 새 길을 열어 주셨다고 믿습니까? 어떤 길이었습니까?

....

....

지금 이러한 어려움에 처한 이가 있습니까?

....

....

"여러분의 몸은 여러분이 하나님께로부터 받은 성령이 계시는 성전이라는 것을 모르십니까? 여러분의 몸은 여러분 자신의 것이 아닙니다. 하나님께서는 값을 치르고 여러분의 몸을 사셨습니다. 그러므로 자기 몸으로 하나님의 영광을 드러내십시오."(고전 6:19~20, 공동번역)

자신의 몸에 대해 생각해 보십시오. 혹시 지금도 자신의 몸을 해치고 있지는 않습니까? (성적으로, 음식물로, 술과 담배 또는 마약으로)

....

....

자신의 마음에 대해 생각해 보십시오. 혹시 지금도 자신의 마음을 해치고 있지는 않습니까? (의심으로, 자기중심적 생활로)

....

....

이러한 자신의 문제를 다른 사람에게 말할 수 있습니까? 자신을 해치는 것에서 자유하기 위해 성령의 도움 안에서 무엇을 해야 한다고 생각합니까?

....

....

◉ 더 알아보기

■ 고대 고린도처럼 흥미로운 도시는 흔치 않습니다. 고린도교회처럼 열심이 있고 가능성이 풍부했던 교회도 없을 것입니다. 고린도에 관해 좀 더 연구해 전체 모임에서 발표해 봅시다.

28

이 과의 주제

자유

우리를 자유하게 하시는 아들
The Son Shall Set Us Free

그리스도께서 우리를 자유롭게 하려고 자유를 주셨으니
그러므로 굳건하게 서서 다시는 종의 멍에를 메지 말라 (갈라디아서 5:1)

⬆ 우리의 모습

우리는 자유인입니다. 그런데 때로는 내가 정말 자유로운 존재인지 알 수가 없습니다. 세상에는 너무나 많은 규율들이 있기 때문입니다. 우리는 종종 마치 세상에 도덕적 제약이 하나도 없는 것처럼 마음대로 행동합니다. 또한 어느 때는 '종교적' 인 사람이 되려고 하고, 가정이나 교회가 가르친 규율들을 지키려고 애씁니다. 모든 규율을 따르려고 할 때, 우리는 실패를 거듭하고 죄책감에 빠집니다. 반면 어떤 것을 지킬 수 있게 되면 종교적인 사람이 된 것처럼 느끼기도 합니다. 그러나 마음은 여전히 무겁기만 합니다.

⬆ 내려놓기

성경 공부를 하기 전에 먼저 하나님께 기도를 드립니다. 아래의 시편 말씀이 좋은 길잡이가 될 것입니다.

> 하나님이여 주의 인자를 따라 내게 은혜를 베푸시며 주의 많은 긍휼을 따라 내 죄악을 지워 주소서 나의 죄악을 말갛게 씻으시며 나의 죄를 깨끗이 제하소서(시편 51:1~2)

이번 주 기도 제목을 구체적으로 적어 기도합시다.

⬆ 귀 기울이기

갈라디아서를 읽으면서 책 전체에 스며 있는 감정에 유의하십시오. 바울은 자신의 메시지와 선교 활동을 변호합니다. 특히 갈라디아서 1장 6절~2장 21절에 기록된 자신의 사도성에 대한 변호, 3장 1절~4장 31절의 자신이 전한 복음에 대한 변호, 5장 1절~6장 10절의 도덕적 표준에 대한 변호를 눈여겨보십시오.

갈라디아서에 나타난 바울 사상의 열쇠가 되는 용어들, 즉 칭의, 믿음, 약속, 자유, 성령에 신경을 쓰기를 바랍니다. 현대인들을 향해 갈라디아서가 제기하는 근본 문제는 하나님과 우리의 '관계' 임을 늘 염두에 두십시오.

| **D1** | 갈라디아서 1장(다른 복음의 위협) |

| **D2** | 갈라디아서 2장(게바에 대한 바울의 질책) |

| **D3** | 갈라디아서 3~4장
(믿음이 율법 위에 있음, 율법의 목적) |

| **D4** | 갈라디아서 5장(기독교인의 자유) |

| **D5** | 갈라디아서 6장(그리스도의 율법) |

| **D6** | 교재 내용 '성경의 가르침' 과 '제자의 모습' |

📖 성경의 가르침

갈라디아서는 율법을 따르는 생활과 신앙으로 사는 생활의 근본적 차이점을 분명히 보여 주는 중요한 서신입니다. 문제의 초점은 바로 이것입니다. '예수님은 유대인이었으며 구약성경을 존중했을 뿐만 아니라 많이 인용했고, 또 그는 유대인들이 고대하던 메시아였으니 이방인들도 기독교인이 되려면 먼저 유대인이 되어야만 하지 않는가?'

갈라디아서는 두 가지 의미에서 우리에게 대단히 중요합니다. 첫째, 갈라디아서의 가르침이 없었다면 기독교는 유대교 율법과 관습에 의존하는 유대교의 작은 종파로 남게 되었거나 아니면 구약성경이나 유대교의 뿌리에서 떨어져 나간 새로운 종교로 발전하였을 것입니다. 갈라디아서가 있었기에 이러한 일이 일어나지 않은 것입니다.

둘째, 갈라디아서는 우리가 도덕적 자유방임주의자가 되지 않으면서도 계율에 얽매인 종교에서 자유를 얻게 도와줍니다. 즉 율법주의자가 되는 것도, 난봉꾼이 되는 것도 피할 수 있게 하는 것입니다.

갈라디아는 도시가 아니라 소아시아에 있는 한 지역이었습니다. 그 곳에 몇 개의 교회가 흩어져 있었습니다. 이 중 몇 교회는 바울이 시작했습니다. 그런데 이제 바울은 이 교회들에 유대계 기독교인들과 이방인 기독교인들이 들어와 거짓되고 위험한 교리들을 전파하고 있다는 소식을 전해 들어 알게 되었습니다. 이들은 바울이 유대교에서 벗어났기 때문에 참 사도가 아니라고 정죄하며, 또 그의 약점을 들어 격하시키는 등 바울의 권위를 문제시했습니다. 그런데 설상가상으로 당사자인 바울은 갈라디아가 아닌 다른 곳에 있었습니다. 문제들

이 너무나 심각해 바울은 좌절감과 분노 가운데 편지를 썼습니다. "만일 누구든지 너희가 받은 것 외에 다른 복음을 전하면 저주를 받을지어다(갈 1:9)." "너희를 어지럽게 하는 자들은 스스로 베어 버리기를 원하노라(갈 5:12)." 비록 서슬 퍼런 가혹한 말이지만, 그는 여기서 영적 생명과 죽음이라는 문제를 다루고 있었습니다.

이 분란의 주동자들은 누구였습니까? 이들은 아마 이방인들을 개종시킬 때에는 할례를 요구하지 않아도 된다는 헬라파 사람들(헬라어를 사용하는 유대계 기독교인들)의 결정을 가지고 안디옥에서 바울을 괴롭혔던 아람어를 사용하는 유대계 기독교인들이었을 것입니다. 또한 유대교로 개종하고 할례를 받은 후에 기독교로 개종한 유대인이나 이방인들도 있었을 것입니다. 이들은 예수 그리스도의 사역으로 완전한 구원이 가능하다는 바울의 주장을 믿지 않았습니다.

그들은 그리스도를 믿는 것이 물론 중요하지만 그 외의 것들, 즉 할례, 유대교의 음식법, 유대인의 절기, 다른 인종에 대한 유대인의 태도, 사회적인 신분 또는 남녀의 구별 등도 중요하다고 계속 주장했습니다.

이들 이방인 출신 기독교인과 유대계 출신 기독교인들은 아마 고차적인 형태의 지식과 고차적인 의의 실재가 있다고 믿었던 영지주의의 영향을 받았던 것 같습니다. 이러한 신앙이 유대교의 의식과 행함과 결부된다면 인간은 원칙적으로 자신의 공로로 구원을 얻을 수 있다는 잘못된 결론에 이르게 됩니다.

바울은 이러한 생각에 반박을 가하였는데, 그 이유는 이것이 '공로로 얻는 구원'이라는 개념과 비슷하기 때문이었습니다. 바울은 어느 누구보다 율법의 의미를 잘 알고 있었습니다. 그는 바리새인 중의 바리새인이요, 율법의 일점일획까지 철저히 지키고자 노력했던 사람입니다. 왜 그랬을까요? 율법으로 구원을 얻고자 한다면 율법의 특정한 조항만이 아니라 율법 전체를 지켜야 하기 때문입니다.

바울은 할례를 단순히 하나의 의식으로 생각하지 않았습니다. 할례를 받는다는 것은 유대교 율법 아래 자신을 둔다는 하나의 증표였습니다. '유대교의 율법을 문자

그대로 따를 것인가? 안식일에 몇 보를 걷는지 세고 있을 것인가? 레위기에 서술된 유대교의 절기들을 모두 정확히 지킬 것인가? 정결법에 따라 음식을 가려 먹을 것인가? 안식일에 병든 자를 고쳐 줄 것인가? 비유대인들과 음식을 나눌 것인가? (이 것은 성만찬 때에도 문제가 되었다. 당시에는 성만찬과 공동 식사가 분리되지 않았기 때문이다.) 가정에서는 어떻게 할 것인가? 여자들, 이방인들과 함께 일할 것인가?

'예수 그리스도에게 속한 것만으로는 부족하다면, 우리가 행해야 할 다른 것들이 있다고 생각한다면, 어디에 그 선을 그을 것인가? 예수 그리스도를 통한 하나님의 구원의 역사만으로는 충분치 않은 것인가? 예수 그리스도께서 주시는 의는 우리에게 필요한 의의 90퍼센트밖에 되지 않는가?'

바울은 그리스도의 십자가를 통해 구원을 받든지, 아니면 구원받지 못하든지 둘 중 하나라고 주장했습니다. '중간 길'이나 '양쪽 모두'는 있을 수 없다는 것입니다.

바울은 베드로와 바나바까지도 흔들렸음을 독자들에게 상기시켰습니다. 이들은 할례 받지 않은 이방인들이 회심하고, 용서받고, 성령으로 충만하고, 예수님 사랑과 이웃 사랑으로 가득 찬 것을 직접 목격했습니다. 그러나 이방인들과 함께 음식을 먹는다며 보수파 유대인들이 비난했을 때 그들은 뒷걸음질했습니다. 바울은 베드로에게 정면으로 도전했습니다. 그들(베드로와 바나바)은 하나님의 은혜로 구원받았거나 받지 않았거나 양자 중 하나입니다. 그들은 그리스도 안에서 하나이거나 아니거나 둘 중 하나입니다. 바울은 그들이 양자를 모두 취할 수 없음을 분명히 이해하고 있었습니다.(갈 2:1~21)

이제 바울은 이와 관련된 문제들을 다루어야 했습니다. '왜 우리에게 모세의 율법이 주어졌는가?' 그것은 우리에게 무엇이 잘못된 것인지를 보여 주고, 또한 우리를 죄에서 멀어지게 하기 위함입니다. 바울은 율법이 아직 충분한 책임을 감당할 수 없는 미성년자를 돌보아 주는 법적 후견인 같은 역할을 한다고 기록했습니다. 그러나 우리는 이제 예수 그리스도 안에서 성인이 되었고, 전적인 하나님의 자녀가 되었습니다. 이제 우리는 규율의 속박이 아니라 아버지와 자녀의 관계 속에서 살게 된 것입니다.(갈 3:21~4:7)

역사적 고찰

대부분의 사람들은 율법을 가지고 게임을 합니다. 그러고는 자신이 좋아하는 특정한 율법만을 골라 지킵니다. 한편 율법을 너무 심각하게 생각하거나 그 기능을 잘못 이해한 사람은 율법의 노예가 되고 맙니다.

마틴 루터는 하나님을 기쁘게 해 드리기 위해 로마 가톨릭의 신부가 되었고, 그 다음에는 수도승이 되고, 학자가 되고, 금욕주의자가 되었습니다. 그는 금식하고, 성경 연구에 몰두하고, 날마다 고해하고, 자신을 채찍질하고, 마지막으로 로마로 가서 성 베드로교회의 계단에 입맞춤을 하기까지 했습니다. 이러한 행위들이 바로 의의 사역이 아닙니까? 이것들이 구속의 은혜를 가져다주었습니까? 아닙니다. 오히려 그에게 이것은 감옥이었습니다. 루터가 구원받았을 때, 그는 오직 하나님의 은혜로 구원받았음을 알았습니다. 로마서를 읽으면서 1장 17절 옆에 '오직 믿음으로(sola fide)'라는 뜻의 라틴어를 적어 놓기까지 했습니다. 이제 모든 율법의 짐이 그의 어깨에서 벗겨졌습니다. 그리고 이제 그는 용납되고 용서받고 하나님의 자녀로 사랑받게 되었음을 느꼈습니다. 여기에는 아무런 조건도 필요하지 않았습니다.

존 웨슬리도 루터와 비슷한 길을 걸었습니다. 그는 목사의 아들이요, 우등생이요, 검소한 생활을 하면서 아버지와 어머니를 공경했습니다. 또한 감옥을 방문하고, 금식하고, 기도하며, 성경을 헬라어와 히브리어로 연구했고, 영국 국교회의 신부가 되어 미국 조지아 주의 인디언들을 위해 선교사로도 봉사했습니다.

그러나 그가 은혜를 깨달은 것은 그런 행위를 통해서가 아니었습니다. 올더스게이트의 집회에서 비로소 율법 준수라는 무거운 짐이 모두 떨어져 나가는 것을 느끼게 된 것입니다. 그는 마음이 이상하게 뜨거워지는 것을 느꼈다고 말했습니다. 구원에 필요한 것은 오로지 그리스도뿐임을 믿게 되었고, 그를 의지하게 되었습니다. 그리고 그리스도가 자신의 죄마저도 모두 사해 주시고, 죄와 사망의 법에서 구원해 주셨다는 확신을 얻었습니다.

자유인의 생활 태도

자, 이제 문제는 믿는 이들이 새로 발견한 이 자유로 무엇을 하느냐입니다. "형제들아, 너희가 자유를 위하여 부르심을 입었으나 그러나 그 자유로 육체의 기회를 삼지 말고 오직 사랑으로 서로 종노릇하라."(갈 5:13)

신자들은 '그리스도로(by Christ)' 구원받았을 뿐만 아니라 '그리스도 안에서(in Christ)' 생활하도록 부르심을 받았습니다. 새로운 생활이란 사랑의 생활을 말합니다. 왜냐하면 온 율법은 네 이웃 사랑하기를 네 자신같이 하라 하신 한 말씀에서 이루어졌기 때문입니다(갈 5:14). 율법의 목적은 하나님의 백성이 하나님과 이웃을 사랑하게 하는 것이었습니다. 이제 그리스도 안에서, 하나님의 백성은 율법을 이룰 뿐만 아니라 그렇게 행함으로써 기뻐할 수 있습니다.

새로운 피조물은 율법을 초월하여(above the law) 살아갑니다. 그것은 예수께서 말씀하셨듯이 율법으로 사는(by the law) 사람들의 삶보다 의로운 것입니다. 바울이 말하는 육체(flesh)는 육신적인 욕정을 의미한 것이 아니라 옛 아담이요, 자기중심적이고 회심하지 못한 세상 사람을 의미했습니다. 자기중심적인 사람의 생활은 명백합니다. "곧 음행, 추행, 방탕, 우상 숭배, 마술, 원수 맺는 것, 싸움, 시기, 분노, 이기심, 분열, 당파심, 질투, 술주정, 흥청대며 먹고 마시는 것, 그 밖에 그와 비슷한 것들입니다."(갈 5:19~21, 공동번역)

그러나 신자들이 그리스도 안에서, 그의 영 안에서 살면 하나님을 기쁘게 해 드리기를 원하게 됩니다. 그것은 누가 강요해서 짊어지는 짐이 아니라 하나님을 사랑하기 때문에 자발적으로 이루어 가는 생활입니다. 그들은 하나님 안에서 삽니다.

그리고 율법이 아니라 삶을 살기를 원합니다.

아들이나 딸이라고 해도 마지못해 가정의 규율을 지키는 경우도 있습니다. 그러나 부모를 사랑하는 자녀는 그러한 생활을 넘어 교제와 용납과 영적인 하나 됨의 단계에 들어갈 수 있습니다. 그리스도의 영 안에서 사는 사람들은 열매를 맺습니다. "성령의 열매는 사랑과 희락과 화평과 오래 참음과 자비와 양선과 충성과 온유와 절제니 이 같은 것을 금지할 법이 없느니라."(갈 5:22~23)

옛 전설에 성령의 열매를 사기 위해 찾아온 사람들의 이야기가 있습니다. 그런데 이들은 "우리는 열매를 팔지 않고 씨를 팝니다."라는 말을 듣게 되었습니다. 실로 거룩한 생활의 열매는 강요해서 열리는 것도 아니요, 돈을 주고 살 수 있는 것도 아닙니다. 그것은 신자의 마음에서 싹틉니다. 내재하시는 예수님, 약속된 성령에 의해 자라납니다.

바울은 우리가 자유하기를 바랍니다. 그가 말하는 자유는 사랑하는 자유, 기쁨의 순종 속에서 율법이 진정으로 의도하는 것을 지키는 자유, 태초부터 하나님이 의도하신 조화 속에서 살아가는 자유입니다. "만일 우리가 성령으로 살면 또한 성령으로 행할지니(갈 5:25)." 이것은 곧 우리가 '짐을 서로 지는' 생활이요(갈 6:2), '기회 있는 대로 모든 이에게 착한 일을 하되 더욱 믿음의 가정들에게 하는' 생활을 말합니다.(갈 6:10)

우리는 바울처럼 율법의 굴레에서 자유하게 되었고, 기쁜 마음으로 봉사할 수 있습니다. 자유와 사랑으로 충만하기 때문에 옛 규례들이 더 이상 우리를 묶어 놓을 수 없습니다. 우리는 거룩한 생활을 구속 신앙의 전제조건으로 생각하는 데서 벗어나 믿음 자체가 참된 거룩함에 이르는 길임을 이해하게 되었습니다.

율법주의와 자유방임주의

역사적으로 볼 때 기독교는 자주 율법주의를 발전시켰습니다. 그리스도 안에서 주어진 하나님의 은혜와 더불어 도덕주의도 받아들이기를 요구했습니다. 종교 지도자들은 종종 영적인 자유에 신자들을 내맡기기를 두려워하는 것처럼 보입니다. 이러한 율법주의의 구체적인 예로는 어떠한 것들이 있을까요? 어떤 때는 수요일과 주일에 빠짐없이 교회에 가는 것이었습니다. 또는 주일에 카드놀이를 하지 않는 것이었습니다. 때로는 검정색 옷을 입고, 성경책을 손에 들고 다니며, 술을 마시지 않고, 극장에 가지 않으며, 보석을 몸에 지니지 않고, 수염을 깎지 않는 일이기도 했습니다. 성경 말씀에 질문을 제기하지 않는 것을 강조하기도 했습니다.

다른 한편, 우리는 이러한 율법주의적인 행위들이 무엇을 이루는지 물을 수 있습니다. 이러한 구속과 제약들을 깨뜨리는 것이 율법주의에서 자유로운 것일까요?

오늘날의 교회생활에서도 우리를 구속하는 율법주의의 소산들을 발견할 수 있습니까?

_____

_____

만약 우리가 개인적 또는 사회적으로 율법주의 단계에서 벗어나 구속이 없는 자유의 단계로 들어왔다면, 어떠한 기준과 지침을 따라 살고 선택해야 할까요?

_____

_____

또 하나의 위험은 무엇이든지 우리가 좋아하는 것을 할 수 있다는 자유방임주의입니다. 덴마크의 신학자 키에르케고르는 19세기 덴마크의 기독교인들이 지나치게 자유롭고 생활에 무관심하다고 나무랐습니다. 그들은 세례를 받았다는 사실을 핑계로 삼아 세상 사람들처럼 사는 자신들의 생활을 정당화하려 했습니다. 20세기 독일 신학자요 목사였던 디트리히 본회퍼는 이러한 기독교의 이해를 '값싼 은혜'라고 했습니다.

"값싼 은혜는 오늘날 교회가 직면한 최악의 적이다. 우리는 값비싼 은혜를 찾기 위해 싸우고 있다."

"값싼 은혜는 하나님의 은혜를 교리나 원리나 제도로 생각하는 것이다."

"값싼 은혜는 죄인의 의로워짐 없는 죄의 용서를 뜻한다."

"값싼 은혜는 참된 회개를 요구하지 않고 용서만 설교하며, 훈련 없이 세례를 베풀고, 죄의 고백 없이 성만찬을 나누고, 개인적 죄의 고백 없이 죄 사함을 받는 것이다. 값싼 은혜는 제자화가 없는 은혜요, 십자가가 없는 은혜요, 예수 그리스도가 없는 은혜다."(*The Cost of Discipleship*, The Macmillan Company, 1949, p. 36, 허혁 역, 「나를 따르라」, 대한기독교서회, 1965, p. 34~35)

율법주의에서 벗어난 루터는 자유를 받아들였습니다. 어떤 사람이 기록했듯이 그는 갈라디아서를 트럼펫처럼 자신의 입술에 대고 종교 개혁의 나팔을 불었습니다. 그러나 루터교인 본회퍼는 훈련과 헌신, 거룩한 지도가 없는 자유를 두려워했습니다.

어떻게 우리는 강압적인 외적 규율과 종교적 법도에 얽매이지 않고 값비싼 은혜에 들어갈 수 있을까요?

_____

_____

▣ 제자의 모습

제자는 소망 가운데서 믿음이 자라고, 사랑 가운데서 삶의 능력을 얻는 사람입니다. 제자는 그리스도 안에서 사랑하는 자유를 얻었습니다. 즉 제자는 하나님을 사랑하고 이웃을 사랑함으로써 자유를 경험하고 표현합니다. 이제 그들이 새로 발견한 자유는 그들이 원하는 것이면 무엇이든 할 수 있게 하는 것이 아니라, 사랑과 자기희생의 정신 속에서 어떤 규율로도 성취할 수 없는 더 높은 생활 태도를 갖게 합니다.

하나님을 사랑하고 이웃을 내 몸처럼 사랑하는 것으로 자유에 대한 이해를 시작하십시오. 이러한 이해는 "나는 과연 자유인인가, 아니면 어떤 규율에 얽매여 있는가?"라는 질문의 딜레마를 해결해 줍니까?

....

....

어떤 교회는 율법을 중심으로 선교 활동을 계획하고, 또 어떤 교회는 신앙을 중심으로 계획합니다. 이러한 상반된 목회 방침에서 볼 수 있는 차이점을 기술하십시오.

....

....

....

우리 교회는 위 두 가지 방침 중 어느 것에 더 많은 영향을 받습니까?

....

....

....

◉ 더 알아보기

■ 빌립보서는 바울이 옥에서 쓴 편지이지만, 갈라디아서가 말하는 마음에서 우러나오는 사랑과 기쁨으로 가득 차 있습니다. 빌립보서 2장 6~11절에서 그리스도에 의해 이루어진 연합과 조화의 본을 찾고, 또 그 사명을 감당하는 기쁨을 살펴보십시오. "무엇에든지 참되며(빌 4:8)"와 "어떠한 형편에든지 나는 자족하기를 배웠노니(빌 4:11)"라는 구절을 명상하며, 그것이 무엇을 의미하는지 음미해 보십시오.

29

사역자의 지도 A Pastor Gives Guidance

또 네가 많은 증인 앞에서 내게 들은 바를 충성된 사람들에게 부탁하라
그들이 또 다른 사람들을 가르칠 수 있으리라 (디모데후서 2:2)

○ 우리의 모습

고리타분한 충고를 받을 때마다 얼굴이 절로 찡그려집니다. 귀를 막게 됩니다. 사람들은 흔히 말합니다. "우리는 그런 식으로 하지 않았어. 우리가 해 오던 방식이 훨씬 나은데……." 교회에 오래 다닌 사람들 중에는 지나치게 경건하고 융통성이 없으며 언제나 '설교조' 인 이들이 있습니다. 그들은 모든 것을 안다는 것입니까? 시간은 끊임없이 흐르고, 지금은 새 시대입니다. 그리고 나는 내가 바라는 것을 스스로 찾아내고 싶습니다.

◑ 내려놓기

성경 공부를 하기 전에 먼저 하나님께 기도를 드립니다. 아래의 시편 말씀이 좋은 길잡이가 될 것입니다.

> 여호와여 주의 도를 내게 보이시고 주의 길을 내게 가르치소서 주의 진리로 나를 지도하시고 교훈하소서 주는 내 구원의 하나님이시니 내가 종일 주를 기다리나이다 (시편 25:4~5)

이번 주 기도 제목을 구체적으로 적어 기도합시다.

◐ 귀 기울이기

디모데전후서와 디도서에서 되풀이되는 구절 "미쁘다, 이 말이여."에 유의하십시오. 이 구절은 서신들의 강조점, 즉 건전한 교리의 중요성을 잘 지적해 줍니다. 또 다른 용어인 '하나님의 집' 은 그것이 환기시키는 이미지 때문에 매우 흥미로운 표현으로, 교회를 나타내는 것입니다.

특히 권위에 관한 교훈을 읽을 때 생각나는 것들을 그때그때 기록해 놓으십시오. 다양한 집단과 사회에 속해 살아가는 오늘의 기독교인들은 이 교훈을 어떻게 받아들일 수 있을까요?

디도서에는 복음을 요약한 세 가지 가르침이 있는데, 읽으면서 찾아보십시오.

D1 디모데전서 1~2장(믿음에 굳게 서서 기도하라)

D2 디모데전서 3~4장(감독과 집사의 직무)

D3 디모데전서 5~6장(과부들과 장로들의 직무)

D4 디모데후서 1~4장(인정받는 일꾼, 상담과 훈계)

D5 디도서(재생과 갱신)

D6 교재 내용 '성경의 가르침' 과 '제자의 모습'

📖 성경의 가르침

디모데전서, 디모데후서, 디도서, 이 세 개의 짧은 책들을 목회서신이라고 부릅니다. 개인적인 서신이라기보다는 기독교인의 행동과 교회 행정에 관한 지침서라고 할 수 있습니다. 오늘날 대부분의 목사 안수식 예식문에는 디모데전후서의 내용들이 인용되어 있습니다. 사제들과 목사들, 감독, 장로, 집사들은 디모데에게 보낸 이 편지의 지시에 귀를 기울이게 됩니다.

독자는 이 책들을 읽으면서 바울의 가장 개인적인 사상과 느낌을 접하게 되지만, 동시에 그 안에서 역사적으로 좀 더 성숙해진 후기 교회의 모습을 엿볼 수 있습니다. 많은 성서학자들은 디모데에게 보낸 바울의 사적인 편지들을 후기 교회의 요구에 응하기 위해 동료 선교사들이 재구성하여 편집하였을 것이라고 생각합니다. 이러한 이해는 우리에게 많은 도움이 됩니다. 왜냐하면 그들이 겪었던 문제들에 오늘날 우리 교회들도 직면하고 있기 때문입니다. 어떤 사람들의 생각대로, 비록 바울이 목회서신을 직접 쓰지는 않았다고 하더라도 이 책들은 분명히 그의 사상과 그의 마음을 대변하고 있습니다.

디모데의 아버지는 헬라인이었고(행 16:1), 어머니는 유대계 기독교인이었습니다. 따라서 디모데는 부모를 통해 두 문화의 영향을 많이 받았습니다. 그는 바울의 친아들과 같았으며, 신뢰받는 충성된 젊은 동료였습니다. 흠이 없는 성격이었고, 작은 잘못에도 큰 가책을 느끼곤 했습니다. 바울은 디모데를 데살로니가와 고린도에 있는 연약한 교회에 보냈고, 두 사람은 함께 예루살렘으로, 그리고 마지막에는 로마로 여행을 했습니다. 함께 옥에 갇힌 적도 있었습니다.(히 13:23)

디모데와 디도가 바울을 대신해 방문한 곳과 목회
서신에 나오는 지역들

디모데를 위한 목회 상담

바울은 디모데에게 몇 가지를 충고했습니다.

• 믿음의 중심 교리에서 떠나지 않게 교인들을 도우라. 근본적인 문제에 초점을 두라. 언제나 종교 집단에는 논쟁하기를 좋아하고, 신학적인 주제들을 가지고 쳇바퀴 돌듯 맴돌고, 상이한 교회 역사나 교파적인 교리를 놓고 이야기하기 좋아하는 사람들이 있다. 이들은 결국 분란과 충돌을 만들고 아까운 시간을 낭비하게 한다. 건전한 가르침을 진지하게 찾는 것은 개인적 헌신 없이 무책임하게 이론만 가지고 논쟁하는 것과는 전혀 다르다.

• 열심히 가르치라. 성장하고 있는 기독교인들에게 건전한 교리를 가르치는 것은 어렵고 두려운 책임이다. 야고보서는 "내 형제들아, 너희는 선생 된 우리가 더 큰 심판을 받을 줄 알고 선생이 많이 되지 말라("저마다 선생이 되려고 하지 마십시오." 공동번역)."고 경고했다.(약 3:1)

이 말은 당연히 옳다. 왜냐하면 선생은 가르치기만 하는 것이 아니라 배우는 자의 마음과 삶을 만들어 주기 때문이다. 그러나 바울은 디모데에게는 열심히 가르치라고 독려했습니다. "너는 그리스도 예수 안에 있는 믿음과 사랑으로써 내게 들은 바 바른 말을 본받아 지키고, 우리 안에 거하시는 성령으로 말미암아 네게 부탁한 아름다운 것을 지키라."(딤후 1:13~14)

바울과 디모데에게, 가르치는 것은 머리로 아는 지식 이상의 것이었습니다. 그것은 제자를 만드는 것이요, 기독교인의 길을 걸어갈 수 있게 훈련시키는 것을 의미했습니다. 성경 지식과 성경적 의미에 대한 이해는 기본적인 것입니다. 구약성경과 더불어 신약성경까지 읽고 연구하는 우리에게 디모데후서의 가르침은 가슴에 와 닿습니다. "모든 성경은 하나님의 감동으로 된 것으로 교훈과 책망과 바르게 함과 의로 교육하기에 유익하니 이는 하나님의 사람으로 온전하게 하며 모든 선한 일을 행할 능력을 갖추게 하려 함이라."(딤후 3:16~17)

저마다 모두 선생이 될 수는 없으나 절대적으로 필요한 것도 또한 사실입니다. 초대교회 당시부터 이미 가르치는 일은 사도들에게 힘든 과업이었습니다. 모세가 광야에서 이스라엘 백성을 지도하는 데 도움이 필요했듯이 오늘날 목사들과 사제들도 훈련받은 평신도 교사들의 도움 없이는 그 많은 교인들을 가르칠 수 없습니다.

바울의 말을 경청하십시오. "또 네가 많은 증인 앞에서 내게 들은 바를 충성된 사람들에게 부탁하라. 그들이 또 다른 사람들을 가르칠 수 있으리라."(딤후 2:2)

그러나 우리는 흔히 가르치는 것이 쉽지 않다고 말합니다. 물론입니다. 디모데에게 요구되는 것들을 다시 한 번 살펴보십시오. 그에게는 군사 훈련, 경기자의 헌신, 농부의 수고가 필요하였습니다.(딤후 2:1~7)

이 성경 연구 모임에 참여하는 사람들을 떠올려 보십시오. 그 중에 누가 좋은 교사가 될 수 있을 것 같습니까? 그 이유는 무엇입니까?

⋯⋯⋯⋯⋯⋯⋯⋯⋯⋯⋯⋯⋯⋯⋯⋯⋯⋯⋯⋯⋯⋯⋯⋯⋯⋯⋯⋯⋯

• 영적 권위와 지도력. 우리는 권위자를 존경하는 법을 배워야 하고, 또 그것을 다른 사람에게 가르쳐야 한다. 우리는 감독과 다른 교회 지도자들을 존경하고 그들에게 권위를 부여해야 한다. (감독은 '장로'라고 번역되기도 한다.) 우리는 영적 지도자들이 그들의 가족을 잘 돌보고, 술에 취하지 않고, 돈에 욕심을 부리지 않고, 좋은 선생이 되기를 기대한다. 교만해질 우려가 있는 새로 입교한 사람보다는 성숙한 교인이 감독이 되어야 한다.(딤전 3:1~7)

집사들에게도 이와 비슷한 것들이 요구된다. 사도행전 6장 1~6절에서 보듯이 집사들은 항상 교회가 필요로 하는 곳에서 봉사할 준비가 되어 있어야 한다(딤전 3:8~13). 중간에 여자들에 관한 이야기가 언급된 것은 그들이 이미 집사로서 교회를 섬기고 있었기 때문이다.(롬 16:1 참조)

• 가족을 돌보라. 일반적인 질병, 핍박, 순교로 많은 과부들이 어렵게 생계를 이어 가고 있었다. 그들을 돌보는 일은 초대교회에게 쉽지 않은 과업이었다. 모든 사람은 자기 가족을 돌보는 일에 최선을 다해야 했다. 바울은 그 이유를 이렇게 설명했다. "누구든지 자기 친족, 특히 자기 가족을 돌보지 아니하면 믿음을 배반한 자요, 불신자보다 더 악한 자니라."(딤전 5:8)

또한 젊은 과부들은 가능하면 재혼할 것을 권했다. 게으름을 익혀 집집으로 돌아다니며 쓸데없는 말을 하고 일을 만드는 것이 좋지 않았기 때문이다(딤전 5:13). 그 당시 과부들이 직업을 구하는 것은 거의 불가능했다는 사실을 염두에 두라. 기껏해야 창녀나 노예로 몸을 파는 길밖에 없었다. 그러나 60세가 넘고 가족이 없는 과부들을 돌보는 것은 교회의 책임이었다. 교회가 이들의 여생을 돌보아 준 것은 사랑의 기적이 아닐 수 없다. 기독교 공동체는 바울이 갈라디아 교인들에게 한 충고를 진지하게 받아들였다. "그러므로 우리는 기회 있는 대로 모든 이에게 착한 일을 하되 더욱 믿음의 가정들에게 할지니라."(갈 6:10)

• 돈에 대한 관심. 돈은 선한 일도, 해를 끼치는 일도 할 수 있다. 모세의 율법

은 도둑질하는 것과 남의 것을 욕심내는 것을 금했다. 선지자 아모스는 가난한 자를 착취하고 학대하는 자들에게 심판을 경고했다. 예수께서는 기도에 관한 교훈보다 돈에 관한 교훈을 더 많이 하셨다. 또한 "낙타가 바늘귀로 들어가는 것이 부자가 하나님의 나라에 들어가는 것보다 쉬우니라(마 19:24)."고 말씀하신 적도 있다.

디모데전후서는 돈에 지나치게 관심하면 믿음의 길에서 떠나게 된다고 경고한다. "돈을 사랑함이 일만 악의 뿌리가 되나니 이것을 탐내는 자들은 미혹을 받아 믿음에서 떠나 많은 근심으로써 자기를 찔렀도다."(딤전 6:10)

이제까지 읽은 성경 내용에 대해 깊이 생각하십시오. 어떻게 하면 돈을 사랑하는 것을 피할 수 있을까요? 아래의 질문들에 대해서도 생각해 보십시오.

처음 자리는 항상 하나님을 위해 비워 두십시오. 돈을 가지고 어떻게 하면 이 일을 할 수 있을까요?

가난한 사람을 돌보십시오. 오늘날 우리는 어떻게 이 일을 할 수 있을까요?

어렵게 생계를 이어가는 사람에게 필요한 것을 나눠 주십시오. 사회적으로 우리가 할 수 있는 일은 무엇일까요?

오늘날의 경제 체제에서는 이윤 추구를 위해 위험을 감수하는 기업가들이 다른 사람을 위해 일자리를 만듭니다. 만약 사람들이 돈을 사랑하지 않는다면 어떻게 우리가 경제적으로 강해질 수 있을까요?

우리는 모두 하나님께 받은 재능을 사용해야 합니다. 어떤 사람은 돈 버는 재능을 받았습니다. 또 어떤 사람은 연예인으로, 운동선수로, 의사로, 사업가나 전문인으로서 뛰어난 재능이 있기 때문에 수입이 많습니다. 어떻게 이들이 기독교인의 생활을 할 수 있을까요? 디모데전서 6장 17~19절을 읽어 보십시오. 부자들도 구원을 받을 수 있을까요? 어떻게 가능할까요?

〈결론〉 나이 들고 경험 많은 사람의 지혜가 젊은이에게 전수되었습니다. 젊다는 것은 지도자가 되는 데 결코 장애가 되지 않습니다. "누구든지 네 연소함을 업신여기지 못하게 하고, 오직 말과 행실과 사랑과 믿음과 정절에 있어서 믿는 자에게 본이 되어(딤전 4:12)." 나이가 들면 젊은이에게 지도자의 책임을 넘겨주어야 합니다. 바울은 마지막으로 그의 영적 아들이요 제자인 디모데에게 횃불을 넘겨줍니다. "너는 모든 일에 신중하여 고난을 받으며 전도자의 일을 하며 네 직무를 다하라. 전제와 같이 내가 벌써 부어지고 나의 떠날 시각이 가까웠도다. 나는 선한 싸움을 싸우고 나의 달려갈 길을 마치고 믿음을 지켰으니(딤후 4:5~7)." 모든 기독교 신자들이 생의 마지막 순간에 이 같은 고백을 할 수 있다면 얼마나 좋을까요!

📺 제자의 모습

목회서신은 신앙의 중심 교리를 가르치는 바른 교훈의 표준을 제시합니다. 제자는 훈련받은 믿음의 지도자들에게서 이러한 바른 가르침을 얻으려고 노력합니다.

일반적으로 교회는 영적 권위 아래 자신을 두는 것을 강조하지 않았습니다. 우리는 개인의 양심을 존중하며, 궁극적인 권위를 예수 그리스도에게 두어야 합니다. 주일학교 교사, 교회 지도자, 목사, 감독, 장로, 권사, 집사에게 어떤 종류의, 그리고 어느 만큼의 권위를 부여하고 존경해야 할까요?

....

....

제자가 되려면 그에 합당한 대가를 지불해야 합니다. 돈에 대한 지나친 갈망이 어떻게 가정을 파괴하고, 부자를 타락시키며, 가난한 사람들을 위축시키는지 우리는 잘 압니다. 바로 여기서 제자의 삶을 시작하십시오. 이러한 현실세계를 염두에 두고 돈을 대하는 올바른 태도를 위해 몇 가지 지침을 만들어 보십시오. 이것이 예수 그리스도께 더욱 순종하고, 가족을 부양하며, 하나님 나라에서 더욱 쓰임 받고, 욕심과 착취와 불안에서 자신을 보호할 수 있게 도울 것입니다.

....

....

📖 더 알아보기
- 디도서에 관해 좀 더 알아보십시오.

30

이 과의 주제

희생제물

우리의 대제사장 Our Great High Priest

그러므로 우리에게 큰 대제사장이 계시니 승천하신 이 곧 하나님의 아들 예수시라 우리가 믿는 도리를 굳게 잡을지어다 우리에게 있는 대제사장은 우리의 연약함을 동정하지 못하실 이가 아니요 모든 일에 우리와 똑같이 시험을 받으신 이로되 죄는 없으시니라 그러므로 우리는 긍휼하심을 받고 때를 따라 돕는 은혜를 얻기 위하여 은혜의 보좌 앞에 담대히 나아갈 것이니라 (히브리서 4:14~16)

✚ 우리의 모습

우리는 죄 값을 지불하고 자신을 죄에서 구속할 방법을 찾을 수 없습니다. 우리의 믿음은 점점 약해지고 힘을 잃어갑니다. 그래서 자포자기한 상태에서 조용히 살거나, 자신을 학대하거나, 아니면 비통한 나머지 자기의 손을 쥐어뜯어 버립니다. 어떤 이들은 술이나 약물로 영적 고통에서 벗어나려 하고, 종종 히스테리 증상을 보이는 이들도 있습니다.

✝ 내려놓기

성경 공부를 하기 전에 먼저 하나님께 기도를 드립니다. 아래의 시편 말씀이 좋은 길잡이가 될 것입니다.

> 여호와 만군의 하나님이여 주와 같이 능력 있는 이가 누구리이까 여호와여 주의 성실하심이 주를 둘렀나이다 (시편 89:8)

이번 주 기도 제목을 구체적으로 적어 기도합시다.

👂 귀 기울이기

"예수 그리스도는 어제나 오늘이나 영원토록 동일하시니라(히 13:8)." 우리는 어려서부터 이 말씀을 들으며 자라왔습니다. 이와 같이 히브리서에는 교회의 의식, 찬송, 설교에서 자주 접할 수 있는 익숙한 구절이나 개념들이 많습니다. 우리는 히브리서를 읽으면서 이 책의 기록 목적을 암시해 주는 실마리가 책 전체에 산재해 있음을 발견하게 됩니다. 핍박과 고난 속에서 믿음이 약해지고 또 일종의 무관심에 빠지게 되었을 때, 히브리서 저자는 독자들에게 굳건히 서서 인내하라고 권면합니다.

D1 히브리서 1~3장(천사들보다 높으신 그리스도)

D2 히브리서 4~6장(그리스도의 제사장직)

D3 히브리서 7~8장(불완전한 레위 제사장직)

D4 히브리서 9~10장(세상에 속한 성소, 새 언약의 중보자)

D5 히브리서 11~13장(믿음의 본질, 훈련의 의미, 하나님을 기쁘게 하는 희생제사)

D6 교재 내용 '성경의 가르침'과 '제자의 모습'

📖 성경의 가르침

레위기를 알지 못하는 사람에게는 히브리서가 수수 께끼 책처럼 보일 것입니다. 현대를 사는 우리의 눈에는 레위기에 기록되어 있는 동물제사나 피의 제사 같은 것들은 이성으로는 이해할 수 없는 어리석은 고대의 의식처럼 보입니다.

그러나 현대인들은 과연 현명할까요? 끊임없이 우리를 짓누르는 죄책감을 어떻게 해결해야 할까요? 어디로 가야 할까요? 도대체 무엇이 우리를 괴롭히는 양심의 가책을 치유해 줄 수 있을까요? 무엇이 우리의 죄를 거두어 갈 수 있을까요?

일부 기독교인들은 신앙을 포기하고 기독교에서 떨어져 나가고 있었습니다. 왜? 핍박을 받아 신앙이 약해졌기 때문입니다. 그들은 유대 공동체로부터 큰 압력을 받았습니다. 이러한 상황에서 히브리서 기자는 믿음의 조상들처럼 믿음에 굳게 서야 한다고 권면하기 위해 이 책을 썼습니다. 히브리서는 예수님이 선지자들보다 위대하고, 천사들보다 위대하며, 모세보다도 위대하다고 설명합니다. 그리고 바로 그 예수 그리스도의 유일회적 희생이 기독교인들을 깨끗한 양심과 영원한 구원으로 이끌어 간다고 선언합니다.

히브리서를 이해하기 위해 몇 가지 개념을 살펴볼 필요가 있습니다.

죄의 정결(히 1:3): 유대인은 도덕적, 육체적, 의식적 불결에서 깨끗해지기 위해 물과 피와 제물에 의한 정결이 필요했다.

거룩하게 함(히 2:11): 거룩하게 만든다는 것으로, 하나님을 섬기게 하기 위해 구별하는 것, 죄를 씻음으로 하나님이 임할 수 있게 하는 것을 의미한다.

속죄(히 2:17): 죄를 깨끗이 닦아내는 것, 잘못을 없애는 것을 의미한다.

대제사장(히 4:14): 해마다 속죄일에 지성소에 들어가 속죄소에 피를 뿌리며 제사를 관장하던 우두머리 사제를 말한다.(출 25:17~22; 레 16:14~16)

멜기세덱(히 5:6): '의의 왕' 이라는 뜻이다. 그는 아브라함을 축복했고(창 14:17~20), 다윗 왕과 메시아의 전조

가 된 이상적인 제사장이요, 왕으로 간주되었다.(시 110편)

레위 계통의 제사 직분(히 7:11): 레위 지파의 후손들은 대대로 성전에서 제사를 맡아 행했다. 제사장 직분은 그들이 가나안 땅을 분배받지 않은 이래로 상속되었다.

새 언약(히 8:8): 예레미야 선지자가 처음으로 사용한 용어다(렘 31:31). 하나님과 그의 백성 사이의 새로운 관계를 말하는데, 이것으로 하나님의 거룩한 사랑의 율법이 백성의 마음에 새겨진다.

지성소(히 9:3): 성막(후에는 성전)은 세 부분으로 나뉘었다. 즉 뜰, 성소, 휘장 뒤에 있는 지성소(하나님이 말씀하시는 장소)다. 지성소에는 언약궤가 안치되어 있었다. 신학적으로는, 하나님이 지성소에 영원히 거하신다는 신앙이 나타나기도 했다.(왕상 8:12~13)

언약궤(히 9:4): 나무로 만든 궤로 그 위는 금으로 덮었다. 안에는 십계명이 쓰인 두 개의 돌판과 만나를 담았던 항아리, 아론의 싹 난 지팡이가 들어 있었다.

속죄(Atonement)

우리에게 필요한 것과 히브리서 독자들에게 필요했던 것은 표면상 다른 것처럼 보이지만 근본적으로는 동일합니다. 그들은 동물제사가 더 이상 필요하지 않다는 사실을 깨달을 필요가 있었습니다. 우리도 깨끗해짐, 곧 내적 정결과 평화가 필요합니다. 그러나 우리는 희생제사가 필요하고, 그것이 우리에게 유익하며, 또한 우리의 영적 생활에서 중요한 부분을 차지한다는 것을 쉽게 납득하지 못합니다.

히브리서는 심오하고 면밀한 논의를 통해 예수님이 누구인지를 상기시킴으로써 그 길을 제시합니다. 그는 하나님의 아들이요, 하나님의 본체(품성)의 '형상' 입니다 (히 1:3). 천사는 우리의 요구에 응할 수 없습니다. 우리의 인간성을 알 수도, 감동시킬 수도 없기 때문입니다. 옛 선지자도 완전한 선교를 이룰 수 없었습니다. 선지자는 인간이라는 한계를 초월할 수 없었기 때문입니다. 모세 또는 옛 언약의 율법이 우리를 구원할 수 없습니다. 왜냐하면 모세는 종이었기 때문입니다. 그러나 예수님은 아들입니다. 히브리서는 우리 모두와 같이 예수님도 또

한 같은 모양으로 혈과 육을 함께 지니셨다고 강조합니다(히 2:14). 그분은 우리와 똑같은 인간이셨습니다.

12세기 신학자 안셀름은, 예수님은 우리에게 다가오시기 위해 완전한 인간이 되어야 했고, 우리를 구원하시기 위해 완전한 하나님이 되어야 했다고 기록했습니다. 그는 결국 히브리서를 반복한 것입니다.

자, 이제 놀라운 비교가 등장합니다. 옛 언약은 하나님에게 제물로 바쳐진 동물의 피로 비준되었습니다. 레위기 16장 1~19절을 다시 읽어 보십시오.

언약은 항상 하나님의 사랑에서 비롯한 시작과 인간의 충실한 응답을 수반하는 계약을 의미합니다. 모세의 율법으로 확증된 하나님과 아브라함의 언약(창 15장, 17:1~22)을 기억하면서, 하나님의 핵심적인 약속들과 그에 대한 백성의 응답들을 찾아보십시오. 여기에 도움이 될 성경 구절들이 있습니다.

출애굽기 19:1~6; 24:1~8, 12, 15~18; 25:8, 10, 16~17, 21~22; 28:1~4; 29:1~9; 30:1~10; 31:12~18.

성막의 구조

선지자들은 형식적인 종교의 약점과 내적, 영적, 도덕적 실체 없이 외적 행위만으로 의로워지려는 종교의 위험성을 깨달았습니다. 아모스 5장 21~24절과 이사야 1장 12~17절을 다시 살펴보십시오. 이제 예레미야 31장 31~34절을 읽으십시오.

히브리서는 옛 언약이 완전치 못하고 낡은 것이 되었음을 보여 주기 위해 예레미야의 말을 인용합니다.(히 8:6~13)

이제 히브리서는 옛 언약의 중심을 이루었던 피의 희생제사에 초점을 두고 언급합니다. 만약 종교가 높은 도덕적 기대와 규정된 의무들을 요구하려면 그 종교는 죄책감을 없앨 수 있는 길을 제시해야만 합니다. 그 이유는 바울이 로마의 교우들에게 써 보낸 편지에서 찾을 수 있습니다. "모든 사람이 죄를 범하였으매 하나님의 영광에 이르지 못하더니(롬 3:23)." 히브리서는 하나님이 영원한 아들과 그의 희생을 통해 정결케 하는 새 언약을 이루셨기 때문에 옛 동물제사로 돌아갈 필요가 없다고 주장합니다. 옛 언약과 새 언약을 비교하면서 히브리서를 읽고 연구하십시오. 그리고 이 두 언약에서 역사하신 분은 동일한 하나님이시라는 사실을 잊지 마십시오.

속죄를 위해 바친 희생제물은 어떠한 것들이었습니까? (속죄 염소를 잊지 마십시오.) 레위기 16장을 보십시오.

옛 언약에서는 누가 희생제물을 바쳤습니까?

....

그들은 어디에서 이런 권위를 받았습니까?

....

예수님 시대에 왜 그러한 희생제사가 성전에서 날마다 계속되었다고 생각합니까?

....

예수께서 바치신 희생제물은 무엇이었습니까?

....

새 언약에서 희생제물을 바치신 이 예수님은 누구였습니까?

....

그는 어디에서 이런 권위를 받았습니까?

....

  예수께서는 대대로 제사장이 되는 레위 지파의 후예가 아니라, 유다 지파의 후예로 태어났습니다. 족보도 없고, 출생 기록도 없으며, 죽음에 대한 언급도 없고, 아론이나 레위 지파와의 관계도 없는 멜기세덱이 언급된 이유가 바로 여기에 있습니다. 이 특별하고 신비로운 제사장-왕은 아브라함이나 레위보다 위대합니다. 그의 제사장직은 누구에게 물려받은 것이 아니요, 하나님으로부터 직접 온 것입니다.
  옛 제사장들은 그 수가 많았습니다(히 7:23). 그러나 예수께서는 홀로 계십니다. 옛 제사장들은 모두 죽음을 맞았기에 때가 되면 언제나 새로운 제사장을 선택해야 했습니다. 그러나 예수님의 제사장직은 영원합니다.(히 7:24)
  비록 희생제물이 흠과 티가 없다 해도 그것은 결국 불완전한 인간의 손을 거쳐 드려졌습니다. 그러나 예수님 안에서는, 제물이나 제물을 바치는 자가 모두 흠이 없이 완전하였습니다. 죄가 없었습니다. 그것은 완전한 제사요, 한 번으로 족한 제사였습니다.(히 7:27)

예수님은 정치적인 음모에 의해 쓰러진 순교자가 아니었습니다. 그는 인간의 몸을 입고 태어난 하나님으로서, 완전한 사랑의 선물을 주신 분이요, 전 인류의 죄를 속하기 위해 자신의 생명을 피의 제물로 바친 분입니다.

성막의 휘장, 해마다 드리는 속죄제, 백성을 위한 기도, 지성소 등에 대해 배운 것들을 떠올려 보십시오.

복음서에서 헤롯 왕과 왕이신 예수님을 비교했던 것을 기억합니까? 그것을 참고하여, 예수님 당시에 대제사장이었던 가야바와 대제사장 예수님을 비교해 보십시오.

'속죄(Atonement)'라는 단어의 뜻은 하나님과 사람 사이를 가로막는 죄와 죄책의 장벽을 헐어 버린다는 것입니다. 중보자 예수님은 양자를 연결시키십니다. 그리고 이 둘 사이에 평화를 가져다주십니다. 속죄라는 단어의 의미는 at-one-ment로, 거룩하신 하나님이 우리와 하나가 된다는 것입니다.

히브리서는 우리의 마음을 정결케 하는 희생제물(예수 그리스도)의 능력을 강조합니다. 희생제사가 효력을 발휘하기 위해서는 항상 회개가 필요했음을 기억하십시오. 회개란 단순히 미안하다고 말하는 것이 아닙니다. 그것은 죄에서 돌이켜 하나님을 향하는 것이요, 생의 목적을 하나님의 사랑의 뜻에 맞추는 것을 의미합니다.

속죄는 새로운 피조물이 되고, 깨끗하게 되고, 하나님과 평화를 이루게 합니다. '피'를 경험한다는 것은 하나님의 용서나 은혜를 경험하는 것입니다. 히브리서는 "피 흘림이 없은즉 사함이 없느니라(히 9:22)."고 말합니다. 피는 근본적이며 궁극적인 희생제물입니다. 성경에서 '피'와 '생명'은 동일한 것입니다. 고대인들은 피 안에 생명이 있다고 생각했습니다. 몸에서 피가 빠져나오면, 생명이 빠져나오는 것으로 여겼습니다. 그러므로 피를 주는 것은 곧 생명을 주는 것이었습니다.

"굳게 잡으라"

히브리서는 이처럼 위대한 구원의 자리에서 떨어져 나갈지도 모르는 사람들에게 특별한 관심이 있기 때문에, 이 책은 우리에게 굳게 잡으라고 권면합니다. "우리가 믿는 도리의 소망을 움직이지 말며 굳게 잡고, 서로 돌아보아 사랑과 선행을 격려하며, 모이기를 폐하는 어떤 사람들의 습관과 같이 하지 말고 오직 권하여 그 날이 가까움을 볼수록 더욱 그리하자."(히 10:23~25)

성도의 교제와 성만찬과 성경 상고와 성숙한 상호 격려에서 멀어질 때, 우리는 십자가에서 이루신 그리스도의 역사와 우리를 위한 주님의 중보기도를 잊어버리게 됩니다.

히브리서는 이제 단호하게 말합니다. 만약 우리가 이 위대한 속죄를 받고서도 거기서 떨어져 나가 죄를 범한다면, 무서운 마음으로 심판을 기다릴 수밖에 없게 됩니다(히 10:26~27). "하물며 하나님의 아들을 짓밟고, 자기를 거룩하게 한 언약의 피를 부정한 것으로 여기고, 은혜의 성령을 욕되게 하는 자가 당연히 받을 형벌은 얼마나 더 무겁겠느냐? …… 살아 계신 하나님의 손에 빠져 들어가는 것이 무서울진저."(히 10:29~31)

성경 전체에서 히브리서 11~13장만큼 강력하고 큰 감명을 주는 부분도 없습니다. 기독교인들을 믿음에 굳게 서도록 격려하기 위해 히브리서 기자는 '믿음으로 말미암아 증거를 받은' 증인들을 상기시킵니다(히 11:39). 곧 아벨, 에녹, 아브라함, 사라, 이삭, 야곱, 요셉, 모세, 라합 등입니다. 그들은 우리를 감동시킵니다. 그러나 히브리서 기자는 그들의 완전한 구원은 우리가 어떻게 삶을 사느냐와 관계되어 있음을 지적합니다. 그들의 믿음이 위대하다고 해도 그들이 온전해지기 위해서는 우리가 필요한 것입니다.

우리는 그들이 필요하고, 그들은 우리가 필요합니다. "이러므로 …… 모든 무거운 것과 얽매이기 쉬운 죄를 벗어 버리고 인내로써 우리 앞에 당한 경주를 하며 믿음의 주요 또 온전하게 하시는 이인 예수를 바라보자."(히 12:1~2)

"그러므로 피곤한 손과 연약한 무릎을 일으켜 세우고(히 12:12)" 굳게 잡으십시오!

성도가 지켜야 할 일

"형제 사랑하기를 계속하고 손님 대접하기를 잊지 말라(아브라함이 창세기 18장에서 한 것같이). …… 갇힌 자를 생각하고 …… 모든 사람은 결혼을 귀히 여기고 침소를 더럽히지 않게 하라. …… 돈을 사랑하지 말라(히 13:1~5)." 왜냐하면 예수 그리스도는 어제나 오늘이나 영원토록 동일하시기 때문입니다.(히 13:8)

🔲 제자의 모습

제자는 하나님의 용서를 감사함으로 받아들입니다.

우리는 희생의 위대함을 압니다. 어머니가 마루를 닦고 청소를 함으로써 딸은 대학을 갈 수 있습니다. 자기 신장 한쪽을 기꺼이 내주는 형이 있기에 동생은 삶을 이어갈 수 있습니다. 경제적 희생을 각오하면서까지 교사, 목사, 실험실 연구원 등의 직업을 선택하는 사람들이 있습니다. 어떤 비행기 조종사는 위험을 무릅쓰고 주님을 위해 일하다가 반란군의 총에 맞아 순교합니다.

희생은 누가 했는지, 자발적인 것인지, 그 대가는 얼마나 큰지, 목적이 무엇인지 등에 따라 그 가치와 중요성이 달라질 수 있습니다.

목사는 때로 자신의 무거운 죄를 고백하는 사람을 만나게 됩니다. 이 때 목사는 용서에 대해 말할 것입니다. 하지만 그 사람은 이렇게 대답합니다. "나도 하나님이 사람들을 용서해 준다는 것이 진실이라고 생각합니다. 그러나 하나님이 나를 용서해 주실 수 있는지는 모르겠습니다. 만약에 하나님의 용서가 있다 해도 내 자신이 나를 용서할 수 있을 거라고 생각하지 않습니다."

만약 이 사람이 나에게 조언을 구한다면 무슨 말을 해 주겠습니까?

....

하나님의 놀라운 은혜와 자비를 힘입어 죄를 용서받고, 정결해지고, 하나님과 올바른 관계를 맺게 된 것을 느끼고 경험한 적이 있습니까?

....

우리는 이미 구원받았으면서도 해서는 안 될 일을 하고, 반대로 해야 할 일은 하지 않기 때문에(롬 7:19) 계속적인 용서가 필요합니다. 요한일서 1장 7~9절을 읽으십시오. 나는 어떻게 날마다 용서를 받습니까?

....

우리 곁에는 허다한 성경의 증인들뿐만 아니라 사는 동안 우리를 격려하고 지지해 주는 사람들이 있습니다. 지금까지의 삶에서나 아니면 바로 지금, 나를 이끌어 주고 참된 기독교인이 되도록 격려해 주는 사람들이 있습니까? 여기에 적어 보십시오.

....

만약 이들이 아직 살아 있다면, 그들의 격려에 감사하는 편지를 간단히 써서 보내는 것이 어떨까요?

🖥 더 알아보기

- 히브리서 11~13장을 소리 내어 읽으십시오.
- 구속에 관한 찬송가를 부르거나 가사들을 읽어 보십시오. 예를 들면 "만세 반석 열리니(새 494장)", "비바람이 칠 때와(새 388장)", "큰 죄에 빠진 날 위해(새 282장)" 등입니다.

이 과의 주제

거룩

구별된 백성 A People Set Apart

너희는 택하신 족속이요 왕 같은 제사장들이요 거룩한 나라요 그의 소유가 된 백성이니
이는 너희를 어두운 데서 불러내어 그의 기이한 빛에 들어가게 하신 이의 아름다운 덕을
선포하게 하려 하심이라 (베드로전서 2:9)

⬆ 우리의 모습

"나는 남과 다른 것을 좋아하지 않습니다. 다른 것처럼 보이는 것은 나를 참 불편하게 만
듭니다. 게다가 좀 이상하게 보이거나 시대의 물결에서 벗어난 듯한 사람들은 사회에서 놀
림감이 됩니다. 그리고 나는 정말로 거룩하다고 여겨지는 것을 원하지 않습니다. 심지어 거
룩해지는 것도 싫습니다. 거룩한 것은 얼마나 따분하고 재미없습니까! 잘난 체하고, 교만하
고, 스스로 의로운 체하고, 너보다 내가 더 거룩하다고 하는 사람들은 도대체 정이 가지 않
습니다."

✝ 내려놓기

성경 공부를 하기 전에 먼저 하나님께 기도를 드립니다. 아래의 시편 말씀이 좋은 길잡
이가 될 것입니다.

> 나의 반석이시요 나의 구속자이신 여호와여 내 입의 말과 마음의 묵상이 주님 앞
> 에 열납되기를 원하나이다 (시편 19:14)

이번 주 기도 제목을 구체적으로 적어 기도합시다.

👂 귀 기울이기

베드로의 서신들은 하나님을 잘 섬기고 선을 행하면 상을 받는다는 일반적인 생각을 의심
하게 합니다. 이 서신을 받은 이들의 거룩한 생활은 오히려 고난을 초래했습니다. 고난 속에
서는 거짓 가르침에 넘어가기 쉽기 때문에 베드로후서는 믿음에 굳게 서기를 호소합니다.

왜 우리가 레위기와 이사야서를 다시 읽는지 궁금하게 생각할 것입니다. 이는 이스라엘
의 경험에서 강력한 상징적 근원을 찾을 수 있다는 사실을 상기시키기 위함입니다. 구약의
역사를 읽지 않으면 베드로전서를 이해할 수 없습니다.

D1 베드로전서 1~2장(산 소망)

D2 베드로전서 3~5장(하나님의 친 백성, 박해, 마지막 경고)

D3 베드로후서 1~3장(거짓 가르침의 위험)

D4 레위기 11, 19장(정결법, 이웃 사랑)

D5 이사야 52~53장(고난 받는 종)
이사야 55:1~56:8(이스라엘의 회복)

D6 교재 내용 '성경의 가르침' 과 '제자의 모습'

거룩하다는 것은 하나님을 위해 구별된 것을 의미합니다. 성찬용 잔은 성찬식을 위해 성별된 물건으로, 아침식사 때 오렌지주스를 마시기 위해 쓰지는 않습니다. 성전은 토요일 밤에 롤러스케이트를 타기 위해 있는 곳이 아니라 하나님께 예배를 드리기 위해 구별된 곳입니다.

'거룩하다' 는 전체, 온전, 치유, 건강 등과 그 어원이 같습니다. 즉 거룩해진다는 것은 완전하고, 깨끗하고, 건강하고, 조화를 이룬다는 것입니다.

우리는 처음부터 하나님이 한 백성을 불러 성별하시고 다른 사람들과는 다르게, 특별하게 하셨다는 것을 배웠습니다. 베드로전서는 기독교 공동체가 '택한 백성'이 되었다는 사실을 전제로 합니다.

세례

어떤 학자들은 베드로전서가 소아시아 지역 교회로 보낸 일반적인 서신이 되기 이전에 세례식을 위한 설교였을 것이라고 생각합니다. 그만큼 이 서신에는 세례에 대한 상징적인 언급이 많이 등장합니다. "우리를 거듭나게 하사(벧전 1:3)"라는 표현은 예수님이 니고데모에게 하신 말씀(요 3:3)을 상기시킬 뿐만 아니라 세례를 통해 그리스도와 더불어 스스로 죽고 다시 산다는 바울의 간접적 언급(롬 6:4)을 기억하게도 합니다. 베드로전서는 그저 죄의 오점을 씻어 내는 것보다도 그리스도 안에서의 새로운 창조를 더욱 강조합니다. 세례를 받은 기독교인은 거듭나 새로운 공동체의 일원으로 살게 됩니다. 세례는 옛날 할례의식처럼 하나님 백성의 공동의 삶에 일원으로서 참여하게 되었다는 증표였습니다.

베드로전서는 노아 홍수 때 여덟 사람만 물로 구원을

물방울이 달려 있는 조가비는 예수님의 세례를 나타내는 오래된 상징이다. 세례 요한이 이러한 조가비를 사용해 예수님의 머리에 물을 붓는 장면을 그린 그림도 있다.

받았음을 상기시키며, 이 구원과 세례의 구원하는 능력을 비교합니다. "물은 예수 그리스도께서 부활하심으로 말미암아 이제 너희를 구원하는 표니 곧 세례라. 이는 육체의 더러운 것을 제하여 버림이 아니요, 하나님을 향한 선한 양심의 간구니라(벧전 3:21)." 물론 기독교의 세례는 또한 홍해를 건너 얻게 된 구원과 요단 강을 건너며 받은 약속을 기억하게 합니다.(모두 물을 통과하는 것임에 주목하라.)

건조한 지역에는 항상 물이 부족했습니다. 초대교회는 세례를 주기 위해 조가비를 사용했는데, 성부와 성자와 성령의 이름으로 세례를 주기 위해 최소한 세 방울의 물은 사용하도록 규정해 놓았습니다.

교회에서 세례식을 본 일이 있습니까? 세례를 받은 사람은 어떤 의미에서 구별된 것일까요? 자신의 생각을 적어 보십시오.

_____

_____

피

출애굽 전에 애굽에 있던 히브리인들이 양의 피를 문설주에 뿌렸듯이(출 12:5, 21~23), 거룩한 백성(제사장들과 백성)에게 피가 뿌려졌으며(출 24:8; 29:21), 많은 시간이 흐른 후에 기독교인들에게는 상징적으로 그리스도의 피가 뿌려졌습니다. "너희가 …… 대속함을 받은 것은 …… 오직 흠 없고 점 없는 어린 양 같은 그리스도의 보배로운 피로 된 것이니라(벧전 1:18~19)." 기독교인인 우리는 성찬식 때 포도주를 마시면서, 또한 하나님의 은혜와 구속과 용서의 찬송을 부르면서 그리스도의 희생을 기억하게 됩니다.

성찬을 받는 사람들은 어떤 의미에서 구별되었다고 생각합니까?

_____

_____

새 성전의 모퉁잇돌

예수 그리스도로 인해, 그리고 그를 통해 어떤 변화가 생겼음은 의심의 여지가 없습니다. 예언대로 예루살렘 성전은 파괴되었지만, 하나님에게 영광을 돌리고 사람들을 구원하기 위해 새로운 성전이 세워졌습니다. 이 새 성전은 예수 그리스도를 충실히 따르는 이들로 지어졌습니다.

구약성경에서 중요하게 사용된 상징인 모퉁잇돌은 바로 예수 그리스도입니다. 사람들은 그 돌이 쓸모없다고 생각하여 내버렸으나 하나님은 그 돌을 들어 쓰셨습니다.

"건축자들이 버린 그 돌이 모퉁이의 머릿돌이 되고."(벧전 2:7; 시 118:22)

바울은 십자가에 못 박힌 예수님이 "유대인에게는 거리끼는 것이요, 이방인에게는 미련한 것(고전 1:23)"이었다고 기록하였습니다.

오늘날에도 예수 그리스도는 많은 사람들에게 걸림돌이나 버림받은 돌이 됩니다. 그 예가 되는 모습이나 상황을 적어 보십시오.

....

....

언약 백성

구약성경에서 아브라함과 사라는 '택한 백성'의 근원이 되고, 우상에서 떠나 믿음 안에서 걷도록 부름을 받았습니다. 이들과 그 후손들은 언약 공동체를 형성했는데, 그들은 유일하신 하나님을 신뢰하고, 안식일을 지키며, 나그네를 대접하고, 남자에게 할례를 행하며, 십일조를 바치고, 가정에 충실하며, 유아 희생제사를 거부하였습니다. 후에 언약 백성은 가난한 자들을 불쌍히 여기고, 특히 약한 자들을 돌보며, 그들 자신이 한때 애굽에서 힘없는 노예들이었음을 절대 잊지 않도록 명을 받았습니다(레 19장). 모세의 음식법이 주어짐으로써(레 11장) 언약 백성은 더욱 '특별하게' 되었습니다. 이렇게 그들은 실제적으로 구별된 것입니다.

그러나 이미 배운 바와 같이, 예수님 시대의 바리새인들은 겸손히 봉사하기 위해 성별된 존재가 되는 대신 세상을 향해 자비의 손을 펴지 못하고 율법주의에 집착해 자기 의라는 교만에 빠져 있었습니다. 그들은 하나님의 거룩하심처럼 거룩해지려고 하지 않고, 다른 사람들보다 거룩하다는 사실로 만족을 삼았습니다. 이러한 상황은 언제든 어디서든 생길 수 있습니다.

기독교인들에게는 이러한 일들이 어떤 모습으로 나타나는지 경험한 것을 적어 보십시오.

....

레위인들은 특별히 구별된 사람들이었음을 기억할 것입니다. 그들은 이스라엘에 속했지만 가나안 정복 이후 땅을 분배받지 못한 지파였습니다. 이들은 아론의 후예들로서 대대로 제사장이 되어 제사를 드리고, 하나님께 바쳐졌던 음식을 먹으며, 하나님의 율법을 전달하고 준수하게 하며, 항상 거룩한 물건들을 다루는 등 하나님께 헌신하게 되어 있었습니다. 이런 상황을 염두에 둘 때, 제사장 엘리의 아들들이 제사장으로서 할 수 없는 일을 했을 때 하나님이 노하셨던 까닭을 이해할 수 있습니다.(삼상 2:12~17)

이제 베드로전서는 우리를 '택하신 족속이요, 왕 같은 제사장들이요, 거룩한 나라요, 그의 소유가 된 백성(벧전 2:9)'이라고 합니다. 이것은 무엇을 의미할까요? 우리는 거룩해지도록 부름을 받았습니다. 왜냐하면 하나님이 거룩하시기 때문입니다. 거룩해진다는 것이 무엇을 의미하는지 실마리를 얻기 위해 거룩하신 하나님의 요구를 재조명하십시오(레 19장). 그런 다음 베드로전서가 말하는 새로운 기독교 공동체의 특징들을 눈여겨보십시오. "근신하여(벧전 1:13)", "순종하는 자식처럼 전에 알지 못할 때에 따르던 너희 사욕을 본받지 말고(벧전 1:14)", "너희가 진리를 순종함으로 너희 영혼을 깨끗하게 하여 거짓이 없이 형제를 사랑하기에 이르렀으니 마음으로 뜨겁게 서로 사랑하라(벧전 1:22)." 모든 신자들은 거룩한 제사장으로서 "모든 악독과 모든 기만과 외식과 시기와 모든 비방하는 말을 버리고(벧전 2:1)", "신령한 제사를 드릴 거룩한 제사장(벧전 2:5)"으로서 "육체의 정욕을 제어하라(벧전 2:11)." "너희가 이방인(우리에게는 '세상') 중에서 행실을 선하게 가져 …… 너희 선한 일을 보고 오시는 날에 하나님께 영광을 돌리게 하려 함이라(벧전 2:12)." 즉 우리는 특별히 정직하고, 겸손하며, 남을 돌보는 사람이 되어야 합니다.

"인간이 세운 모든 제도에 복종하십시오. 그것이 주님을 위하는 것입니다(벧전 2:13, 공동번역)." 국가에 대한 충성이 하나님이나 하나님의 일을 거역하는 것이 아닌 한(행 4:19~20) 기독교인은 권력자에게 순종하며, 세금을 납부하고, 황제를 존경해야 했습니다. 그러나 후에 요한계시록을 공부하며 알게 되겠지만, 로마가 황제 존경이 아니라 황제 숭배를 강요했을 때 기독교인들은 이에 굽히지 않고 순교를 당했습니다.

이러한 생각을 올바로 이해하기 위해서는 베드로전서가 신약성경 중 후기에 쓰인 다른 책들처럼 세상의 종말과 임박한 그리스도의 재림을 이야기한다는 사실을 기억하는 것이 중요합니다. 즉 그들의 생각은 이것이었습니다. '세상의 끝이 곧 임하고, 이 세상은 오래 가지 못할 것이니 권세자들에게 저항하지 말라!'

결혼

남편과 아내의 역동적인 관계는 우리의 관심을 끕니다. 우선 근동 지역의 철저한 가부장제 아래서의 가정생활을 염두에 두십시오. 영적 혁명이 일어나고 있음을 보기 위해 행간을 읽는 데 주의를 기울이십시오. "아내들아, 이와 같이 자기 남편에게 순종하라(벧전 3:1)." 왜일까요? 이 책의 가르침은 참으로 귀합니다. "이는 혹 말씀을 순종하지 않는 자라도 말로 말미암지 않고 그 아내의 행실로 말미암아 구원을 받게 하려 함이니."(벧전 3:1)

반면 그 당시 가족의 생사권을 쥐고 있다 해도 과언이 아니었던 남편들은 "자기 아내가 자기보다 연약한 여성이라는 것을 잘 이해하고 함께 살아가라(벧전 3:7, 공동번역)."는 권면을 받았습니다. 왜일까요? 그것은 아내들도 생명의 은총을 함께 상속받을 사람으로 여기고 존경해야 하기 때문입니다(벧전 3:7, 공동번역). 아내들을 이해하고 귀히 여기라는 가르침은 아내를 남편의 소유물로 생각하던 당시의 생각보다 훨씬 앞선 것이었습니다.

고난

성경 전체를 공부하면서 우리는 고난에 대해 거듭 언급하고 토의했습니다. 요셉은 애굽에서 감옥에 갇혀 고난을 받았으나 오히려 하나님은 그것을 사용해 선을 이루셨습니다. 이스라엘 민족은 광야에서 고생했으나 하나님은 그들을 훈련시키셨고 길을 들이셨습니다. 다윗은 욕정으로 지은 죄 때문에 영적으로 고난을 당했습니다. 이스라엘 민족은 자신들의 죄 때문에 국가가 수치를 당하고, 파멸되는 징벌을 통해 고난을 받았습니다. 욥은 하나님이 그를 돌보신다는 것 외에 뚜렷한 의미가 없는 참혹함과 고난을 경험했습니다. 하나님께는 욥에게 알릴 수 없는 이유들이 있었습니다.

예수 그리스도는 하나님께 전적으로 순종함으로 고난과 죽음을 당하셨습니다. 믿음의 눈을 통해 우리는 그 십자가에서 구원하시는 하나님의 희생적 역사를 봅니다. 바울은 배가 부서지고 매를 맞는 고통을 당하며 그리스도의 고난에 동참했습니다. 바울의 육신적 가시는 없어지지 않았으나 하나님의 은혜는 그에게 족했습니다. 바울은 "우리가 환난 중에도 즐거워하나니 이는 환난은 인내를, 인내는 연단을, 연단은 소망을 이루는 줄 앎이로다(롬 5:3~4)."라고 기록했습니다.

이제, 베드로전서가 가르치는 고난의 새로운 면을 살펴봅시다. 기독교인들은 악에서 오는 고난을 피해야 합니다. "너희 중에 누구든지 살인이나 도둑질이나 악행이나 남의 일을 간섭하는 자로 고난을 받지 말려니와(벧전 4:15)." 하지만 고난은 종종 본이 되는 행동을 하는 사람에게도 찾아올 수 있습니다. 기독교인이기 때문에, 그리스도의 몸의 한 지체이기 때문에 고난을 당하기도 합니다.

만약 기독교인이 욕을 당하면, 그것은 축복을 받은 것입니다. 그 이유는 이렇습니다. "영광의 영, 곧 하나님의 영이 너희 위에 계심이라(벧전 4:14)." "선을 행함으로 고난 받는 것이 하나님의 뜻일진대 악을 행함으로 고난 받는 것보다 나으니라(벧전 3:17)." "선을 행함으로 고난을 받고 참으면 이는 하나님 앞에 아름다우니라."(벧전 2:20)

"그리스도도 너희를 위하여 고난을 받으사 너희에게 본을 끼쳐 그 자취를 따라

오게 하려 하셨느니라(벧전 2:21)." 이제 이사야 53장의 예언의 말씀이 더욱 분명하게 다가옵니다. "욕을 받으시되 대신 욕하지 아니하시고 …… 그가 채찍에 맞음으로 너희는 나음을 얻었나니(벧전 2:23~24)." 하지만 우리는 그리스도의 고난만 기억할 것이 아니라 다른 기독교인들의 고난도 기억해야 합니다. "너희는 믿음을 굳게 하여 그를 대적하라. 이는 세상에 있는 너희 형제들도 동일한 고난을 당하는 줄을 앎이라(벧전 5:9)." 하나님은 "너희를 친히 온전하게 하시며, 굳건하게 하시며, 강하게 하시며, 터를 견고하게 하시리라."(벧전 5:10)

재림

어떤 사람들은 포기하고 있었습니다. 그들은 모두 설교를 통해 그리스도가 곧 다시 오신다는 약속을 받았습니다. 그런데 어떤 이들은 믿음을 버렸고, 어떤 이들은 새로 발견한 자유를 즐기며 교회 안에 머물렀으며, 어떤 이들은 반감을 가지고 비판하며 훼방을 놓았습니다.(벧후 2장)

베드로가 비난하는 자들에게 말했던 대로, 하나님은 다른 사람들도 구원하고자 하심을 기억하십시오. 또한 주께는 하루가 천 년 같고 천 년이 하루 같다는 이 한 가지도 잊지 마십시오(벧후 3:8). 주님이 임하시는 그 날은 분명히 옵니다. 그러나 그것은 예수께서 말씀하셨듯이 밤의 도둑같이 올 것입니다(벧후 3:10). 새 하늘과 새 땅은 우리에게 약속되었습니다. 그러므로 믿음의 사람들은 항상 성별된 거룩한 백성으로 남아 있어야 합니다. "주 앞에서 점도 없고 흠도 없이 평강 가운데서 나타나기를 힘쓰라."(벧후 3:14)

📖 제자의 모습

제자는 자신이, 내적으로는 그리스도의 품성과 외적으로는 사랑의 증거를 지닌 특별하고 구별된 사람임을 압니다. 제자는 어떤 일에는 단호히 "아니오" 할 수 있어야 합니다. 예를 들면 술 취함, 간음, 거짓말 등입니다. 또 어떤 일에는 "예" 할 수 있어야 합니다. 예를 들면 복음 증언, 친절, 평화와 정의 구현, 상처입고 압박받는 사람들을 돌보는 일 등입니다. 교만한 상태의 거룩함은 보통 어떤 규율에 매여 있지 않다는 것을 강조하고, 다른 사람들을 무시하며, 희생적 선교를 완전히 망각합니다. 인도의 테레사 수녀가 죽어 가는 사람들을 돌보아 주며 "나는 예수님을 위해 이것을 한다."고 했을 때 이는 베드로의 정신을 이어받은 것입니다.

그리스도의 제자는 다른 사람들이 입는 옷을 입고, 그들과 같은 말을 사용하며, 같은 도시에서 살지만 그들과 다른 것이 있어야 하고, 또 그래야 함을 압니다. 그리스도의 제자는 아브라함과 같이 세상적 추구와 무질서한 생활에서 벗어나 남에게 복이 되기 위해 복을 받은 구별된 백성의 일원이 되도록 부름을 받았습니다.

자신의 삶을 돌이켜 보며, 어떻게 그리스도께서 나를 성별시키셨는지, 그러나 진정으로 왕 같은 제사장이 되기 위해서는 얼마나 더 성장해야 하는지 짤막한 글로 써 보십시오.

....

....

....

....

자신이 속한 교회를 염두에 두며 또 하나의 글을 작성해 보십시오. 개인적인 편견을 배제하고 볼 때, 우리 교회 공동체가 '택하신 족속이요, 왕 같은 제사장들이요, 거룩한 나라요, 그의 소유된 백성'이 되기 위해서는 어떤 것이 필요하다고 생각합니까?

....

....

....

....

옳은 일을 했기 때문에, 또는 예수 그리스도를 믿기 때문에 고난을 받은 적이 있습니까? 아래에 적어 보십시오.

....

....

....

◎ 더 알아보기
■ 이사야 52:13~53:12, 55:1~56:8의 말씀을 읽고, '오늘을 사는 성별된 사람들'이 의미하는 바가 무엇인지 가능한 한 많이 적어 보십시오. 그리고 그에 대한 설명도 해 보십시오.

32

이 과의 주제
승리

소망의 생활 We Never Lose Hope

이 말은 신실하고 참된지라 주 곧 선지자들의 영의 하나님이 그의 종들에게 반드시 속히 되어질 일을 보이시려고 그의 천사를 보내셨도다 보라 내가 속히 오리니 이 두루마리의 예언의 말씀을 지키는 자는 복이 있으리라 (요한계시록 22:6~7)

☻ 우리의 모습

전쟁과 전쟁의 가능성은 끊임없이 계속되고 있습니다. 인종적 편견, 범죄, 질병, 마약은 지구상 어디에든 팽배합니다. 눈물과 고통과 죽음은 지금 이 순간에도 존재합니다. 정의는 현실과 멀기만 합니다. 어디에 희망이 있으며, 어디에 진리의 승리가 있습니까?

✦ 내려놓기

성경 공부를 하기 전에 먼저 하나님께 기도를 드립니다. 아래의 시편 말씀이 좋은 길잡이가 될 것입니다.

> 너희 모든 나라들아 여호와를 찬양하며 너희 모든 백성들아 그를 찬송할지어다 우리에게 향하신 여호와의 인자하심이 크시고 여호와의 진실하심이 영원함이로다 할렐루야 (시편 117편)

이번 주 기도 제목을 구체적으로 적어 기도합시다.

✆ 귀 기울이기

요한계시록을 읽으면서 너무 세세한 것에 신경을 쓰는 것은 좋지 않습니다. 우리는 이 책을 통해 영감을 받은 한 설교자의 회개를 촉구하는 급박한 설교를 듣게 됩니다. 밧모 섬에 갇혀서도 흔들리지 않는 충성을 부르짖는 한 유배자의 목소리를 듣게 됩니다. 또한 산문보다는 오히려 시에 가까운 마지막 때의 황홀한 환상을 읽게 됩니다. 비유적 표현을 잘 새기고, 승리의 외침 속에서 기뻐하십시오. 낙심하거나 불평하지 마십시오. 기독교인들은 지금까지 전쟁과 기근과 핍박과 폭력 속에서 살았고, 또한 지금도 살고 있기 때문입니다. 믿음을 지키기 위해 고난을 받는 사람들은 요한계시록의 말씀에 귀를 기울이게 됩니다.

D1 요한계시록 1~3장(일곱 교회들)

D2 요한계시록 4~7장(어린 양, 여섯 개의 봉인)

D3 요한계시록 8~12장(일곱째 봉인, 나팔을 든 천사들, 여인과 용)

D4 요한계시록 13~16장(일곱 개의 머리를 가진 짐승, 새 노래, 일곱 개의 진노의 대접)

D5 요한계시록 17~20장(바벨론의 멸망, 어린 양의 신부, 마지막 심판)

D6 요한계시록 21~22장(새 예루살렘)
교재 내용 '성경의 가르침'과 '제자의 모습'

도미티안 황제는 주후 70년 예루살렘을 함락시킨 디도의 동생이었다. 기독교인에 대한 그의 잔인한 박해는 요한계시록의 저술 동기가 되었다. 이 동전에는 도미티안 황제가 면류관을 쓴 모습이 그려져 있는데, 이는 승리와 명예를 보여 주는 것이다.

🔖 성경의 가르침

주후 64년 로마의 네로(Nero) 황제는 기름에 적신 십자가에 기독교인들을 묶어 놓고 태움으로써 로마를 밝게 비추었습니다. 다른 이들은 십자가에 못 박혀 죽거나 참수를 당했습니다. 베드로와 바울이 로마에서 순교를 한 것도 바로 이 때였습니다. 자신은 예수님처럼 십자가에 바로 달려 죽을 가치조차 없다고 한 베드로는 십자가에 거꾸로 달려 죽었다는 전설이 있습니다. 네로의 후계자 베스파시안(Vespasian) 황제는 유대인들을 진압하기 위해 주후 70년에 그의 아들 디도를 보내 예루살렘을 파괴했습니다. 그 후 주후 81년에 **도미티안**(Domitian)이 로마 황제가 되어 자신을 신이라고 선언했을 때, 세상은 모두 두려움에 떨었습니다. 질투가 강하고 기분파이며 도무지 예측을 할 수 없었던 폭군 도미티안 황제는 위협이 될 만한 사람은 모조리 숙청했습니다. 자신이 신이라는 사실을 거부하는 무신론자라는 이유로 조카사위를 처형하기까지 했습니다. 그 당시 통용되던 동전에는 그의 초상과 함께 '신(神) 도미티안 황제'라는 글이 새겨져 있었습니다. 그는 자신을 주(主)로, 그리고 신(神)으로 섬기라고 강요했습니다.

도미티안 황제는 그의 통치 기간(주후 81~96년)에 기독교인들에게 혹독한 정책을 사용했습니다. 주후 95년경 로마의 클레멘트는 고린도교회에 보낸 편지에서 "갑작스러운, 그리고 반복되는 불행과 참화가 우리 위에 떨어졌다."고 하였습니다.

황제 숭배를 위한 새 성전이 에베소에 건립되자 아시아에 있는 기독교인들에게 또 하나의 압력이 가해졌습니다. 요한계시록의 저자 요한은 그리스도에게 충성했다는 이유로 정치범을 가두어 놓는 밧모 섬에 유배되었습니다(계 1:9). 황제 숭배의 중심지인 버가모에 살던 안디바는 예수께 끝까지 충성한 이유로 사형을 당했습니다(계 2:13). 요한은 서머나에 있는 기독교인들이 죽음에 직면하게 될 것이라고 말합니다(계 2:10). 그러면서 더 혹심한 핍박이 교회의 앞날에 놓여 있다고 예언했습니다. 이러한 박해는 콘스탄틴(Constantine) 황제가 주후 312년 하늘에 있는 십자가를 보고 기독교에 귀화할 때까지 끊임없이 계속되었습니다. 요한은 그의 계시가 기독교인들이 굳건히 서서 그리스도에게 충성을 다하도록 격려해 줄 수 있기를 바랐습니다. '용기를 내라. 죽임을 당한 영혼들은 제단 아래 있게 될 것이다.' (계 6:9~11)

어렵고 난해한 책

대부분의 학자들은 아시아에서 잘 알려지고 큰 존경을 받았던 위대한 기독교 지도자 요한이 고난과 순교가 계속되는 시기(주후 81~96년)에 요한계시록을 썼다고 믿습니다. 추측하는 기록 연대는 주후 95~96년입니다. 학자들 간에는 저자가 사도 요한이라는 의견과 다른 요한이라는 의견이 나뉘어 많은 논란이 있습니다.

이 책의 제목은 '묵시'로서, 숨겨져 있거나 알려지지 않은 것이 드러나는 것을 의미합니다. 그런데 이 제목이 '요한계시록'으로 바뀌었고, 마지막 때의 계시를 의미하게 되었습니다. 우리는 다니엘서를 공부하며 묵시문학이 무엇인지에 대해 배윘습니다. 묵시문학의 예언은 아모스서나 호세아서가 보여 주었듯이 곧 있을 일들에 관한 설교를 넘어 마지막 때에 관한 환상 속으로 들어갑니다. 요한계시록은 몇 가지 이유 때문에 이해하기가 쉽지 않습니다.

첫째, 묵시문학의 메시지가 쉽게 이해되지 않는 이유는 우리가 역사적 사건들과 고대의 상징이나 개념들에서 너무 멀리 떨어져 있기 때문입니다. 그러므로 우선 우리는 이 책이 본래 독자들에게 의미했던 것이 무엇인지 물어야 합니다. 다니엘이 짐승들의 환상을 보았듯이(단 7장), 에스겔이 마른 뼈의 골짜기를 보았듯이(겔 37장), 요한은 그가 본 환상을 그 시대의 언어로 표현했습니다. 즉 우리는 마지막 때의 영적 환상을 고대의 표현을 통해 읽고 있는 것입니다.

둘째, 요한이 말했듯이 그는 성령에 사로잡혔습니다. 성령의 은사 중 한 가지 중요한 것은 예언을 하고, 하나님의 진리를 선포하는 능력입니다. 요한은 하나님의 영에 사로잡혀 자신이 예언자의 역할을 감당하게 되었다고 했습니다. "주의 날에 내가 성령에 감동되어(계 1:10)." 그는 또 환상 속에서 에스겔처럼 두루마리(하나님의 말씀)를 먹었습니다(계 10:10; 겔 2:8~3:3). 그리고 그는 "네가 …… 다시 예언하여야 하리라(계 10:11)."는 음성을 들었습니다.

이 책을 이해하기 어려운 셋째 이유는 저자의 저술 의도가 그랬기 때문입니다. 평상시에 사용하는 보통 용어로는 이 강력한 메시지를 제대로 전달할 수 없었습니다. 그래서 요한은 구약성경에 있는 은유어를 사용했습니다. 구약의 상징과 이미지들을 그 시대에 맞게 다시 해석한 것입니다. 이것은 공동체의 일원이 아닌 사람에게는 아무런 의미가 없었습니다. 그러나 공동체에 속한 사람에게는 그 메시지가 명확했습니다. 그들은 그 은유어를 이해하였기 때문입니다.

- 바벨론: 일곱 언덕 위에 세워진 큰 도시, 실제적으로는 로마를 의미한다.(계 18:2)
- 표범, 곰, 사자와 같은 큰 짐승: 다니엘이 본 악의 제국들, 이제 이것은 하나가 되었으니 곧 로마 제국(계 13:1~2)을 뜻한다.
- 큰 창녀: 로마
- 어린 양: 예수님
- 짐승: 적그리스도
- 소돔: 예루살렘(계 11:8; 사 1:9~10 참조)
- 여자는 이스라엘, 어린아이는 예수님, 용은 사탄을 의미한다.(계 12장)
- 붉은 빛 짐승: 로마 제국(계 17:3)
- 참람된 이름들(계 17:3, 13:1): 하나님을 모독하는 이름들, 로마 황제들에게 주어진 이름들(계 17:9~11)
- 아마겟돈: 이스라엘이 수천 년 동안 싸운 므깃도 언덕으로서, 상징적으로는 최후 승리의 장소를 뜻한다.(계 16:16)

고대사회에서는 숫자에 특별한 의미들이 있었습니다.

1은 하나님을 뜻하는 거룩한 숫자였습니다.

3은 하늘(천국)과 삼위일체를 뜻했습니다.

4는 이 땅(세상), 네 귀퉁이, 사방에서 불어오는 바람을 뜻했습니다.

6은 완전치 못하고 악한 인간의 숫자였습니다.

7은 완전하고 거룩하며 신적인 숫자로 여겨졌는데, 7은 3(하늘)과 4(땅)의 합이기 때문이었습니다. 요한계시록에는 일곱 교회, 일곱 촛대, 일곱 대접, 일곱 나팔 등이 나옵니다.

12는 요한계시록에서 대단히 중요한 숫자입니다. 구약의 열두 지파와 신약의 열두 제자는 하나님의 백성을 말합니다. 열두 지파는 거룩한 성으로 들어가는 문을 마련했습니다.

13은 서양 문화에서는 지금도 불행을 가져오는 숫자로 여겨지는데, 그것은 6과 7의 합이기 때문입니다.

24는 12의 두 배로서, 야곱의 열두 아들들(지파)과 열두 제자들입니다. 이들은 진실한 유대인과 온전한 언약 백성인 기독교인 모두를 말합니다.

12,000×12는 144,000입니다. 이것은 완전수로서 '완전한 하나님의 백성', 곧 완전한 믿음의 가족을 뜻합니다.

666은 도미티안 황제를 가리킵니다. 그에 대해 왈가왈부하는 사람은 죽음을 각오해야 했습니다. 그래서 사람들은 '악하고 악하고 악하다.'는 뜻의 666으로 가장 큰 악인 도미티안 황제를 표현했습니다.

이러한 언어는 복잡하고 어려웠지만 이 책이 의도한 사람들과 메시지를 주고받기 위해서는 꼭 필요한 것이었습니다.

아시아의 기독교인들에게 주는 메시지

• 교회는 복음 전도의 열정과 충성심으로 다시 불타올라야 한다. 우상에게 바쳤던 음식과 패덕 행위와 무엇이나 다 좋다고 하는 니골라당의 방탕한 가르침을 멀리하라. 교회를 위협하는 유대인들을 피하라. 돈에 욕심을 품지 말라. 미지근한 종교를 회개하라. 그러면 하나님은 어떤 어려움이 와도 떨어져 나가지 않게 우리를 지켜 주

실 것이다.

• 곧 고난이 올 것이다. 너희는 어느 편에 설 것인지 확실히 하라. 말 탄 네 사람 —정복, 전쟁, 기근, 죽음— 이 오고 있다. 중간 지점이란 있을 수 없다. 지진과 재앙은 (애굽에서처럼) 하나님이 마지막 경고를 주시는 방법이다. 그러나 많은 사람들이 회개하지 않는다. 이방인 방문객이나 호기심에서 찾아온 사람들이 모인 성전 밖 마당은 짓밟히게 될 것이다(계 11:1~2). 우리는 안 아니면 밖에 있을 것이요, 그리스도의 피로 깨끗해지거나 아니면 심판을 받을 것이요, 어린 양의 표 아니면 짐승의 표를 달게 될 것이다.

• 로마는 결국 무너질 것이다. "무너졌도다 무너졌도다, 큰 성 바벨론이여(계 18:2)." 로마는 전성기에 있는 것처럼 보인다. 그러나 이사야가 말했듯이 열방이 '통의 한 방울 물(사 40:15)' 같다는 것을 기억하라. 그러므로 굳게 서라. 더러운 창녀, 하나님의 백성을 도살할 자 로마 제국은 지구상에서 사라질 때가 올 것이다.

• 악은 단번에 영원히 전멸될 것이다. 그리스도는 그의 신부, 그의 거룩한 백성과 결혼했다(계 19:7). 사탄은 우선 결박되고(계 20:2), 그 다음에는 결국 불과 유황 못에 던져지고 말 것이다(계 20:10). 심지어는 죽음 자체도 죽게 될 것이요(계 20:14), 하나님은 새 하늘과 새 땅을 가져오실 것이다.(계 21:1)

우리에게 주는 메시지

요한계시록 21~22장을 자세히 읽어 보십시오. 새 하늘과 새 땅을 우리에게 주실 하나님과 아담과 하와를 창조하고, 아브라함과 사라를 부르고, 자신의 독생자를 주신 하나님은 동일한 하나님이십니다. "나는 알파와 오메가요, 처음과 마지막이라(계 21:6)." 우주에 한 분이신 하나님은 전 창조물을 구원하실 것입니다.

어떤 의미에서 구원은 완결되었습니다. 보좌에 앉으신 분이 "이루었도다(계 21:6)."라고 말씀하셨습니다. 그러나 다른 의미에서 하나님의 자비는 지금 이 마지막 시간에도 여전히 열려 있습니다. 하나님은 지금도 회개하는 자들을 찾아오십니다. "내가 (지금도) 생명수 샘물을

목마른 자에게 값없이 주리니."(계 21:6)

그러므로 믿는 자들은 그리스도와 같은 삶을 살면서 잘 견뎌야 합니다. 왜냐하면 그들은 하나님의 어린 양인 신랑과 결혼했기 때문입니다. "이기는 자는 이것들을 상속으로 받으리라. 나는 그의 하나님이 되고, 그는 내 아들이 되리라(계 21:7)." 어린 양을 배반하지 마십시오!

거룩한 성의 크기와 모양과 문과 빛은 상징적인 표현들입니다. 각 상징들이 의미하는 것은 무엇이라고 생각합니까(계 21:10~27)? 나 자신에게는 무엇을 의미합니까?

헬라어의 처음 글자와 마지막 글자를 예술적으로 표현한 알파와 오메가는 처음과 나중, 시작과 끝으로서의 하나님과 그리스도를 상징한다.

22장 6절에서 시작하는 이 책의 결론을 주의 깊게 살펴보십시오. "보라 내가 속히 오리니(계 22:7)." 복음을 다른 사람들에게 전할 시간이 아직 남아 있습니다.

"이 두루마리의 예언의 말씀을 지키는 자는 복이 있으리라(계 22:7)." 요한계시록 11장에서 두 증인이 굵은 베옷을 입고 예언을 했습니다. 그들은 사람들에게 회개하라고 호소했습니다. 지진으로 700명이 죽었으나 "남은 자들이 두려워하여 영광을 하늘의 하나님께 돌리더라(계 11:13)." 회개의 시간이 아직 남아 있습니다.

이것은 어디에서 끝이 납니까? 타락 전의 에덴동산과 같은 순결한 동산에서입니다. 그 곳에는 악이 절대 허용되지 않습니다. 뱀도 있을 수 없습니다. 왜냐하면 유혹자는 이미 죽었기 때문입니다. 영적인 죽음은 어린 양의 피로 정복되었습니다. 죽음은 죽임을 당했습니다. 우리는 하나님과 친밀한 가운데 나무 곁에 서게 됩니다. 그것은 에덴동산에 있던 '다른' 나무, 즉 생명나무입니다(창 2:9). 우리는 벌거벗었지만 두려움이 없습니다. 아담과 하와는 하나님이 자신들을 찾지 못하기를 바라며 죄책감과 두려움과 고독 속에 숨어 있었지만, 이제 우리는 밝은 대낮에 하나님과 더불어 살게 됩니다. 이렇게 성경은 하나님을 피해 숨은 사람들의 이야기로 시작되지만 "주 예수여, 오시옵소서(계 22:20)."라고 기도하는 사람들의 이야기로 끝을 맺습니다.

이제 우리는 예수 그리스도께서 알려 주셨고, 또 마지막 날 완성하실 하나님 나라가 속히 오기를 기도합니다. 그 날을 기다리는 동안 우리는 결코 소망을 잃지 않습니다. 왜냐하면 최후의 승리는 우리의 구세주이신 예수 그리스도께 속해 있기 때문입니다.

📖 제자의 모습

제자는 박해와 고난 가운데서도 믿음과 충성심을 잃지 말아야 합니다. 아무리 어려운 시기라고 해도, 최후의 승리는 궁극적으로 하나님께 있다는 사실을 깨닫고 예수 그리스도에게 충성을 다해야 합니다.

우리 대부분은 신앙 때문에 고난 받은 일은 별로 없지만, 그리스도에게서 떨어져

일곱 교회(계 1~3장)

마게도냐
빌립보
데살로니가
아가야
고린도
아덴
그레데
구레네

드로아
버가모
두아디라
사데
빌라델비아
에베소
밀레도
라오디게아
밧모
로도
알렉산드리아

나가게 하는 유혹은 많이 받습니다. 우리가 끝까지 남아 이기지 못하게 만드는 가장 큰 유혹은 어떤 것이라고 생각합니까?

오늘날의 '바벨론'은 어떤 모습일까요? 누가 또는 무엇이 그 앞잡이들일까요?

자신이 일곱 교회 중 하나가 된 것처럼 느낄 때가 있습니까? 어느 교회입니까? 나를 굳게 붙들어 주는 것은 무엇입니까?

하나님의 마지막 승리에 대한 비전이 나에게 어떤 도움을 줍니까?

환상과 비전이 어떤 면에서 신앙을 강하게 붙드는 힘이 있다고 생각합니까? 그 느낌들이 어떤 것인지 정의 내릴 수 있습니까?

만약 마지막 때가 가까워, 혹은 내 생이 다하여 남은 시간이 별로 없다면 누구를 위해 기도하고 복음을 전하고 싶습니까? 그들의 이름을 써 보십시오.

🔍 더 알아보기

- 다니엘 7장과 요한계시록 11~13장을 비교해 보십시오. 공통점과 차이점은 무엇입니까? 시간이 있으면, 흔히 '작은 묵시록'이라고 불리는 마태복음 24장과도 비교해 보십시오.

우리의 여행을 돌이켜 보며

이 과정을 통해 특별히 얻게 된 것들을 여기에 기록하십시오. 중요한 깨달음, 진리, 경험들, 새로 알게 된 믿음의 친구들, 그리스도의 제자가 된다는 것의 의미 등 남기고 싶은, 기억하고 싶은 것들을 적어 보십시오.

....
....
....
....
....
....
....
....
....
....
....
....

"너희가 내 말을 마음에 새기고 산다면 너희는 참으로 나의 제자다."
– 요한복음 8:31, 공동번역

33

이 과의 주제

선교

제자가 받은 은사 Gifts of Each Disciple

우리가 한 몸에 많은 지체를 가졌으나 모든 지체가 같은 기능을 가진 것이 아니니
이와 같이 우리 많은 사람이 그리스도 안에서 한 몸이 되어 서로 지체가 되었느니라
우리에게 주신 은혜대로 받은 은사가 각각 다르니 (로마서 12:4~6)

○ 우리의 모습

"다른 사람들은 너무나 많은 일을 잘도 해냅니다. 그에 비하면 나는 한낱 무능력자에 불과합니다. 나에게는 하나님의 일을 위해 사용할 수 있는 특별한 재능이나 은사가 없습니다. 그러니 그 일은 다른 누군가가 하도록 그냥 내버려 두겠습니다."

✟ 내려놓기

성경 공부를 하기 전에 먼저 하나님께 기도를 드립니다. 아래의 시편 말씀이 좋은 길잡이가 될 것입니다.

> 야훼여, 당신의 길을 나에게 가르치소서. 충실하게 그 길을 걷고 마음 한데 모두어 당신 이름을 경외하리이다 (시편 86:11, 공동번역)

이번 주 기도 제목을 구체적으로 적어 기도합시다.

◎ 귀 기울이기

이번 주의 요점은 그룹 토의에 대비하기 위해 개인적으로 준비하는 것입니다.

D1 교재 내용 '성경의 가르침'

D2 로마서 12장
그리스도의 제자들이 나타내야 할 은사들은 무엇입니까?

고린도전서 12장
몸의 지체에 관한 비유가 나에게 전하는 바는 무엇입니까?

'성경의 가르침'의 '사도' 부분

D3 고린도전서 13장
나는 어떻게 '더 좋은 길(고전 12:31)', 즉 사랑의 길을 따르는 생활과 선교 활동을 할 수 있을까요?

D4 야고보서 1~2장
"행함이 없는 믿음은 죽은 것이니라(약 2:26)."
이 말씀의 의미는 무엇일까요?

'성경의 가르침'의 '선지자'와 '교사' 부분

'성경의 가르침'의 '이적을 행하는 자'와 '병 고치는 자' 부분

D5 야고보서 3~5장
이 성경 연구를 통해 야고보서 5장 13~20절의 교훈을 어떻게 체험했습니까?

D6 고린도전서 1:17~31, 요한복음 13:1~20
이 두 구절의 메시지는 무엇입니까?

'성경의 가르침'의 '돕는 자'와 '다스리는 자' 부분

265쪽의 '헌신의 서약'을 작성하십시오. 각 사람의 이름을 적고, 그들이 받은 은사를 아는 대로 적어 보십시오.

🔟 성경의 가르침

예수 그리스도에게 전적으로 헌신한 사람이라도 자기 자신을 정확하게, 그리고 분명하게 볼 수는 없습니다. 이러한 까닭에 우리는 영적 지도자들의 도움과 동료 기독교인들의 평가가 필요합니다. 때로는 나 자신보다 다른 사람들이 내가 받은 영적 은사를 더 정확하게 볼 수 있습니다.

이 과에서 초점을 두는 것은 두 가지입니다.

첫째, 교회를 위해 사용할 수 있는 나의 재능과 은사가 무엇인지 나 스스로, 그리고 다른 사람의 도움을 받아 확인하는 것입니다.

둘째, 앞으로 특별한 분야에서 하나님을 섬기는 일에 동료들의 격려를 받으며 헌신하는 것입니다.

다른 사람들도 나의 판단력과 영적 분별력을 신뢰하면서 자신들의 재능에 대한 나의 사려 깊은 평가를 기다릴 것입니다. 나 자신의 은사를 가려내기 위해 시간을 쓰는 것처럼 그들의 은사를 가려내고 또 기도하는 일에도 충분한 시간을 투자하십시오. 그들도 장차 교회를 위해 자신들이 감당할 수 있는 활동 분야를 결정할 준비가 되어 있을 것입니다.

성경 말씀을 연구하는 것과 더불어 교인들의 요구와 세상의 상처들에 대해 생각해 볼 필요가 있습니다. 어린 아이들의 요구가 무엇이고, 십대 청소년들과 대화할 수 있는 방법은 무엇이며, 성인들이 겪고 있는 고통은 어떤 것인지 깊이 생각해 보십시오. 육체적, 영적, 경제적, 정서적 요구에는 어떤 것들이 있을까요? 작은 자, 나중 된 자, 잃은 자들을 떠올려 보십시오. 또한 부유한 자, 자기 만족에 빠져 있는 자들도 생각해 보십시오. 병들고, 가난하고, 믿음이나 소망 없이 살아가는 사람들을 기억하십시오. 지역 공동체에서 소외된 사마리아 여인과 같은 사람들도 잊지 마십시오.

다른 사람들을 훈련시키고, 세워 주고, 또 다른 제자들이 믿음의 공동체를 활성화하는 데 공헌하도록 지도하고 이끌 수 있는 방안을 생각해 보십시오.

성경의 지침

성경에서 우리가 배운 것들을 기억할 필요가 있습니다. 기억을 새롭게 하기 위해 관계된 성경 구절들을 다시 한 번 살펴봅시다.

• 하나님은 영적 과업을 성취하시기 위해 예상하지 못한 놀라운 방법을 사용하십니다. 아브라함과 사라를 기억하십시오.(창 18:9~15)

• 하나님은 때때로 권능이 하나님께 속한 것임을 보이시기 위해 연약한 자를 들어 쓰십니다. 바울이 고린도전서 1장 26~29절에서 말한 것을 기억하십시오.

• 하나님은 기쁜 마음으로 자기 자신과 소유물을 바치는 사람들을 통해 큰 역사를 이루십니다. '권위자' 라는 별명을 가진 바나바를 기억하십시오.(행 4:36~37)

• 하나님은 호기심으로 바라보는 사람보다 순종하는 사람에게 그의 뜻을 계시하십니다. 베드로를 기억하십시오.(요 21:15~19)

• 재능이 다양하듯 하나님으로부터 받은 은사도 다양합니다. 우리는 모두 그리스도의 몸의 지체들입니다. 어느 누구도 나만의 고유하고 특별한 자리를 빼앗아 갈 수 없습니다. 고린도전서 12장 27~31절을 기억하십시오.

• 교회 공동체의 지도자는 특별한 겸손과 철저한 봉사 정신이 있어야 합니다. 예수께서 제자들의 발을 씻기신 본보기를 기억하십시오.(요 13:1~17)

어느 누구도 자신의 힘만으로 영적 선교를 해나갈 수 없습니다. 우리는 모두 하나님의 도움이 필요합니다. 빌립보서 4장 13절을 옮겨 적으십시오.

....

....

우리가 받은 '은사' 가 무엇인지 어떻게 알 수 있습니까? 오랜 세월을 사신 분들은 경험을 통해 자신이 즐기는 것이 무엇인지, 잘하는 것이 무엇인지, 다른 사람들에게 칭찬받는 일이 무엇인지, 오랫동안 만족감을 주는 일이 무엇인지, 다른 사람에게 도움이 되거나 쓸모 있는 존재가 되는 것이 어떤 것인지, 그리고 하나님이 하게 하시는 일이 무엇인지를 압니다.

그러나 경험이 많은 성인들도 경험이 부족한 영적 활동에는 어려움을 느끼고, 새로운 일이나 전과 다른 일을 시도하기를 주저하는 때가 많습니다. 끝도 없는 헌신의 기회나 여전히 미개발 상태인 봉사의 길은 관심 밖의 일입니다. 그러나 성령을 새롭게 힘입으면 나이 든 사람들에게도 놀라운 은사가 임합니다.

반면 젊은 사람들은 경험은 부족하지만 새로운 것을 시도할 수 있습니다. 때로는 혼자서, 때로는 감독자 밑에서 이제까지 가 보지 못했던 길에 발을 들여놓습니다. 훌륭한 교사들 중에 많은 사람들이 조력자로 시작했습니다. 그리스도의 제자들도 처음에는 조력자로 쓰임을 받다가 예언자나 설교자로 발전하는 경우가 많았습니다.

때로 사람들은 새로운 환경에 처해 있는 자신을 보았을 때, 새로운 은사를 받거나 발견하게 됩니다. 사랑하는 이의 죽음을 체험한 사람들은 똑같은 것을 체험하고 있는 다른 사람들에게 위로가 될 수 있습니다. 친구와 더불어 사회 문제를 놓고 토의하는 것은 예언자로서의 응답을 제시할 수 있는 기회가 되기도 합니다.

은사는 재능과 다릅니다. 재능은 하나님이 주신 것이요, 자연적인 것이며, 창조 질서의 한 부분입니다. 반면 은사는 성령을 통해 받는 것입니다. 재능과 은사는 모두 하나님을 섬기기 위해 사용할 수 있습니다.

은사는 또한 성령의 열매(갈 5:22~23)와도 다릅니다. 성령의 열매는 모든 사람을 위한 것이요, 제자 개개인에 따라 성장하는 데 차이가 있습니다. "오직 성령의 열매는 사랑과 희락과 화평과 오래 참음과 자비와 양선과 충성과 온유와 절제니." 이런 좋은 성품들이 우리 속에서 들불처럼 일어나게 해야 합니다.

은사는 서로 구별되는 특별한 능력이나 역할이나 직분으로서 성령을 통해 주어집니다. 성령은 이러한 은사들을 제자들에게 다양하게 나누어 주십니다. 여러 가지 은사들이 로마서 12장과 고린도전서 12장에 열거되어 있습니다. 그러나 우리는 그 중 일곱 가지에만 초점을 둘 것입니다. 즉 사도, 선지자, 교사, 이적을 행하는 자, 병 고치는 자, 돕는 자, 다스리는 자입니다(고전 12:28~31). (방언하는 자에 관해서는 고린도후서를 공부할 때 다루었다.)

사도

교회 안에서 감독자의 역할을 하거나 지도력을 발휘하고 행사하는 은사입니다. 사도직에 부름을 받은 사람은 다른 사람들을 그리스도에게로 이끌고, 격려하고 북돋워주며, 사랑과 믿음 안에서 성장하게 하는 영적 능력이 증표로 나타납니다. 목사는 말씀을 전하고, 질서를 유지하며, 성례를 행하는 자로 안수 받은 사도입니다. 바울은 자신이 사도로 부름을 받았다고 했습니다.

자신이 교회의 전임 사도직을 맡도록 부름을 받았다고 생각합니까?

이 성경 연구반에 그러한 은사를 받았다고 생각되는 사람, 즉 사도로 부름을 받았다고 생각되는 사람이 있습니까? 그들의 이름을 적어 보십시오.

....

선지자

선지자는 하나님을 대언하는 사람입니다. 성령의 이 은사를 받은 사람은 하나님의 메시지를 받고, 또 그것을 사람들에게 전달합니다. 그러한 제자들은 개인적 대화 중에 조용히 증언하기도 하고, 대중 앞에서 증언하고 설교하기도 합니다. 어떤 이들은 평신도로서 복음을 증언하는 사람이 되기도 합니다. 그리고 어떤 이들은 사회 문제에 대해 그리스도의 뜻을 담아 말하고 행동하고 글을 쓰는 현실 참여자가 되기도 합니다. 또한 정치적인 영역이나 지역사회 봉사에 헌신하는 이들도 있습니다. 때로 비판을 받거나 어려움에 처하기도 하지만, 선지자는 혼돈되고 이기적인 세상에서 성경의 진리를 나타내 보여야 합니다.

선지자들은 권고, 격려, 위로에 초점을 두거나(사 40:12) 신념, 대결, 사회 변혁(행 4:19~20)에 관심을 갖습니다.

성경 연구반에서 누가 선지자의 역할을 하고 있는 것 같습니까?

....

그러한 역할이 어떠한 형태로 나타납니까?

....

나는 하나님을 대언하는 은사를 받았습니까?

....

어떠한 방법으로 그 은사를 사용할 것입니까?

....

....

교사

물론 모두가 교사가 될 수는 없지만(약 3:1) 교회는 항상 예수님과 같은 교사들이 필요합니다. 전문적으로 훈련받은 사람 중에도 어떤 이는 교회에서 가르치기에 부적합하며, 어떤 이는 훌륭한 교사가 될 수 있습니다. 반면 정규 훈련을 받지 않은 사람 중에도 교사의 은사를 받은 사람이 있습니다.

가르침에도 여러 종류가 있음을 기억하십시오. 어떤 사람은 강의에 뛰어나고, 어떤 이는 소그룹 토의에서 뛰어난 사회자가 될 수 있습니다. 어린이들과 청소년들과 성인들을 가르칠 수 있는 시간과 장소, 모임과 교수 방법들을 생각해 적어 보십시오.

어린이
시간과 장소

....

모임

....

교수 방법

....

청소년
시간과 장소

....

모임

....

교수 방법

....

성인
시간과 장소

....

모임

....

교수 방법

....

우리는 예수님을 위대한 교사라고 부릅니다. 그는 지식을 전달했을 뿐만 아니라 제자들을 훈련시키셨습니다. 믿음 안에서 배우는 일과 훈련받는 일은 따로 떼어 놓을 수 없습니다. 디모데전서 1장 3~7절을 읽으십시오. 이 성경 연구를 통해 다른 이들을 가르칠 수 있는 교사가 배출되고, 그래서 하나님의 말씀이 수많은 사람들의 마음을 사로잡을 수 있게 되기를 바랍니다.

하나님이 나에게 교회의 교사가 되도록 능력을 주셨다고 생각합니까?

....

이 성경 연구 모임에 가르치는 은사를 받은 사람이 있다고 생각합니까? 그들의 이름을 적어 보십시오.(어느 연령층을 가르치기에 적합한지 명시하라.)

....

'제자화를 위한 성경 연구' 훈련 과정을 이끌어 가기에 적합한 사람은 누구입니까?

....

만약 나에게 기회와 요구가 있다면, 가르치는 일을 할 의사가 있습니까?

....

이적을 행하는 자

어떤 사람들은 이적과 기사를 행하는 은사를 받았습니다. 베드로의 기도는 죽은 다비다를 살렸습니다(행 9:36~41). 때로는 고통 가운데에 있는 사람들이 기사를 행하는 사람들로 인해 공포와 죄책과 슬픔에서 놓여나게 됩니다. 초대교회에서 유대계 기독교인들과 이방인 기독교인들이 자신의 소유를 모두 팔아 필요에 따라 서로 나눈 것은 기적이 아닐 수 없었습니다. 그들에게는 '기사와 이적'이라고 불리는 여러 가지 놀라운 일들이 일어났습니다.(행 2:43~45)

은사를 받은 사람들은 공동체 안에서 여러 가지 모양으로 기사를 행합니다. 어떤 이는 긴장을 완화시키는 부드러운 말을 함으로써, 어떤 이는 막다른 골목길에 봉착했을 때 그것을 극복할 수 있는 새로운 길을 보여 줌으로써, 어떤 이는 그리스도를 새로 믿으려는 사람에게 은혜를 소개함으로써 놀라운 일을 행합니다. 이러한 은사를 받은 사람들은 평신도 지도자로서 봉사할 수 있습니다. 어떤 사람들은 다른 사람들을 위해 기도하고, 그들을 그리스도에게로 초대합니다. 또한 한마디의 말이나 행동, 은사로 전 교회를 창조적인 방향으로 움직이게 하는 이들도 있습니다. 이들은 모두 '이적을 행하는 자'입니다.

이 성경 연구 모임에 이러한 이적을 행하는 사람이 있습니까?

....

병 고치는 자

병문안을 받는 것만으로도 병상에 있는 환자들의 기분이 달라지는 것을 종종 발견하게 됩니다. 수많은 기독교인들은 교인들의 기도와 안수와 성찬과 기름 바름 등이 회복을 도와주었다고 간증합니다.(약 5:13~16)

교인들이 기도해 줄 때, 하나님의 치유의 능력을 느껴 본 일이 있습니까?

....

전문가들의 능력을 경시하지 마십시오. 의사들과 간호사들과 조무사들, 심리학자들, 사회복지사들, 응급대원들은 전문적인 훈련을 받았을 뿐만 아니라 영적으로 은사를 받은 사람들일 수도 있습니다. 어떤 사람들은 그들의 손이, 음성이, 박애심이 치유의 능력을 발휘하기도 하는 것입니다.

심령 치유는 중요한 목회입니다. 육신의 병은 계속되는 슬픔이나 죄책이나 공포에서 비롯될 수 있다는 사실을 기억하십시오. 하나님은 특별한 사람들을 사용해 심령을 치유하시며, 그것으로 육신의 병까지도 깨끗하게 하십니다.

개인이나 집단 간의 치유 또는 화해는 강력한 영적 힘이 됩니다. "모든 것이 하나님께로서 났으며 그가 그리스도로 말미암아 우리를 자기와 화목하게 하시고 또 우리에게 화목하게 하는 직분을 주셨으니."(고후 5:18)

그러나 또한 치유의 은사를 받은 사람일지라도 항상 병을 고치지는 못한다는 것을 기억하십시오(고후 12:7~9). 치유는 환자의 믿음이나 기도하는 사람의 믿음에만 달린 문제가 아닙니다.(요 9:3)

성경 연구반에 치유의 은사를 받은 사람들이 있습니까? 그 이름을 적어 보십시오.

....

하나님이 치유의 사역에 나를 사용하신 일이 있습니까?

....

언제였습니까?

....

하나님은 나를 치유자로 사용하실까요?

....

돕는 자

교회에서 이 은사처럼 중요한 것은 없습니다. '돕는 자' 들은 바퀴가 잘 돌아가게 기름을 치는 자들입니다. 이들의 도움으로 교회는 활성화되고 풍부해지며 기쁨이 넘치게 됩니다. 과부들에게 먹을 것을 나누어 주는 일을 맡았던 일곱 집사는 돕는 자들이었습니다.(행 6:2~6)

그러나 주의할 것이 있습니다. 남을 돕겠다는 약속은 귀찮은 책임이 될 수 있습니다. '누구를 도와야 할까? 언제, 어디서, 어떻게 도와야 할까? 얼마나 자주, 얼마만큼 도와야 할까?' 이런 생각과 고민들은 때로 큰 짐으로 다가오기 때문입니다.

참된 돕는 자는 희생이나 불편에도 변함없이 "예"라고 대답할 수 있는 사람입니다. 남을 도와주려는 마음과 의지는 아름다운 영적 은사입니다.

우리는 모두 어떤 면에서 남을 도와주는 사람입니다. 나는 이 방면에 특별한 은사를 받았습니까?

_____

특별히 남에게 도움을 줄 수 있는 장소들을 꼽아 보십시오.

_____

성경 연구반에 바나바처럼 항상 남을 도와주려고 하는 사람이 있습니까?

_____

다스리는 자

하나님이 주의 몸 된 교회의 특정한 사람들에게 주신 은사로, 교회의 목표를 정하고, 그러한 목표들을 성취하기 위한 계획을 고안하고 집행할 수 있게 하는 능력을 말합니다. 팀을 조직할 수 있는 능력, 다른 사람을 감화시키고 격려하며 일을 맡길 수 있는 영향력, 일꾼들이 책임 있게 일할 수 있게 북돋워줄 수 있는 능력, 이 모든 것이 다스리는 자가 받은 재능과 은사들입니다.

사업을 하는 사람들 중에는 자신들은 전혀 영적인 은사를 받지 못했다고 생각하는 사람들이 많지만, 그들은 교회의 사업 계획, 재정, 건축, 봉사와 구호 활동 등 각 분야에 지혜로운 조언을 줄 수 있습니다. 다른 사람의 의견을 경청하고, 분명하게 의사를 전달하며, 결정을 내릴 수 있는 능력은 바로 이러한 은사의 증거들입니다. 이드로는 모세가 훌륭한 행정가가 될 수 있게 도와주었습니다(출 18:13~26). 그리고 베드로는 성령과 지혜가 충만하여 칭찬 듣는 사람 일곱을 택해 과부들을 돌보는 일을 맡겼습니다(행 6:3). 감독은 사람들의 기대대로 선한 우두머리가 되어야 했습니다(딤전 3:1~7). 행정을 맡은 주일학교 교장은 교사와 다름없이 중요합니다.

교회가 잘 움직이려면 행정의 은사를 받은 사람들이 있어서 조직을 하고 행정을 해야 합니다. 우리 모임에서 다스리는 자의 은사를 받은 사람이 누구라고 생각합니까?

_____

제자는 자신의 은사를 다른 사람을 위해 사용합니다.

헌신의 서약

전체 모임을 하기 전에 아래에 참여자들의 이름을 모두 적고, 그들이 어떤 은사를 받았다고 생각하는지 자신이 느낀 대로 기록하십시오. 그런 다음 전체 모임에서 그것에 대한 다른 사람들의 생각을 듣고 함께 토론해 보십시오. 전체 모임에서 해야 할 일은 두 가지입니다. 첫째, 각 사람이 받은 은사들(어떤 사람은 한 가지 이상)이 무엇인지 여러 사람의 의견을 모으고, 또 그가 앞으로 봉사할 수 있는 분야가 어디인지 기록하십시오. 둘째, 나에 대한 다른 사람들의 의견을 토대로 내가 받은 은사가 무엇인지 확실히 하고, 앞으로 교회를 위해 봉사할 분야를 정하십시오.

이름	은사	봉사 분야

다른 사람들이 보는 나의 은사(들)는

내가 생각하는 나의 은사(들)는

새해에 교회에서 봉사하고 싶은 분야는

최후의 만찬 A Last Supper Together

주 예수께서 잡히시던 밤에 떡을 가지사 축사하시고 떼어 이르시되 이것은 너희를 위하는 내 몸이니 이것을 행하여 나를 기념하라 하시고 식후에 또한 그와 같이 잔을 가지시고 이르시되 이 잔은 내 피로 세운 새 언약이니 이것을 행하여 마실 때마다 나를 기념하라 (고린도전서 11:23~25)

✪ 우리의 모습

우리는 자신이 누구인지 너무나 쉽게 잊어버립니다. 하나님이 어떤 일을 행하셨으며, 지금도 행하시며, 또 앞으로 행하실 것인지 망각하고 맙니다. 또한 하나님의 말씀과 하늘의 양식과 하나님의 백성을 도외시합니다. 그러기에 우리에게는 함께 모여 기억하고 확인하고 약속할 수 있는 시간이 필요합니다. 그리스도께서 우리에게 주신 것, 즉 거룩한 새 언약과 감사의 공동 식사가 필요합니다.

✤ 내려놓기

성경 공부를 하기 전에 먼저 하나님께 기도를 드립니다. 아래의 시편 말씀이 좋은 길잡이가 될 것입니다.

> 주의 인자하심이 생명보다 나으므로 내 입술이 주를 찬양할 것이라 이러므로 나의 평생에 주를 송축하며 주의 이름으로 말미암아 나의 손을 들리이다 골수와 기름진 것을 먹음과 같이 나의 영혼이 만족할 것이라 나의 입이 기쁜 입술로 주를 찬송하되 (시편 63:3~5)

이번 주 기도 제목을 구체적으로 적어 기도합시다.

✑ 귀 기울이기

이번 주에 읽을 성경 말씀들은 '기억'과 '기념'에 관한 것들입니다. 이 구절들은 언약 백성에 대한 이해는 물론, 우리가 언약 백성에 접붙임 되었고, 예수 그리스도에 의해 용서받고 자유인이 되었으며, 세상을 향한 하나님의 선교 사역을 위해 성별되었다는 사실을 확증해 줍니다.

D1 창세기 12:1~3(만민의 복이 되기 위해 복을 받음)
창세기 17:1~21(언약 백성)
신명기 24:17~22(언약 백성의 책임)

D2 레위기 2:11~16(언약의 소금)
마태복음 5:13(소금의 역할)

D3 예레미야 31:31~34(새 언약)
고린도후서 3:1~6(마음에 새긴 언약)

D4 마태복음 5~7장(산상수훈, 특별한 백성)

D5 히브리서 9장(새 언약의 중보자)

D6 이사야 6장(선교 사역을 위한 소명)
교재 내용 '성경의 가르침'

🔲 성경의 가르침

이 마지막 시간에 우리는 지금까지 배운 하나님의 말씀 중 몇 구절을 다시 기억하고자 합니다. 어떤 구절은 잠재의식의 한 부분이 되었기에 새롭게 시선을 끌지 못할 것입니다. 그러나 어떤 구절은 절로 무릎을 치게 만드는 새로운 깨달음의 단초가 되기도 합니다. 창세기, 레위기, 시편, 또는 예수님의 말씀 중에서 몇몇 구절들을 기억할 수 있을 것입니다. 우리는 기억하고 기념하며, 함께 언약을 맺고, 그리스도인의 사역과 증언에 우리 삶을 헌신하기로 다짐하고, 함께 떡을 떼는 것으로 이 성경 연구 과정을 마치려고 합니다. 특별히 함께 예배를 드릴 때, 세 가지 영적 실체에 관심을 집중할 것입니다.

언약

이제 우리는 자신이 믿음으로 걸어가는 존재임을 압니다. 그러나 결코 혼자 걷는 것이 아닙니다. 언약 공동체 안에서 함께 걷고 있습니다. 수천 년에 걸쳐 하나님과 대화하며 함께 행군하는 무리의 구원에 동참하게 된 것입니다.

태초에 하나님은 아브라함과 사라를 순례의 백성이 되도록, 그리고 전 세계에 복을 가져오게 하기 위해 부르셨습니다(창 12:1~3). 그 언약에는 증표가 뒤따랐는데, 곧 땅과 자손과 할례와 안식일이었습니다. 후에 그 언약은 모세를 통해 노예생활에서의 구원과 율법과 의식을 의미하게 되었습니다. 언약은 항상 약속과 소망을 의미했습니다.

언약에 대한 인간의 응답의 중심을 이루는 것은 순종입니다. 언약은 계약이 아닙니다. 하나님은 순종하는 백성을 부르십니다. 그들이 불순종할 때, 모든 것이 와해되고 맙니다. 이사야는 하나님의 말씀에 귀를 기울이지 않는 백성에게 이것을 전하기 위해 부름을 받았습니다. 이는 결코 쉬운 일이 아닙니다(사 6:1~10). 제사의식이 피상적인 것이 되고, 율법을 지키는 것이 율법주의가 되며, 종교가 의를 추구하려는 결단 없이 의식이 되었을 때, 선지자들은 새로운 내적 언약을 예언했습니다. 이 새 언약은 마음의 할례를 요구했습니다.

"하나님께서 구하시는 제사는 상한 심령이라. 하나님이여, 상하고 통회하는 마음을 주께서 멸시하지 아니하시리이다."(시 51:17)

새 언약의 중보자이신 예수 그리스도는 우리를 하나님과의 올바른 관계로 이끄시고, 자신을 단번에 제물로 바침으로써 바로 그 새 언약이 되셨습니다(히 9:15~28). 이제 우리는 언약 백성으로서 약속 안에서 살아가게 되었습니다. "우리가 여기에는 영구한 도성이 없으므로 장차 올 것을 찾나니(히 13:14)." 그 도성은 새 예루살렘으로, 그 곳에서 하나님과 언약 백성이 함께 거하게 될 것입니다(계 21:1~6). 성만찬은 언약 백성이 기억하고, 기다리며, 함께 나누는 공동 식사입니다.(고전 11:23~26)

성만찬

우리는 신앙생활을 혼자 할 수 없다는 것을 배웠습니다. 믿음의 생활은 함께 하는 것입니다. 고대 히브리인들이 감사제를 지내며 함께 음식을 나누었듯이, 또 함께 유월절 식사를 나누었듯이, 우리는 예수님의 부서진 몸을 상징하는 떡을 함께 먹고, 희생제물로 바쳐진 예수님의 피를 상징하는 포도주를 함께 마십니다. 성만찬을 함께 나눌 때, 우리 안에는 특별한 일이 일어납니다. 즉 모든 장벽이 무너져 버리는 것입니다.

에베소서 2장 14~16절을 찾아 적어 보십시오.

....

우리는 또 그리스도와 함께 성만찬을 나눕니다. 신학자들은 이 신비로운 의식에 여러 가지 의미를 부여하며 논쟁을 하지만 그리스도인들은 경험을 통해, 그리고 하나님의 말씀을 통해 우리가 믿음 안에서 함께 성만찬을 나눌 때 우리 안에 그리스도가 임하신다는 사실을 압니다.

요한계시록 3장 20절을 아래에 쓰십시오.

....

....

우리는 은혜의 음식을 나눕니다. 우리는 있는 모습 그대로 '길과 산울타리(눅 14:23)'에서 나아옵니다. 작은 자요, 나중 된 자요, 잃은 자입니다. 하나님은 우리에게 성만찬과 성만찬이 의미하는 모든 것을 베풀어 주십니다. 우리가 할 일은 그저 믿음 안에서, 신앙 안에서 받아먹는 것입니다. 하나님은 우리의 이런 태도를 의롭게 여기십니다. 우리는 죄 때문에 슬퍼하고, 변화되기를 열망하고, 하나님의 미래를 소망 중에 기다립니다.

성만찬은 언약 공동체의 표증이요, 상징입니다. 또한 그것은 믿음의 순례길에 나선 우리에게 주어지는 양식이요, 우리를 붙들어 주는 힘입니다.

헌신

이사야가 하나님의 부르심을 받았을 때, 그는 "내가 여기 있나이다. 나를 보내소서(사 6:8)."라고 응답했습니다. 우리도 하나님의 부르심을 받을 때, 이와 같은 응답을 해야 합니다.

성경 연구를 통해 우리는 하나님의 백성이 된다는 것이 곧 하나님의 사역에 동참한다는 의미임을 알게 되었습니다. 우리는 성별된 백성이요, 특수한 백성입니다. 마태복음 5~7장은 우리가 어떻게 이 세상 사람들과 달라야 하는지를 잘 알려 줍니다. 예수께서는 "너희는 세상의 소금이니(마 5:13)."라고 가르치셨습니다. 이 말씀이 의미하는 것은 무엇일까요? 소금같이 짜야 한다는 것은 하나님이 잃어버린 세상을 구원하기 위해 우리를 통해 하시는 일의 상징이요, 위임입니다. 구약성경에서는 소금이 언약 관계를 상징합니다. 근동 지역에서는 사람들이 함께 소금을 나누어 먹는데, 그것은 그들의 우정 관계를 두텁게 하는 상징입니다. 이렇게 우리의 짠맛을 다른 사람들, 또 하나님과 나누는 것은 언약을 나누는 것이 됩니다.

하나님은 이스라엘을 포로생활에서 회복시키는 것만으로 만족하지 않으셨습니다. 그들에게 특별한 사명을 주셨습니다.

"네가 나의 종으로서 할 일은 야곱의 지파들을 다시 일으키고 살아남은 이스라엘 사람을 돌아오게 하는 것으로 그치지 않는다. 나는 너를 만국의 빛으로 세운다. 너는 땅 끝까지 나의 구원이 이르게 하여라."(사 49:6, 공동번역)

우리 주님은 부활 후 산에 오르사 제자들에게 "너희는 가서 모든 민족을 제자로 삼아 아버지와 아들과 성령의 이름으로 세례를 베풀고 내가 너희에게 분부한 모든 것을 가르쳐 지키게 하라(마 28:19~20)."고 분부하셨습니다.

제자는 하나님의 뜻대로 섬길 것을 약속하고, 삶을 하나님께 맡깁니다.

성찬식

묵상기도

"사랑하는 자들아, 우리가 서로 사랑하자. 사랑은 하나님께 속한 것이니 사랑하는 자마다 하나님으로부터 나서 하나님을 알고, 사랑하지 아니하는 자는 하나님을 알지 못하나니 이는 하나님은 사랑이심이라. 하나님의 사랑이 우리에게 이렇게 나타난바 되었으니 하나님이 자기의 독생자를 세상에 보내심은 그로 말미암아 우리를 살리려 하심이라."(요일 4:7~9)

"볼지어다. 내가 문 밖에 서서 두드리노니 누구든지 내 음성을 듣고 문을 열면, 내가 그에게로 들어가 그와 더불어 먹고 그는 나와 더불어 먹으리라."(계 3:20)

찬송 (다 함께)

만 입이 내게 있으면 (23장)

예식사 (사회자)

여러분, 진심으로 죄를 회개하고, 이웃을 사랑하며, 더불어 화목하고, 뜻을 정해 행실을 고치며, 하나님의 계명을 좇고, 이제부터 주님의 거룩한 길을 걸음으로써 새로운 삶을 시작하려고 하는 사람들에게 청합니다. 믿음으로 나아와 안위함을 얻기 위해 이 성례에 참례하고, 정성된 마음으로 엎드려 전능하신 하나님께 겸손히 죄를 고백합시다.

죄의 고백

사회자 오 하나님, 주께서는 아들 예수 그리스도를 통해 우리에게 참된 삶의 길을 보여 주셨습니다.

회중 주여, 자비를 베푸사 우리를 용서해 주시옵소서.

사회자 예배에 충실하지 않고, 친교와 은혜의 기회를 도외시하며, 주님이 주신 선물들을 충성스럽게 관리하지 못했음을 고백합니다.

회중 주여, 자비를 베푸사 우리를 용서해 주시옵소서.

사회자 이제 조용한 가운데 각자의 죄를 하나님 앞에 고백합시다. (각자 묵상기도)

사죄의 말씀

전능하신 하나님, 하늘에 계신 우리 아버지, 진정으로 죄를 회개하고 참된 믿음으로 주님에게 돌아오는 모든 사람에게 용서하기로 약속하신 지극히 자비로우신 주님, 우리에게 자비를 베푸시옵소서. 우리의 모든 죄를 용서하시고 구속하시어, 모든 선함으로 우리를 확정하시고 강건하게 하시옵소서. 그리고 우리에게 영생을 주옵소서. 우리 주 예수 그리스도의 이름으로 기도합니다. 아멘.

여러분, 주님에게 진정으로 돌아오는 사람에게 성경 말씀이 주는 위로의 말씀을 들으십시오.

"하나님이 세상을 이처럼 사랑하사 독생자를 주셨으니 이는 그를 믿는 자마다 멸망하지 않고 영생을 얻게 하려 하심이라."(요 3:16)

"미쁘다 모든 사람이 받을 만한 이 말이여, 그리스도 예수께서 죄인을 구원하시려고 세상에 임하셨다 하였도다. 죄인 중에 내가 괴수니라."(딤전 1:15)

"만일 우리가 우리 죄를 자백하면 그는 미쁘시고 의로우사 우리 죄를 사하시며 우리를 모든 불의에서 깨끗하게 하실 것이요."(요일 1:9)

성경 1 이사야 49:1~10 또는 신명기 8:1~10

성경 2 시편 8편 또는 117편

성경 3 누가복음 14:12~24 또는 25:31~46

말씀 증거 (이 성경 연구를 통해 배우고 깨달은 진리를 서로 나누라.)

언약

사회자 구약 시대에 하나님은 이스라엘을 선택해 특별한 백성이 되게 하고, 율법을 지키게 하셨습니다. 우리 주 예수 그리스도는 그의 죽음과 부활을 통해 그를 믿는 자들과 새로운 언약을 맺으셨습니다. 우리는 그 언약 안에 있으며, 그리스도의 이름이 우리에게 주어졌습니다. 하나님은 그리스도 안에서 우리에게 새 생명을 주신다고 약속하셨습니다. 그리고 우리는 나 자신을 위해서가 아니라 하나님을 위해 살겠다고 약조했습니다. 그러므로 오늘 우리는 우리를 하나님과 연결시켜 주는 이 언약을 새롭게 하고자 이 자리에 모였습니다.

회중 하나님, 이 시간 저 자신을 온전히 아버지 앞에 바칩니다. 아버지의 창조세계 속에서 저의 위치를 정해 주시옵소서. 주님을 위해 고난 받기를 원합니다. 주님이 원하시는 일을 저에게 맡겨 주시옵소서. 다른 사람들을 부르실 때, 저를 잠잠하게 하시옵소서. 저 자신과 저의 모든 것을 주님 앞에 바칩니다. 성부, 성자, 성신, 거룩하신 삼위일체 하나님, 주님은 나의 것이요, 나는 주님의 것입니다. 이 언약이 지구상에 영원토록 지속될지어다. 아멘.

사랑과 평화의 인사
성경의 기도 (사회자)

전능하신 하나님, 하늘에 계신 우리 아버지, 지극한 자비로 독생자 예수 그리스도를 주사 우리를 구속하시려고 십자가에서 고난을 당하게 하시고, 그가 한 번 몸을 드려 온 세상의 죄를 위해 완전하고 넉넉한 속죄제물이 되게 하시고, 성례를 정하셔서 거룩한 복음 가운데서 우리를 명하사 주님이 다시 강림하실 때까지 주님의 귀중한 죽으심을 기념하라 하셨나이다. 예수께서 잡히시던 밤에 떡을 가지사 축사하시고 떼어 제자들에게 주시며 이르시되 "이것은 너희를 위하는 내 몸이니 이것을 행하여 나를 기념하라." 하시고 식후에 또한 이와 같이 잔을 가지고 이르시되 "이 잔은 내 피로 세운 새로운 언약이니 이것을 행하여 마실 때마다 나를 기념하라." 하셨나이다.

자비하신 아버지여, 우리의 기도를 들으시옵소서. 겸손히 주님에게 간구하오니 하나님의 아들 우리 주 예수 그리스도의 고난과 죽음과 부활을 기념하는 거룩한 성례를 따라 우리가 주께서 주신 이 떡과 포도즙을 받는 가운데 능히 주님의 거룩한 살과 피를 먹고 마시게 하옵소서.

성령께서 이 자리에 임하셔서 그리스도와 우리가 하나 되게 하시고, 형제자매간에 하나가 되게 하시옵소서. 이 세상에서 그리스도의 피로 구원받은 그리스도의 몸이 되어 그리스도께서 마지막 승리자로 오실 때까지, 그리고 우리가 하늘나라의 자리에서 먹고 마실 때까지 주님의 선교 사역에 동참하게 하시옵소서. 전능하신 아버지께 지금부터 영원까지 영광과 찬송을 돌리나이다. 아멘.

주기도 (다 함께)

찬송 (다 함께)
나 같은 죄인 살리신 (305장)

성찬 분급

우리가 떼는 떡은 그리스도의 몸에 참예함이니 아니냐. 떡이 하나요, 많은 우리가 한 몸이니 이는 우리가 다 한 떡에 참예함이라. 우리가 축복하는바 축복의 잔은 그리스도의 구속의 피에 참예함이 아니냐.

(옆 사람이 떡을 떼어 먹을 수 있게 쟁반을 들고 "당신을 위해 바치신 그리스도의 몸입니다. 아멘."이라고 말하라.)

(옆 사람의 잔에 포도주를 따라 주며 "당신을 위해 흘리신 그리스도의 피입니다. 아멘."이라고 말하라.)

감사와 헌신의 기도

하늘에 계신 우리 아버지여, 자비하신 아버지의 은혜로 주의 겸비한 종인 우리가 이 성례를 행했사오니 우리가 드리는 찬양과 감사의 제물을 받으시옵소서. 정성으로 주님에게 간구하오니, 하나님의 아들 예수 그리스도의 죽음과 피의 공로로 믿음을 통해 우리와 주님의 온 교회가 죄 사함을 얻고 모든 영혼과 몸을 주께 합당하고 거룩한 제물로 드리니 기쁘게 받으시옵소서. 겸손히 간구하오니 이 성만찬을 받은 사람들은 능히 주님의 은총과 복을 충만히 받게 하옵소서. 또한 우리가 죄와 허물이 많아 하나님께 제사드리기를 감당할 수 없으나 감히 간구하오니 우리의 이 마땅한 의무와 봉사를 받아 주시옵소서. 우리의 공로를 헤아리지 마시고, 죄를 사해 주시옵소서. 모든 존귀와 영광을 전능하신 성부, 성자, 성령 삼위일체 하나님께 영원히 돌리나이다. 아멘.

세족식 (최후의 만찬 후 예수께서 제자들의 발을 씻겨 주신 것을 기억하며 서로의 발을 씻기라.)
요한복음 13:4~15 (사회자)

찬송 (다 함께)
나 맡은 본분은 (595장)

축복기도
"여호와는 네게 복을 주시고 너를 지키시기를 원하며, 여호와는 그의 얼굴을 네게 비추사 은혜 베푸시기를 원하며, 여호와는 그 얼굴을 네게로 향하여 드사 평강 주시기를 원하노라." (민 6:24~26)

* 이 성찬 예식문은 영문 교재의 것을 그대로 번역하지 않고 역자가 임의로 가감했음